当代文创设计新视野

刘 苇 张是泽 路 放 主编

吉林文史出版社

图书在版编目（CIP）数据

当代文创设计新视野 / 刘苇，张是泽，路放主编
. — 长春：吉林文史出版社，2024.4
ISBN 978-7-5752-0189-6

Ⅰ.①当… Ⅱ.①刘… ②张… ③路… Ⅲ.①文化产品－产品设计－研究－中国 Ⅳ.① G124

中国国家版本馆 CIP 数据核字 (2024) 第 086463 号

当代文创设计新视野
DANGDAI WENCHUANG SHEJI XIN SHIYE

主　　编：刘　苇　张是泽　路　放
责任编辑：李　丽
出版发行：吉林文史出版社
电　　话：0431-81629359
地　　址：长春市福祉大路 5788 号
邮　　编：130117
网　　址：www.jlws.com.cn
印　　刷：河北万卷印刷有限公司
开　　本：710mm×1000mm　1/16
印　　张：16.75
字　　数：240 千字
版　　次：2024 年 4 月第 1 版
印　　次：2024 年 4 月第 1 次印刷
书　　号：ISBN 978-7-5752-0189-6
定　　价：98.00 元

前　言

　　随着经济的快速发展和文化交流的日益加强，文化创意设计作为新兴的创意产业，正在成为新时代的重要发展力量。它不仅是对传统文化的传承与创新，更是一种新的经济形态、新的商业模式，甚至新的思维方式。从创意到设计，从传统到现代，文创设计涉及的广泛领域，其深度和广度都在日益扩展。

　　笔者旨在深入探讨当代文创设计的内涵、表现方式和流程，并从多个维度进行全面的剖析和讲解。无论您是一名资深的设计师，还是一名对文创设计充满好奇的爱好者，都可以从中得到启示。

　　第一章从宏观的角度出发，探索文创的起源、定义以及它在当代社会中的作用和影响力。

　　第二章至第四章从构成要素、思维模式和表现方式三个角度深入剖析文创设计的核心内容。

　　第五章详细介绍了文创设计的基本流程，包括如何进行文化创意的调研、策划、实施和评估。

　　第六章通过实例，为读者展现如何将理论知识应用到实际项目中，涵盖了衣、食、住、行四个方面的实训内容。

　　第七章特别介绍了非物质文化遗产（简称"非遗"）与文创设计的关系，探索如何将宝贵的"非遗"转化为当代的创意产品。

　　第八章选取了近年来备受瞩目的优秀文创设计作品，让读者进行深入的赏析。

在今天，每当谈起"文创"，很多人可能首先想到的是鲜艳夺目、设计新颖的商品，但事实上，文创的内涵远不止于此。它是对我们传统文化的再认知，是对传统文化的创新传承。文创设计更是一种新的思维方式，一种创意与技术、艺术与商业相结合的方式。

期望本书不仅能为专业人员提供指导，还能引起广大读者对文创设计的关注和热爱，激发大家的创意思维，共同推动这一行业的繁荣与发展。

最后，感谢所有参与编写本书的专家和学者，是你们的智慧和努力让这本书得以完善。同时希望广大读者能给予我们宝贵的意见和建议，让我们共同进步。

目　录

第一章 文创设计的入门知识

第一节 文创的起源与发展

一、文创的起源

关于文创的起源，其标志性事件普遍被认为是英国政府颁布的《英国创意产业纲领文件》。在 20 世纪 90 年代初，英国政府着手起草了一份致力于文化发展的战略；继而在 1997 年，在时任首相布莱尔的主导之下，创意产业特别工作组得以组建，并开始深入探讨创意产业的各项经济指标，包括产业规模、就业情况及营业额等，并运用统计数据对创意产业的经济价值进行了论证。1998 年，明确提出了"创意产业"的概念、内涵，并根据就业人数、产值及成长潜力、创新性等三个原则标准，将创意产业分为 13 个类别，英国因此成为世界创意产业规则制定的先行者。这不仅为英国制定产业发展规划及政策奠定了基础，也为世界其他国家提供借鉴；21 世纪初，英国政府又发布了《创造机会——英格兰地方政府地方文化发展战略指南》，要求各地方政府根据指南制定产业发展战略。政府的战略发展规划进行了产业顶层制度设计，为产业发展提供了框架及路径。

文创在中国的逐步崛起可视为文化体制变革的紧密伙伴，且历经全面的尝试和推进，自 20 世纪 80 年代起就展现了蓬勃的生机与活力。初始阶段，提倡建立一个现代化的文化市场，继而进一步倡导构建现代公共文化服务体系。自 20 世纪 90 年代中后期始，文化产业逐渐成为各方关注的焦点。在经营性文化事业单位深入转企改制，新兴文化企业浮现，各级政府文化产业政策放宽以及学术界理论探讨的过程中，文化产业逐渐被提升到国家战略层面。国家统计局于 2004 年推出《文化及其相关产业分类》；国务院于 2009 年发布《文化产业振兴规划》；2010 年，中国共产党的第十七届五中全会将推动文化产业发展为国民经济的支柱产业的目标明确下来。至此，文创在中国经济结构中的支柱地位得以确立。尽管文创的演变和发展在全球经济体系中呈现为一个渐进的过程，学术领域普遍以 20 世纪 90 年代的英国为文创的发源地，但在对产业起源和学术流派进行深入探究后，笔者了解到：

（一）文创的概念在英国兴起，但是产业发展和理论探讨却并非肇始于英国

在 1998 年，英国创意产业特殊工作团队首次对"创意产业"进行了明确的定义：源于个体的创造力、技能和天赋，通过知识产权的开发和利用，拥有产生财富及就业潜力的各种行业。此定义在 2001 年进一步明确了包括广告、建筑、艺术及文物交易、工艺品、设计、时装设计、电影、互动休闲软件、音乐、表演艺术、出版、软件、电视广播在内的 13个行业作为创意产业的组成部分。尽管这一概念最初在英国获得了广泛认可和发展，但这些产业实际上早已深植于全球各国的文化发展史之中。值得说明的是，中国和澳大利亚的学术界对于文创已有相应的研究与论述，尽管其并未在全球范围内产生广泛的传播影响。

（二）文创的概念及理论研究始于 20 世纪 90 年代，但文创并不是源起于 20 世纪 90 年代

文化创意融合了文化、艺术与创意，代表了人类历史与文明的关键元素。如戏曲演绎与服饰设计，皆为文化创意的具体体现，旨在传达特定的文化深意。初始的表现及设计活动是相对独立且不系统的文化创意实践，但随着时间的推移，实践活动在专业性与系统性上日益强化，进而催生了具体的产业模式，如今的戏剧与服装产业即其中突出的代表。因此，在文化的维度中，不能仅仅将文创的起源定位在 20 世纪 90 年代，实际上，它的踪迹可以被追溯到数百年前那些对文化、艺术和创意的传达行为中。

（三）文创的起源问题直接关系着我国产业和学科的发展

探讨中国文创起源的界定问题，对国内文创理论洞悉、产业规划设计以及政策框架的构建及实践行为拥有显著的影响力。在这一过程中，盲目模仿英美等国家文创的诊断与解释工作，或过度复制他国文创发展模式，并不利于中国文创领域的理论探究及其健康演进。

文创理论研究、产业的规划与政策建设需秉持"以我为主"的方针。未将中国文创发展实际作为决策基础，而是盲目遵循西方的研究体系，其结果无疑是毫无实效的。文创发展不仅深刻影响国家文化安全和民族文化自信，更在某种程度上体现了国家社会经济的发展脉络。唯有深入剖析中国的社会经济发展现状与文创发展历史，方可寻求在文创进程中如何维护国家文化安全、增强民族文化自信、传播中华美学精髓以及抵制过度商业化等问题的策略和解决方案。

二、文创的发展

自 1996 年原英国首相布莱尔倡导英国"大力发展创意产业"以来，文创在全球舞台上逐渐占据一席之地。可能会引起疑问的一点是：为何将文创的第一阶段的起点定位于 2000 年？事实上，对中国电影行业而言，1998 年显得更为重要。

进入 2000 年，中国的现代文创行业亦呈现出一幅觉醒、突破、爆发与成熟的景象。

为了深入理解中国文创在过去二十年中的发展历程，我们将其划分为四个时期，各自为期五年：

（一）第一个五年：2000—2005 年文创市场的觉醒

在 2000—2005 年期间国内推出了多部优秀影片，特别是 2000 年推出的电影《卧虎藏龙》尤为引人瞩目，成为首部荣获奥斯卡金像奖最佳外语片奖的华语影片。

在游戏方面，2000 年标志着中国游戏正式步入网络化时代，这一转变得益于网络游戏相对免疫于盗版之苦的环境背景，从而推动了其飞速发展。值得一提的是，"联众世界"在此期间凭借其 17 万的同时在线用户以及 1800 万的注册用户量，稳坐全球在线游戏网站用户数量之首的宝座。随后，众所周知的国产游戏《大话西游》《剑侠情缘》等也奋力走在国产游戏的发展前线，开始稳步追赶国际游戏发展的步伐。同样值得注意的是，网络文学亦在 2000 年前后打下其发展基石。国内广为人知的文化创意园区大多数也是在这个时间段开始萌芽并逐渐发展的，例如北京 798 艺术区、北京宋庄、上海田子坊、上海 M50、半岛 1919 创意园、创智天地、深圳华侨城 LOFT 创意园、广州 TIT 创意园、南京 1912、杭州 LOFT49、杭州 CC 流量谷以及成都东郊记忆等。这些文创园区如今已成为各自城市的文化象征和创意中枢。

（二）第二个五年：2005—2010 年文化原创力量的崛起

2006 年 1 月，中共中央、国务院发布了《关于深化文化体制改革的若干意见》，此后不久，北京与上海等城市在市级行政层面率先提出并开始实施"文创"的相关政策，并逐步发布相关的文件。这一时期可视为中国政府在政策层面深入推进文化产业改革并主动引导其发展的重要阶段。随着时间的推移，各个城市和地方逐渐推出了各种政策，积极构建文创园区，并全力推动文创产业的发展。在一些观点中，2006 年被视为中国文创发展的起始之年。在此年份，中国文创展现出了其里程碑式的重要意义，并奠定了中国文化产业原创能力的时代基石。

2005 年，《喜羊羊与灰太狼》问世。截至 2023 年 7 月，该系列已经推出 39 部作品，分布在 2839 集中（主线作品 27 部共计 2162 集；网络短剧 12 部共 677 集），电影共计 10 部（其中包括动画电影 8 部、真人电影 2 部），舞台剧 5 部。

这个时期，奥飞动漫作为中国动漫产业"三巨头"之一，开始涉足动漫原创领域，构筑了一个融合产业运营与动漫形象创作为一体的盈利模式，并在 2009 年成功步入股市。

与此同时，"二次元"文化的一个代表性符号"哔哩哔哩"（B 站）逐渐萌发。该平台于 2009 年 6 月创立，其初期主要聚焦于 ACG（动画、漫画、游戏）内容的创作与分享，而现阶段已经构建了一个以用户、创作者和内容为核心的生态系统，正在转化为一个不断涌现优质内容的生态圈，要演变成中国年轻一代的文化聚集地和视频平台；2018 年，该平台在美国纳斯达克交易所成功上市。

在这一时期，中国动漫原创发展成为中国文创原创崛起的关键力量之一。另外一部分推动力来自中国电影产业。

在 2005 年，由顾长卫导演的影片《孔雀》，荣获了柏林电影节金熊奖的提名，引发了广泛关注。2009 年 12 月，《阿凡达》作为第一部以 IMAX 3D（即"巨幕立体电影"）格式展映的电影，创造了当时的历史最高票房纪录，促进了大众对大院线电影的关注与热爱。

在这一时期，电影娱乐市场呈现出旺盛的生机与发展活力，且显著受益于电影产业的市场化进程。2008 年的统计数据显示，当年国内共产出 406 部影片，其中近 80% 源自国有制片厂之外的非国有资本，后者多年来已成为电影制片投资的主导力量。市场化势力不仅是推动电影原创的重要驱动力，也致力于满足各类人群的不同品位，带来类型丰富多彩的电影作品。到 2010 年，电影票房规模已成功突破百亿大关，展现了电影市场强大的吸引力与潜力。

在此关键时刻，优酷和土豆作为在线视频领域的佼佼者崭露锋芒，同时 PPS、电驴下载、BT 下载等视频下载网站也占据了一席之地，电脑时代的视频平台逐渐转变为年轻一代在线娱乐的主要阵地，此阶段对于塑造大众观看在线视频网站的习惯亦属至关重要。从过往的盗版光盘至当前的盗版资源，尽管版权保护仍处于不完善的状态，但这一培养过程使 80 后、90 后逐渐形成网络视频消费的习惯，并累积了众多的在线娱乐用户群体。毋庸置疑，该时期是标志着中国娱乐产业进入在线网络时代的一个重要阶段。

在这一时期，两项世界级的文化体育盛事尤为引人瞩目：一是 2008 年的北京奥运会；二是 2010 年的上海世博会。这两大盛事无疑也助推了文创的发展，成功吸引了国际关注，将中国这一超级市场展示在世界眼前。

（三）第三个五年：2010—2015 年"互联网 + 泛娱乐"

在中国，经济与网络经济的演进堪称紧密并驱，其中文创勇挺阵首。借助历史的镜头回溯我们的移动终端使用轨迹，可以明显觉察到 2010 年问世的 iPhone 4 成为推动移动终端进步的关键产物之一。iPhone 4 作为集摄像、个人数字技术、多媒体播放和无线通信于一身的便携设备，确实为掌上娱乐开创了一个崭新的时代纪元。这一时期，中国的文创产业也着力拉开了"泛娱乐"时代的大幕。

"泛娱乐"理念出腾讯集团提出，发端于腾讯的愿景——在互联网和移动互联网的平台上，整合其在游戏、文学、动漫、影视和音乐这五个核心领域的资源，并通过腾讯强大的平台，极大化版权 IP 的价值。值得一提的是，在 2011 年，腾讯游戏已然成为中国境内最大的网络游戏社区之一，拥有覆盖休闲游戏平台、大型网络游戏、中型休闲游戏、桌面游戏及对战平台的丰富游戏 IP 资源，汇聚五大类目，总计超过六十款游戏。"泛娱乐"即腾讯集团以 IP 为核心，以游戏运营和互联网平台为基石，构筑的一个多领域共生、多业务协同的创新商业模式。

这一模式的形成主要得益于中国文化版权保护力度的逐步加强。中国的文化版权自此开始真正实现流转和价值转化，逐渐从过往的盗版免费模式转向愿意为版权付费的新商业模式。

在此时段，微电影之兴起显现出显著的代表性。2010 年，中国推出的首部微电影《老男孩》风靡一时，自此微电影的热浪扶摇直上。除了众多非专业参与者投入微电影的拍摄工作，大量商业广告亦开始利用以叙述为核心的微电影作为其市场推广的工具，其中典型的案例为益达木糖醇的微电影广告——《酸甜苦辣》系列，其中那句广告词"我的益达，是你的益达"产生了广泛的社会影响。

若从政府角度审视，该时期还火了一个概念——"创客文化"。这种文化源自美国的"车库文化"，如惠普、苹果和谷歌等多家著名企业皆经历过"车库创业期"，创客文化被认为是互联网文化价值中的一环。中国首个较为成熟的创客空间——"新车间"于 2010 年在上海建立。2012 年，中国首届 Maker Faire 活动——"制汇节·深圳"在深圳举行。2015 年，中国创客文化翻开了全新的一页。

（四）第四个五年：2015—2020 年全民创意时代

2015 年，中国正式步入 4G 商业运用的新纪元，工业和信息化部向中国电信以及中国联通这两大企业颁发了 LTE FDD 牌照，标志着 4G 网络的正式商业运行。4G 网络的商业化与 iPhone 4 的推出同样具有划时代的意义，得益于 4G，移动设备在观看视频时不再出现卡顿现象。随着 4G 流量资费的稳步下降，我们能够自由地使用手机观看直播、视频、进行游戏娱乐，甚至观赏一部 1080P 的高清电影只需花费极少的资金。因此，娱乐活动方式由电脑、电视和游戏平台逐渐向移动终端转移，能在任何时间和地点满足我们精神世界的需求。

另外两件具有里程碑意义的事件分别为：2015 年，中国首个国家级数据中心灾备中心在贵州成立；2016 年，人工智能 AlphaGo 战胜了围棋大师李世石。前者代表了中国大数据领域的一个重要里程碑；后者展示了世界人工智能领域的一项重大突破，也向全球展示了人工智能的卓越能力。这些事件均象征着一个新时代的来临，同时标志着文创产业正在经历一场颠覆性的创新变革。

1. 网红直播的"造富传奇"

若追溯网络直播领域的起源及发展，可以观察到其与网络游戏的不可分割的关系。随着游戏逐渐演变为一种社交工具，在此基础上，语音交友软件如"聊聊语音"应运而生。之后以游戏实况为主体的直播网络平台逐渐崭露头角，并逐步发展壮大。在 PC 直播市场的初期竞争阶段，"熊猫直播"及其他一些平台，如斗鱼直播和虎牙直播，开始展开激烈的市场角逐。值得一提的是，当时周边发生的一些事件，如斗鱼主播夜间非法飙车造成出租车乘客受伤的事件，引发了社会的广泛关注。在当时流传的言论中，部分游戏主播年收入达到百万，这便是直播产业造富神话的 1.0 版本。

进入 2015 年，网络直播得益于移动终端的普及及 4G 网络的全国范围推广，正式步入了大众的视野，此时也标志着各类手机直播 App 纷纷亮相，全民直播时代正式来临。统计数据显示，在 2016 年，我国网络直播用户已拓展至 2 亿规模，以明星与网红为核心的直播内容迅速升温，部分明星的直播间在线人数甚至突破千万。放眼现阶段的发展情况，游戏直播、秀场直播、泛娱乐直播三大垂直领域均展现出各自的特色与活力。

2. 短视频激发全民创意

短视频自 2013 年兴起，已成为一种广泛应用于记录及分享生产与生活场景的媒介。2016 年，随着 4G 技术的普及及智能手机功能的升级，短视频行业实现了爆炸性增长。现代社会快节奏的生活和碎片化的时间使得短视频适应了大众的娱乐消费习惯，这无疑是互联网时代消费模式的一次重大转变——人们开始倾向于快速、简洁并富有娱乐性的视频娱乐和信息获取方式。

曾经社会上探讨"如何摆脱微信"的话题，而如今它演变为"如何抵抗抖音、快手"的讨论。短视频以其独特的魅力再一次激发了人们的精神需求。

经过七年的演变，短视频已然发展为不可或缺的娱乐平台。截至 2022 年 12 月，短视频用户规模首次突破十亿，用户使用率高达 94.8%。其中，抖音（创立于 2016 年）和快手（转型于 2013 年）这两大平台占据用户流量的绝大多数，据统计抖音 2023 年 5 月月活跃用户规模达到 7 亿多，快手 2023 年第二季度平均日活跃用户 3.76 亿。

在关于短视频制作的参与者人数方面，虽无确切的统计数字，但通过观察各大短视频平台发布的数据：抖音平台的短视频创作者数量已超过千万，且拥有过万粉丝的知识内容创作者数量突破了 7.4 万。这些数据均为非全面统计，但在 10 亿日活跃用户的短视频时代，每个人都可能成为创意的源泉。

3. 全球最大的游戏市场

中国游戏市场在特定的历史时期呈现出爆炸性的增长。2016 年，全球游戏行业收入不仅打破了 1000 亿美元的大关，更是达到电影市场的三倍多，而其中移动游戏市场表现尤为突出，成为游戏产业最丰厚的分支。在同一年份中，中国拥有的游戏玩家超过 6000 万，成为全球最庞大的游戏用户市场，也孕育出了全球估值最高的游戏企业。作为参考点，2015 年腾讯发布的多人在线战斗竞技场手游《王者荣耀》在 2017 年达到其收入与活跃用户的双高峰，分别是收入最高和达到 2 亿的活跃用户。

2018 年，IG 战队荣获《英雄联盟》世界总冠军，这一事件无疑将中国电子竞技产业推上了一个新的巅峰。统计数据显示，中国电竞产业的总产值已超千亿。电竞产业得到广泛追捧不仅源自其巨大的产业价值，根本的原因在于网络游戏从被视为玩物演变为一种国际性的体育竞技运动。对于中国的青少年来说，将个人爱好转变为职业路径已经成为一种趋势。尽管电竞职业寿命相对较短，成功率也相对较低，但梦想的火花始终激励着他们。

2019 年，中国累计拥有 6.2 亿的视频游戏用户，并且移动游戏实际销售收入超过了 1580 亿元，逐渐成为全球游戏市场的竞争对手之一。

4.IP 价值实现的闭环初步形成

这一时期内传统文化产业领域有更多新商业模式出现。

首先是网络大电影，简称"网大"。网络大电影是一种时长逾六十分钟，制作周期自数月至一年不等，规模投资由数百万元至数千万元范围，且电影制作品质上乘，拥有完整的电影结构和容量，其展示平台主要依托于互联网的电影或电视剧。此模式逆转了电影行业传统的运营模式，即大制片厂和大院线模式，并以其较小的投资、较短的周期和较高的收益而显现优势。这得益于网络视频的庞大用户基础以及已被建立的用户付费观影意识。例如，爱奇艺和腾讯于 2018 年公布的 VIP 会员数达到 1 亿，假设"网大"的单片价格为 2.5 元，1 亿会员的观影便可带来 2.5 亿元的收入。

其次要聚焦网络文学 IP 的价值扩张。现阶段 IP 涵盖的领域众多，包括文学、电影、漫画及游戏等。特别在这一时期，数量众多的网络文学 IP 经历了改编与翻拍成电影和电视剧的过程，网络文学已有超过二十年的发展历程，积累了大量的文学 IP 和一批成熟的网络文学作家。据统计，2023 年上半年，我国网络文学用户规模已达到 5.28 亿。

（五）下一个五年：2020 年—未来智能物联的新创意时代

2020 年，宅家经济，特别是手游、短视频、直播等线上娱乐空前火热。以《王者荣耀》为例，该手游在 2020 年春节除夕的单日流水达到 20 亿元，而抖音在春节期间的日活跃用户量超过 3 亿。与 2019 年同期相比，这些数字几乎都翻了一倍。在线娱乐、在线教育和在线旅游等领域的爆炸性增长，云健身、云旅游和云商城等新业态也相继涌现。但一个值得探讨的问题出现了：这些新业态是否将成为未来的发展趋势？

国家迅速推出"新基建"的万亿经济刺激计划，加速了中国在5G、大数据、云计算、人工智能及物联网等数字技术方面的发展步伐，推动了新一代信息基础设施建设的快速发展。这些新兴技术和新基建不仅在改变着我们的生活方式，也在进行着一场具有划时代意义的社会、城市和产业变革。

进入未来的时代，我们将迎来一个万物互联的新局面。每一个联网的物体均有可能被媒体化、被平台化。除了手机、电视、电脑和电影院大屏等传统的文化传播终端，越来越多的物体表面也将转变为传播终端。这意味着基于不同场景定制专属内容成为可能。例如，在使用冰箱的场景中推送食品价格、储存收纳等民生新闻和食品广告，在无人驾驶车辆的场景中推出财经、汽车新闻或短视频内容等。

文创仅是这场由新技术驱动的变革的先锋，它站在新技术应用的前列。从数字出版的个性定制到今日头条的算法推送，从B站的二次元视频创作到喜马拉雅的音频平台，从陪伴机器人到娱乐机器人，大数据和人工智能正在全方位渗透到传统文化产业中，彻底改变着生产和消费的方式。

展望未来，视频直播将实现零延时，大屏幕时代将带来实时互动和虚拟现实以及物联网场景，所有物体皆有可能成为文化媒体。VR电影和4K/8K超高清视频将成为常态，传统文化业态的可视化、交互性和沉浸式等将成为未来文创场景、载体和业态的新现象。然而，我们深信未来的可能性绝不止于此。2020年标志着新创意时代序幕的拉开！

第二节　文创的定义与特征

一、文创的定义

（一）文化

1. 国内文化的概念

国内文化是指中国文化，是基于中华文明并广泛融合全国各区域和各民族的文化特质，构成的一个独特的文化总体，这种文化可以被描述为"中国的文化"，某种程度上区别于具有国际特性的中华文化。而深受中华文明熏陶的东方国家和地区，常被归纳为"汉文化圈"，该文化圈并非仅限于文学或艺术，而是涉及社会政治、经济以及科技的各个方面，不仅日本和朝鲜半岛在历史上受到了中国文化的显著影响，越南、新加坡及其他东南亚、南亚甚至美洲地区都曾深受其益。值得注意的是，"国内文化"这一概念在不同的时期有其独特解读。

（1）古代释义

对于"文化"一词的探讨和论述，中国学者比西方学者更早。在古老的《周易》中，可以见到："观乎天文，以察时变；观乎人文，以化成天下。"[①]标志着中国人最初对"文化"的讨论，尽管那时"文化"二字尚未合为一体。实际上，"文化"这一术语是由"文"与"化"两字合并而来。"文"字在本义上指的是各种颜色交织的图案。《易经》中记载："物相杂，故曰文。"[②]在《礼记》中提到："五色成文而不乱。"[③]而《说文解字》注解："文，错画也，像交叉。"[④]基于这一基础，"文"字的含义被进一步拓展引申：

第一，包括语言文字在内的各种象征符号，进而具体化为文物典籍、礼乐制度。《尚书》所载伏羲八卦，造书契，"由是文籍生焉"[⑤]；《论语》所载孔子说"文王既没，文不在兹乎"。

第二，彩画、装饰、修养的意思，与"质"对称。所以《尚书》疏曰"经纬天地曰文"[⑥]；《论语》称"质胜文则野，文胜质则史，文质彬彬，然后君子"。

第三，美、善、德行的意思。这便是《礼记》所谓"礼减而进，以进为文"；郑玄注"文犹美也，善也"；《尚书》所谓"文命敷于四海，祇承于帝"[⑦]。

---

① 姬昌.周易[M].东篱子，译注.北京：北京时代华文书局，2014：93.
② 姬昌.易经[M].呼和浩特：内蒙古人民出版社，2008：179.
③ 戴圣.礼记[M].张博，编译.沈阳：万卷出版公司，2019：264.
④ 许慎.说文解字[M].徐铉，校.上海：上海古籍出版社，2021：251.
⑤ 孔子.尚书[M].长春：吉林文史出版社，2017：3.
⑥ 孔子.尚书[M].长春：吉林文史出版社，2017：11.
⑦ 孔子.尚书[M].长春：吉林文史出版社，2017：22.

"化"，本义为改易、生成、造化。如《庄子》："化而为鸟，其名为鹏"；《黄帝内经·素问》："化不可代，时不可违"[①]；《礼记·中庸》："可以赞天地之化育"[②]；等等。归纳以上诸说，"化"指事物形态或性质的改变，可引申为教行迁善的意思。

战国末期，《易经》由儒生整编，其中并联运用了"文"与"化"二字，阐述了一种理念："刚柔交错"描绘的是天文现象；而"文明以止"描述的是人文理念。笔者进一步解析二者，即"观乎天文，以察时变；观乎人文，以化成天下"。此"文"起源于纹理之意，象征着天文的精妙——日月交错行于天际所体现的"天文"，代表着自然法则或天道。与此相对，"人文"则展现人类社交纵横交错的网络，譬如君臣、父子、夫妇、兄弟以及朋友等各式关系，共同组成了社会的复杂纹理，呈现出一定的文化表象。治理者被要求观察天文以理解时间的变迁；关注人文，以便在天下之民中推广文明礼节，并引导其行为走向规范。在这里，"人文"与"化成天下"之间建立了紧密联系，反映了"以文教化"这一思想的鲜明表达，具有深远的哲学含义。

西汉时期，"文"与"化"融合形成一个词。例如，在刘向的《说苑》中阐述："圣人之治天下也，先文德而后武力。凡武之兴，为不服也。文化不改，然后加诛。"[③]再如，晋代学者束皙在《束广微集》中描述："文化内辑，武功外悠。"[④]在这些文献中，"文化"一词，时而与天地自然的创造相对，时而与缺乏教化的"野蛮"或"朴实"形成对比，指与国家军事手段相对立的一种理念，即指国家通过文教来实现治理的策略。进入唐代，学者孔颖达对《周易》中的"文化"提出了独特的解释，主张"圣人观察人文，则诗书礼乐之谓"，实际上，他主张"文化"主要关照的是上层建筑中文学、礼仪、风俗等元素。这种对文化的定义，自汉唐

---

① 黄帝.黄帝内经[M].李郁，任兴之，编译.西安：三秦出版社，2018：6.
② 戴圣.礼记[M].张博，编译.沈阳：万卷出版有限责任公司，2019：297.
③ 刘向.说苑：下[M].萧祥剑，注译.北京：团结出版社，2021：522.
④ 束皙.束广微集[M].娄东张氏，1368-1644：2.

之交影响至清代。① 因而，在明末清初，大学者顾炎武在其《日知录》中阐述："自身而至于家国天下，制之为度数，发之为音容，莫非文也。"② 这表达了一个观点，即个人的行为展现及国家的各项制度均包含在"文化"中。

因此，在中文体系内，"文化"之初始意涵为"以文教化"，其表达为对人性与德行的精细塑造与启迪，深刻置身于精神领域的类别之内。在时间的演进及空间的多元差异中，"文化"逐渐演化为内涵深厚、外延辽阔的多维度概念，转变为各类学科研究、解析、争辩的焦点（如图1-1所示）。

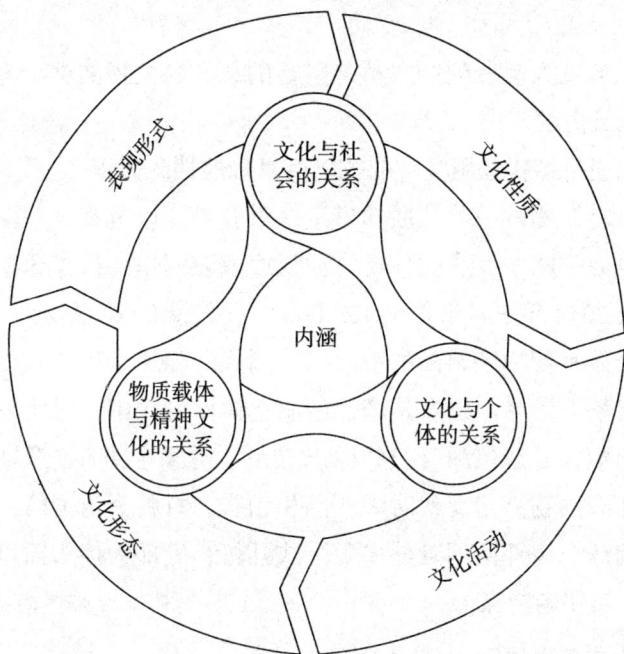

图1-1 文化与社会的关系

（2）现代释义

文化揭示为生命实体在其演化途径中逐渐累积的与自身相关的知识

---

① 孔颖达.图解名家批注周易[M].崇贤书院，校注.合肥：黄山书社，2021：218.

② 顾炎武.日知录[M].郑若萍，注译.武汉：崇文书局，2020：154.

或经验，是其对自然及环境的适应性展现。在自然界中，每一个生物体均经历着一个与自然及环境相适应的过程。基于此观点，每一个生物体均应存有一套与之匹配的知识体系或经验。因此，在我们所定义的"文化"语境下，其实严谨的定义域应属于"人文"范畴，理由缘于当代社会所谓的"文化"，实质上是以"人"为核心的。

文化一词，其解释多维且深刻：

①在考古学的领域内，该术语通常涵盖同一历史阶段的遗存及遗物的综合体系。特定的制造技术、工具和用具，均为某一文化体系的显著特征。

②文化涉及人类所创造之精神财富的总和，尤指文学、艺术、教育以及科学领域内的产出。

③文化还可指代运用文字的技能以及一般性的知识。

台北故宫博物院一款"朕知道了"纸胶带，以其霸气、幽默、集文物知识与时尚趣味于一身的独特气质风靡海峡两岸，借《甄嬛传》风行的契机，至2014年3月已售出139 000组，共计2 660万元。

由北京故宫博物院出品的一款"入耳式"朝珠耳机，一夜间成了被热捧的"爆款"潮品。朝珠是清代朝服上佩戴的珠串，形状与和尚胸前挂的念珠相似，是地位和身份的标志之一。朝珠耳机的创意则是将这一清代宫廷特有的物品与现代时尚产品相结合，材料为仿蜜蜡，佩戴时外观为整圈朝珠，肩部两侧延伸出入耳式耳机，底部为接头插口，体现复古、时尚、实用的特点。

2.国外文化的概念

（1）古代释义

在国外的学术研究中，"文化"一词的论述启动较晚，尽管如此，其较中国古籍的相关阐述展现出更为广泛和科学的特质。拉丁语动词"Colere"构成了"culture"（文化）一词的词源。维克多·埃尔（V.Hell）在《文化概念》一书中，引入了安托万·菲雷蒂埃（Antoine Féretié）于1690年的著作《通用词典》中对于文化的定义，即"为实现土地的肥沃而实施的种植树木和其他植物的耕作及改善行为"，且有相应注解："在全部人类行为中，耕作土地是最为真诚和纯净的"。①显然，在此时期，西方社会中"文化"一词只是用于象征人类某一种特定技能和能力，作为描述人类某种活动形式的词。值得注意的是，此定义在后续发展中演变为涵盖培养个体兴趣、精神及智力等多个维度（其中，"园艺学"在英文中被称为 Horticulture）。

在 19 世纪中叶之前，"文化"这一术语并未作为一个完整的体系呈现，但到 19 世纪中叶，其与"文明"时常被视为同一概念的两个不同侧面。专家们从人类学与社会学的视角出发，对文化现象及其历史轨迹进行了深入探讨。对于"文化"的定义有多种。其中，三种主要的观点尤为引人关注：

首先，基于方式论的观点，将文化理解为某特定民族或群体的生活方式，且这种方式非源自遗传的特性。这一观点强调文化的连续性和继承性，涵盖了个体的兴趣、爱好、社会风俗以及习惯等方面。例如，美国文化人类学家鲁斯·本尼迪克特（Ruth Benedict）曾经定义"文化"为"文化是通过某个民族的活动而表现出来的一种思维和行动方式，一种使这个民族不同于其他任何民族的方式"②。

其次，从过程论的视角出发，这一观点强调文化是人类在学习和制作工具，特别是制造定型工具的过程中，反映人类智慧和创造力的逐渐演化，凸显了文化的发展性。

最后，基于复合论，将文化视作社会成员所获取的包括知识、信仰、艺术、音乐、社会风俗、法规以及其他各种能力在内的复合体。这种观点强调文化的综合性或称熔铸性。以英国人类学家爱德华·泰勒（Edward Tylor）为例，他在 1871 年发表的《原始文化》一书中提到："从人种志学的角度出发，文化或文明是一个包括知识、信仰、艺术、道德伦理、法律、社会风俗以及作为社会一员通过学习所获得的其他各种能力和习

---

① 埃尔.文化概念 [M].康新文，晓文，译.上海：上海人民出版社，1988：4.

② 本尼迪克特.菊花与刀：日本文化诸模式 [M].苏勇强，费解，编译.西安：陕西人民出版社，2007：13.

惯的复杂整体。"①

（2）现代释义

在现代英语的语境之中，"culture"一词拥有宽泛的词义，这一点在牛津大学出版社出版的《现代高级英汉双解词典》中得到了展现。该词典对"culture"一词列举了五种不同的解释：

①人类通过训练和经验所促成的身心发展达到的一种高度能力状态；同时包括（身体的）锻炼和（心性与精神的）修养。

②体现人类社会智能发展的明证——文明与文化（涵盖艺术、建筑、科学等多个领域）。

③特定民族智力发展的某一种形态或状态，即特定的文化形式。

④涵盖了培养、种植、栽培以及（如蜂、蚕等生物的）饲养等含义。

⑤指向细菌培养的相关概念。

在以上所列举的五种含义之中，②与③两个定义，聚焦于作为专业术语的文化定义，这一概念自19世纪中叶以来，已在学术界引起广泛的争议与讨论。《美国百科全书》在其"culture"条目中阐释道："'文化'作为一个专业术语，自19世纪中叶在人类学领域的著作中初次呈现。"

在20世纪30年代，英国人类学家B.马林诺夫斯基（Bronislaw Kaspar Malinowski）不仅深化了泰勒对于文化的定义，还在其著作《文化论》中提出了独特见解。他主张："文化是指那一群传统的器物、货品、技术、思想、习惯及价值而言的，这概念包容和调节着一切社会科学。我们亦将见，社会组织除非视作文化的一部分，实是无法了解的。"②马林诺夫斯基进一步将文化细分为两大核心构成元素——"已转化的环境和已变更的人类有机体"，也就是说，文化既包含物质层面的元素，又蕴含着精神维度的成分。

学者阿尔弗雷德·拉德克利夫-布朗（Alfred Radcliffe-Brown，1881—1955）强调，文化不仅是一种固定社群或社会阶层通过与他人的

---

① 泰勒.原始文化[M].连树声，译.上海：上海文艺出版社，1992：115.

② 马林诺夫斯基.文化论[M].费孝通，译.北京：中国民间文艺出版社，1987：17.

互动交流所吸纳的思维、情感和活动的模式，同时体现为一种在人际互动中获取知识、技艺、体验、理念、信仰及情感修养的过程。他进一步指出，仅在社会结构执行其功能的语境中，文化方能得以显现；缺失社会结构的前提下，文化现象是无法被观察到的。譬如，无论是父子、买卖双方，还是统治与被统治之间的关系，它们在交往互动中均能反映出特定的文化要素。①

克洛德·列维‒斯特劳斯（Claude Lévi-Strauss，1908—2009）是一位极具影响力的法国人类学家和理论家，他强调在不同文化和社会中寻找普遍的结构和模式。他主张，人类的思维具有一种固有的结构性，而这种结构性体现在各种文化形式如神话、艺术和社会组织中。他认为，虽然各个文化的表现形式和内容可能不同，但它们底层的结构往往相似或可对应。他还提出"文化是一组行为模式，在一定时期流行于一群人之中，……并易于与其他人群之行为模式相区别，且显示出清楚的不连续性"②。列维—斯特劳斯的理论深刻影响了人类学、哲学、文学理论和心理学等多个领域。他的结构主义方法论为理解和比较不同文化现象提供了一个框架，并激发了一系列的学术讨论和研究。新西兰人类学专家雷蒙德·弗思（Raymond Firth，1907-2002）坚信文化与社会的定义是相互缠绕、不可分割的。他在 1951 年发表的著作《社会组织要素》中提出了一种观点：若将社会理解为一个由持有特定生活模式的人群所构成的集体，则可以视文化为这种生活模式的体现③。换言之，社会的本质在于其组成个体的生活方式，而文化正是这种方式的映照。

在众多的文化解释论述之外，还可以观察到符号学解释和界定论等多元化的观点。在 1952 年，美国文化人类学权威 A.L. 克罗伯与 K. 科拉克洪所发表的著作《文化：一个概念定义的考评》深入探讨了 1871 年至

---

① 拉德克利夫‒布朗.安达曼岛人 [M].梁粤，译.桂林：广西师范大学出版社，2005：152.

② 斯特劳斯，埃里蓬.亦近，亦远：列维·斯特劳斯谈话录 [M].深圳：海天出版社，2017：79.

③ 弗思.人文类型 [M].北京：商务印书馆，2017：138.

1951 年期间的一百六十余种关于文化的西方定义，并进行了精准的梳理与分析。随后，他们提出了一个综合性的文化定义："文化，存在于多种隐晦及显著的模式之中，透过符号的使用实现学习与传递，且构筑了人类社群的独特成就。这些成就涵盖了他们制造物品的众多具体样式；而文化的基本元素是通过历史演进和挑选形成的传统思想和价值观念，特别是价值观，其重要性尤为突出。"①这一深刻的文化综合定义，在全球学术领域获得了广泛认可，并产生了深远的影响。

马克思主义理论对文化定义进行了创新性解读，将其划分为宏观与微观两个层面。《简明哲学辞典》，精辟地指出文化可定义为"社会历史实践过程中人类创造的物质财富和精神财富的总和"，这便是"广义的文化"。相对应的"狭义的文化"侧重于精神层面的文化探讨，例如社会意识形态及其兼容的法规体系、政治社会构架、社会风俗、学术观念、宗教信仰、文艺表现等。②（如图 1-2 所示）

图 1-2　文化与政治、经济的关系

（二）创意

1. 西方世界对创意的定义

关于"创意"一词在西方的起源可追溯至 17 世纪末期，该时期人文

---

① KROEBER A L, KLUCKHOHN C. Culture: A critical review of concepts and definitions [M] .London: fogotten books, 1952: 15.

② 罗森塔尔，尤金. 简明哲学词典 [M]. 中共中央马克思恩格斯列宁斯大林著作编译局，译. 北京：生活·读书·新知三联书店，1973: 55.

主义框架下的"原创"概念亮相。法文中的"原创"（orginalite）首次出现于 1699 年，而在英文中"原创"（original）的首次使用可追溯至 1742 年，西方世界更是在 1775 年才首次引入了"create"这一词。

在现代汉语中，"创意"一词多由若干英文单词翻译而来，例如，"ideas""creative""creativity"与"originality"。其中，"idea"作为一个名词，其含义可涵盖意图、思考、观点等多个维度，其复数形式"ideas"经常被广泛解释为"创意"。在广告产业中，"Big Idea"常被用以象征宏大的创意。另外，"creative"与"creativity"这两个词均源于"create"，均涵盖了"创意"的语义——前者作形容词，表达有创造力、有创造性的特征；后者则作名词用，指创造力或创造性。"originality"一词多被解译为原创或独创，然而，在某些场合它也用以指创意，这正是我们起初探讨"原创"词源的缘由。进入 20 世纪中期，全球经济逐渐恢复和发展，美国经济学的研究焦点相继转向文化和创意相关议题。20 世纪 50 至 60 年代，被誉为"美国广告的新纪元"及广告界的"创意革命时代"，在这个阶段，广告领域成为创意的大爆发区域。杨（J.W.Young）提出了一种观点："一条创意实质上是过往要素的一种新的组合"[①]。他主张，对旧要素的重新组合便构成了创意。尽管在该时期"创意"这一词成为广告领域的高频词及行业竞赛的关键因子，广告从业者普遍强调创意的重要性，但却未给出关于"创意"的明确定义。

1999 年，美国心理学家斯滕伯格（R.J.Sternberg）从心理学的角度提出了一个较为宽泛的定义：创意即生产作品的能力，这些作品应当具备新颖性（即原创且不可预知）与适用性（即满足用途，且在目标所施加的限制下适用）。斯滕伯格强调，创意是人类进行创新活动的一种能力，而且明确这种能力产生的成果必须是既独创又实用的。[②]

21 世纪初，具体到 2002 年，被誉为"创意产业鼻祖"的英国经济学家霍金斯（J.Hawkins）向世界呈现了其作品《创意经济：如何点石成

---

① 扬.创意[M].李旭大，译.北京：中国海关出版社，2004：26.

② 斯滕伯格，威廉姆斯.斯滕伯格教育心理学[M].姚梅林，张厚粲，等译.北京：机械工业出版社，2012：168.

金》。该著作被视为创意经济学领域的基石，首次向人们阐明了"创意经济"概念，同时对与创意密切关联的内容和产业进行了重新阐释和命名。霍金斯明确了"创意"的定义："'创意'指的是孕育新事物的能力，意味着一个或多个人的创新和发明的产出，这些创新和发明必须是个人化的、原创的、富有深意的以及有用的。"霍金斯所提出的"创意经济"理论，对后续创意理论与产业发展产生了深远的影响，并激发了许多学者对"创意"概念的进一步探讨。① 例如，美国创意理论学者查理德·佛罗里达（R. Florida）在其作品《创意阶层的崛起》中提出，创造力实际上是一种重组："为了创造和进行综合，我们需要刺激物——那些可以被陌生的方式拼凑在一起的零零碎碎的东西。"② 同样，英国学者克里斯·比尔顿（C. Bilton）在研究中阐述："'创意'本质上是一个复杂得多的、异常艰巨的过程，而非简简单单依赖'灵光一现'或者投身于临时发生的灵感之中。"③ 随着社会及时代的演进，创意的内涵逐渐丰富，全球范围内关于创意的定义也在不断变化和更新中。

2. 中国对创意的定义

在华夏文明的语境中，"创意"一词的诞生和应用比西方世界早。赵宏在其著作《汉语中"创意"一词源自华夏文化》中，深入解析了"创意"这一术语在中华文学历史中的深刻踪迹与语义发展。记录显示，早在公元 86 年，东汉王充在《论衡·超奇》中提到："孔子得《史记》以作《春秋》，及其立义创意，褒贬赏诛，不复因《史记》者，眇思自出于胸中也。"④ 在此，"创"字显然作动词使用，表达的是创建、建立之意，而"意"表达的是意义，因此，"创意"在此语境下的解释可以视

---

① 霍金斯.创意经济：如何点石成金[M].上海：上海三联书店，2006：111.

② 佛罗里达.创意阶层的崛起[M].司徒爱勤，译.北京：中信出版社，2010：130.

③ 比尔顿.创意与管理 从创意产业到创意管理[M].北京：新世界出版社，2010：3-8.

④ 赵宏.汉语中"创意"一词源自华夏文化[J].现代语文（语言研究），2007(4)：126-127.

为"立义"或"建立意义"。类似的释义和应用在后世中华文献中屡见不鲜。例如，王玫的《历代书信精选》中收录了唐代李翱的《答朱载言书》，其在文中写道："六经之词也，创意造言，皆不相师"①；清代学者方东树在其散文《答叶溥求论古文书》中提及："及其营之于口而书之于纸也，创意造言，导气扶理，雄深骏远，瑰奇宏杰，蟠空直达，无一字不自己出。"②这些案例表明，在多部历代文献中，"创意"的语义与用法均得到了一定的延伸和发展。

南宋罗大经所编《鹤林玉露》中记载："近时李易安词云：'寻寻觅觅，冷冷清清，凄凄惨惨戚戚'，是起头连叠七字，以一妇人，乃能创意出奇如此。"③在此处，"创意"被视作一个完整的名词，概括了李清照使用连叠词的创新语用策略。在后来的文献中，"创意"这一词也经历了进一步的演变和应用。例如，在王国维的《人间词话》中："美成深远之致不及欧、秦，唯言情体物，穷极工巧，故不失为第一流之作者。但恨创调之才多，创意之才少耳。"④还有郭沫若在《鼎》一文中强调："文学家在自己的作品的创意和风格上，应该充分地表现出自己的个性。"⑤在这两个例子中，"创意"已经转化为描述创新思想或者意念的名词，体现出思考与创造的整体性与独立性。

在进入21世纪后，国内众多的学者开始尝试从学术的视角对"创意"这一概念进行明晰的定义。陈放教授在其著作《中国创意学》中阐释道："所谓'创意'就是人们平常说的'点子''主意''想法'，好的点子就是'好的创意'。"⑥在这里，陈放教授用普通话将创意描述为"点子、主意和想法"——那些通过人们的思考和智慧所衍生出的策略和方案。另

---

① 王玫.历代书信精选 [M].许红英，选注.上海：上海远东出版社，2012：115.

② 黄爱平，吴杰.方东树唐鉴卷 [M].北京：中国人民大学出版社，2015：285.

③ 罗大经.鹤林玉露 [M].刘友智，校注.济南：齐鲁书社，2017：33.

④ 王国维.人间词话 [M].李建中，秦李，注评.南京：江苏凤凰文艺出版社，2021：367.

⑤ 郭沫若.郭沫若文集 [M].长春：吉林摄影出版社，2004：311.

⑥ 陈放.中国创意学 [M].北京：中国经济出版社，2010：17-18.

一位学者王万举提供了一个相仿的定义，认为创意即涵盖创新性的构思、策划和设计。[①] 白庆祥与其他学者们从宏观的视点出发，界定创意："创意是人类的一种思维活动，体现为创新的意识、思想。"[②] 贺寿昌从文化的维度纳入了创意的概念，并提出"创意是创新与文化的有机结合体"。在《创意学概论》一书中讲到，"创意"就是"创造新意"，具有原创性、首创性和独创性，同时将创意归结到文化领域："创意首先是一种思维方式和思维成果，也就是一种不平凡的富有创见性的思维方式和一种新鲜的新奇的思维成果"，也是"一种文化现象"[③]。

此外，钟璞与黄盈霏两位学者从文化的溯源和哲学的深沉考量中，对"创意"进行了定义。他们认为，"创意"既表现为"创义"，即在意义的维度上进行创造；又能被诠释为"创异"，即对文化符号的新颖创新；同时涵盖"创艺"之意，即借助艺术的手段来创作。[④] 在《现代汉语大辞典》中，"创意"这个词有双重解释：首先，作为名词，指创造性的想法、构思等；其次，作为动名词，描述的是提炼、提出这些创造性的思维和构思的行为。回溯历史，"创意"自东汉时期的基础词义得以沿袭，但随着时代的变迁，其解读趋于细致、丰富和易于理解。导演赖声川曾经生动地阐释："创意是一场发现之旅，不仅发现问题，更发现答案；不只是揭示问题背后的渴望，还有寻找答案的奥妙过程。"现今，"创意"这一词使用得越发频繁，覆盖的领域也日渐广泛，与英文中的"idea"及"creative"等词相译的"创意"逐渐并用。

从宏观视角看，对比"文化"这一概念的定义，"创意"在古今中外的定义显得相对一致，其本质和内涵没有太大的差别，更多地体现在"创意"如何被表达和描述。从动态的角度看，"创意"代表一种创造性的思考过程；而从静态的角度解读，更多地强调它代表的含义——那些

---

① 王万举.文化产业创意学[M].石家庄：花山文艺出版社，2018：7-9.

② 白庆祥，秦剑，夏聃.文化产业创意与策划[M].北京：中国传媒大学出版社，2015：13.

③ 贺寿昌.创意学概论[M].上海：上海人民出版社，2006：18.

④ 钟璞，黄盈霏.文化产业创意学[M].北京：新华出版社，2017：15-18.

充满创新性和原创性的构想与意念。诚然，"创意"这一概念是如此神秘和丰富，它所散发出的魅力还有待我们去深入探索。

（三）文化创意

在对文化创意的内涵进行深入研究过程中，探讨其内在含义显得尤为关键，同时，分析角度的合理性亦不可或缺。当将文化创意作为名词解释时，可以理解为文化发展进程中创造性思维的表现或产出。如果将其视为一种产出，那么文化创意可能表现为观念形态的主题和想法，或者表现为具体形态的各种文化展现；若将之理解为一种现象，即指一种行为体系。在动词形式上理解文化创意，则可以视为文化生产中的一种创造性和创新性的思维实践过程。若从新理论的角度出发，文化创意可定义为融入新思想、新产业内容的文化创意产业理论。可见，关于文化创意的定义总是倾向于其自身的特色和独特的视角。例如，所谓文化创意是指文化的原创性、创新性，是指蕴含在文化产品和文化活动中独特的内容与崭新的形式，显然这是从结果或现象的角度进行解析。

在笔者的理论框架里，初步将文化创意视作一种分析的视角和理论工具。经由理论阐释和实际分析的演进，文化创意进一步被视为一种实践和一种行为过程。特别是当我们将文化创意放置在文化生产的观照之下时，其就成为文化生产本质的特征及关键的环节和基础。进一步观察，从整个文本的论证和设计路径来看，"文化创意"同时被视作一种理论和思想——充满新思想、新产业内容的文化创意产业理论。

对于文化创意与文化旅游的关系，文化创意并非后者的附属元素、环节或工具，相反地，它内生于并内化为文化旅游本身的文化基因，成为其根本的发展动力和本质属性。因此，文化创意自然成为探讨文化旅游问题时关键的分析视角及工具。

二、文创的特征

（一）人本性

文化创意不仅仅是一个简单的创新过程或产品的呈现，还是人类发挥自身无限创造力的实践活动，从深层次来看，这种实践活动具有明显的人文本质。文化创意深刻地依赖于人的智能资源，是这些资源的具体发挥与利用。每一次创意的产生，都是人的智慧、精神和灵感碰撞的结果，这种碰撞不是偶然的，而是建立在人类丰富的文化、经验和知识积累之上，并且每一次文化创意都是对人类已有知识的延伸，是新与旧、已知与未知的有机结合，是信息的叠加，更是对人类文化遗产的延续与发扬。与此相应，文化创意的逻辑起点始终围绕人的核心需求，这些需求不仅包括物质层面的，更多的是指向人的精神文化娱乐需求和情感需求。因此，任何成功的文化创意，都能深入人的内心，触及其情感深处，为其带来愉悦和满足。更为重要的是，文化创意与人类的全面发展及自我实现有着直接关系。人们在文化创意的实践中发掘并满足自己的需求时，实际上也在追求自我价值的实现，这种追求与人的内在需求、潜能的挖掘及自我实现的愿景紧密相关。因此，文化创意不仅仅满足人的表面需求，更推动人们朝着更高层次的发展和追求前进。在这种前进的过程中，文化创意成为体现人类认识自我、完善自我的一种重要方式。每一次成功的文化创意，都是对人类自我认知的一次升华，具体体现在产品或服务上，更体现在人类自我认知和自我价值实现的深层过程中。

（二）自在性

文化创意作为文化生产的核心环节，贯穿整个文化产业的始终。在这个过程中，自在性显得尤为重要，这不仅是文化创意的一个特征，更是其本质属性。文化创意中的"自在性"，可以理解为在创意过程中的自由发挥和表达，即充分挖掘和表达内心的真实感受和思考，不受外部因素的限制或干扰。自在性意味着创作者不是为满足市场需求、迎合观众口味或遵从某种既定规则而创作，而是根据内心的驱使和情感的流露来自由创作；创作者在表达时无须过多考虑形式、风格和体裁的限制，能够自由地挥洒自己的情感和思想，充分展现个体的独特性；创作者可以自由选择创作的形式和方法，不拘泥于传统或常规的创作模式和路径，比如在一些创作工具、平台和媒介的使用上给予创作者更多的实验和探索的空间；一个开放的创作环境尊重每个创作者的独特视角和表达方式，允许不同的声音存在，鼓励多样性和包容性。在这样的环境中，创作者能够勇敢地表达自己，自由地探索。

在上述定义的基础上，文化生产与文化创意之间的关系自然浮现。文化生产是基于社会形态的文化创造活动，是人类生产活动的重要组成部分，这种生产活动旨在不断地为社会创造新的文化价值和内容。而文化创意作为其内核，其自在性正是这种创造性活动的驱动力。换句话说，只有充分发挥文化创意的自在性，文化生产才能持续、高效地进行。

在历史进程中，不同的时代、不同的文化背景都对文化创意的自在性产生了深远的影响。例如，在封闭的社会结构中，由于受到多种因素的限制，文化创意的自在性可能受到压抑，不能得到充分发挥。但随着社会的进步和开放，自在性得到了更大的空间，文化创意也更为丰富和多元。在现代社会，随着信息技术的发展和全球化的推进，跨文化交流日益增多，文化创意的自在性得到了释放和展现。各种文化碰撞与融合为创意提供了丰富的素材和灵感，创作者在这样的背景下可以自由地表达自己的思想和情感。文化创意的自在性不仅仅体现在创意过程中，更体现在其所产生的价值中，自由、无拘束的创意方式，能够产生更加接近人性、更具深度的文化产品，从而满足现代社会日益增长的文化需求。而这种需求不仅仅是物质层面的，更多的是精神层面的，与人的内心深处的追求和期望紧密相关。

（三）创造性

在深究文化创意不可或缺的核心特质时，创造性无疑占据了重要的地位。创造性之所以成为文化创意的关键，源自它所蕴含的前瞻性、新颖性、深刻性和原创性，这些要素正是构建和推动文化创意不可或缺的力量。

1. 前瞻性

前瞻性意味着对未来的洞察力和预见力，寄寓着对新的社会文化发展趋势的敏锐把握和对潜在需求的深刻洞察。文化创意所呈现的内容、形式和表达方式，在一个层面反映了对未来社会文化发展的预期和引领，这种未来性的洞见在一定程度上推动了文化产业的进步和发展，为文化艺术的创新提供了无限的可能和广阔的天地。

2.新颖性

新颖性作为创造性的另一关键要素，强调的是文化创意在形式和内容上的新的尝试和突破，拒绝重复既有的模式和形式，追求在内容表达、艺术呈现、技术应用等多个层面的创新，不仅仅是在视觉、听觉、触觉等感官体验上的刷新，更在于能够在精神层面引发共鸣和思考，为社会文化提供新的交流平台和表达方式。

3.深刻性

深刻性体现在文化创意能够触及人们心灵深处的那些情感和思想，不仅满足于表面的创新和视觉的冲击，还在于通过文化表达挖掘更深层次的文化价值和社会意义，使文化创意不仅体现为一种表达形式，更是一种文化现象和社会现象，能够在一定程度上反映社会文化的变迁和演变。

4.原创性

原创性是文化创意的灵魂所在，强调创作者个体的独特视角和个性化表达。原创性在文化创意中不仅是新颖的创意点子和独特的表达方式，更在于如何在全球化的大背景下保持本土文化的独特性和多样性。一方面，文化创意通过原创性弘扬和保护本土文化；另一方面，文化创意通过吸收全球多元文化的精髓，实现文化的交流和融合。

在未来的文化创意实践中，如何更好地挖掘和运用创造性，将成为所有创作者和研究者持续关注和探讨的重点，也将丰富和拓宽文化创意的实践领域和理论研究。

（四）价值性

文化创意涉及的价值性首先表现在文化价值的层面，文化作为一个社会的灵魂和精神支柱，其价值是多元而丰富的。而文化创意正是一个通过创造性思维和实践来探索、塑造和传递文化价值的过程。通过对传统文化元素的创新性解读、对文化符号和标志的重新构建、对文化传播方式的创新等，文化创意有力地推动了文化价值的再创造和扩散。在经济价值方面，文化创意则表现出一种旺盛的活力和巨大的发展潜力。通过创意产品和服务的设计、生产和销售，文化创意产业不仅直接创造了大量的经济效益和就业机会，还促进了相关产业链的发展，推动了社会经济的繁荣和进步。此外，文化创意通过创新和创意实践，能激发市场的活力，促进新的消费需求和市场的形成。进一步言之，文化创意通过推动文化创新和多元化发展，丰富社会的文化生活，提高社会的文化素养，弘扬社会的主流价值观，有力地支撑社会的和谐稳定和持续发展。文化创意在社会价值层面的体现，还在于其在传播社会正能量、提升社会文明程度方面发挥着不可忽视的作用。环顾全球，无数的文化创意项目通过独特而新颖的方式，传达着独到的文化信息和社会价值观，它们在促进文化多样性和推动文化的传承与发展方面产生积极而深远的影响。举例来说，许多成功的文化创意产业园区、文化创意产品及服务，不仅创造了丰富的文化体验，提升了城市文化形象，也在某种程度上推动了当地的经济发展和文化繁荣。在全球化和数字化的背景下，文化创意还在推动文化交流与对话方面起到积极的作用，成为连接不同文化和社会的桥梁和纽带。通过文化创意的交流和分享，不同的文化能够相互理解、尊重和学习，促进全球文化的多元共生和和谐发展。在品牌价值方面，文化创意的运用则能够赋予品牌以独特的文化内涵和价值属性，增强品牌的影响力和吸引力，提升品牌的市场竞争力。当品牌故事、品牌符号和品牌形象充满丰富而深刻的文化内涵时，品牌便具有深远的影响和价值。

可见，文化创意在文化价值、经济价值、社会价值和品牌价值等多个层面具有丰富而深远的意义，其价值性的体现是多元和立体的，穿插于文化、经济和社会的多个维度中。在未来的发展过程中，深入探讨和研究文化创意的价值性，有助于理解和把握文化创意的深远意义和巨大潜力，更好地推动文化创意的发展和应用。

（五）融合性

在文化创意中，融合性的表现多种多样，包括跨文化、跨学科、跨领域的合作与创新。例如，当一部电影融合了古典音乐、现代艺术和历史背景，就不仅是一部电影，而是一个融合了多种艺术形式的综合体验，这种融合使得文化产品丰富、多元，从而满足不同观众的文化需求和审美期待。除此之外，随着科技的发展，新的技术手段正在与传统文化内容进行深度结合，为文化创意提供广阔的创作空间。例如，虚拟现实技术可以与戏剧、艺术展览等结合，为观众提供一个沉浸式的文化体验。融合性还反映在文化创意与其他产业、领域之间的紧密结合。如今很多传统产业正在寻求与文化创意的结合，使其产品或服务具有更强的文化内涵和价值。例如，旅游业可以与当地文化和艺术进行结合，提供一种文化深度旅行的体验，而不仅仅是简单的观光。文化创意的融合性也带来了一系列的挑战。如何确保在融合过程中各个元素保持其独特性，不失去其本质特点？如何平衡创新与传统，确保新的文化创意产品既有创新性，又不失去与文化传统的连接？这都是文化创意领域需要面对的问题。总之，融合性为文化创意提供了无限的可能性，但同时也带来了挑战。只有当文化创意能够恰当地处理融合与独特性之间的关系，才能真正发挥其价值，推动文化产业持续发展。

（六）产权性

在文化创意的过程中，每一个创造性想法、每一项原创作品，都是创作者智慧的结晶，而在这背后往往蕴藏着巨大的文化价值和商业价值。正是依托知识产权的保护，创作者的劳动得到合理回报。同时，社会得以分享到这些富有创造力的文化产品和服务。文化创意产业，尤其以创新、原创为核心，蕴含着极大的知识价值和文化价值。在其生产链条中，从创意到实物，每一个环节都包含着无限的可能与价值。因此，创作者与投资者等相关主体，必须依靠法律来保护其在创意成果中的合法权益，确保权益在文化交流和商业活动中不受侵犯。依法保护文化创意的知识产权，不仅是对创作者权益的维护，也是鼓励社会所有成员积极投身于文化创意产业的一种保障机制。在一定程度上，知识产权保护也助推了文化创意产业的发展，激励创作者勇敢投入这一充满机遇的领域。然而，面对全球化的挑战与机遇，文化创意产业在享有国际市场的同时，不可避免地面临着复杂的知识产权问题。如何在保护国内创作者权益的同时，尊重国际合作伙伴的知识产权，成为每一个文化创意产业参与者需要深入思考的问题。而在实践中，知识产权的保护与争议解决机制的完善，也是文化创意产业可持　　发展的关键。建立和完善知识产权保护法律体系，优化知识产权管理和服务体系，是促进文化创意产业健康发展的法治保障。此外，加强文化创意产业的国际合作，积极参与全球文化创意产业的知识产权保护，亦是促进国内文化创意产业繁荣的必由之路。从宏观角度看，文化创意产业的知识产权保护不仅是文化产业自身健康发展的需要，也体现了一个国家在文化领域的战略布局和国际责任。文化创意产业的发展，是推动文化与经济双轮驱动的重要力量，而其中知识产权的专有性就像是这一切的"定海神针"，为文化创意在各个方面的拓展提供基础与保障。

在全球化的大背景下，文化创意及其产权性的探讨将成为国际对话和交流的重要话题，是扩大文化输出、增强文化软实力的关键因素。在未来的发展道路上，如何坚守文化底蕴，保护文化创意产业的知识产权，将成为值得每一个创作者和文化产业工作者深思的命题。

第三节　文创的功能与分类

一、文创的功能

（一）文化传播

文化创意产业蕴含着深厚的"大脑经济"与"智慧经济"内涵，既是融入生活的经济形态，又体现为文化型的经济模式，堪称创业的首选领域。其中，文化的传播构成了文化创意产业核心功能之一。在中国，众多的文化名城肩负着文化传播的重要使命。例如，作为世界文化名城，北京不仅是中华人民共和国的首都，更是国家的政治、文化、国际交流以及科技创新中心；北京作为首批国家历史文化名城之一，也是全球拥有世界文化遗产最丰富的城市之一，其悠久的历史孕育了众多的名胜古迹，如故宫、天坛、长城、颐和园等；世界领先的高等学府——清华大学与北京大学，亦坐落在此。值得一提的是，北京还是全球首个既成功举办过夏季奥运会，又成功举办过冬季奥运会的城市。

（二）艺术审美

在当今社会，跨文化的交流日趋频繁，跨地域的审美经验以及多元文化传统与审美习俗的紧密联系，深刻影响着现代文化创意设计的艺术风格及其所蕴含的意义。对于中国当代美学而言，不能忽视这种文化关系的制约作用，要关注当代中国审美经验的独特性，并且重点分析中华美学精神在现代社会中的创造性展现和发展。对当代文学艺术的美学风格、审美表征以及审美认同的社会根基，需进行深入的理论分析和综述，进而构建一套具有中国特色的当代美学理论体系。值得一提的是，一座城市的艺术与文化氛围构成了其无形的财富。以深圳为例，这座城市由一个不起眼的小渔村崛起为一座超大型现代化城市，创造了城市化、工业化及现代化的世界奇迹。从曾经被称为"文化沙漠"，到今天的"设计之都"与"阅读之城"，它在改革开放的前线，通过四十多年的跨越式发展，积累了丰富独特的城市文化和精神气质。文化被视为国家与民族的灵魂，在城市发展中起着重要作用。文化自信作为一国发展中最根本、最深刻、最持久的动力，推动文化创意产业的蓬勃发展，这也从一个侧面反映了民众生活水平的提升及精神文化的持续富裕。正如未来学家阿尔文·托夫勒（Alvin Toffler）所预言："资本时代已经过去，创意时代已经到来。"[1]

（三）信息传达

城市的综合能力，根本上源自经济的"硬实力"与文化的"软实力"两大主要构成元素。增强一座城市的综合实力不仅要将关注点放在经济发展上，更应深度关照文化的演进与塑造。在当前的社会环境中，文化"软实力"在提升城市综合实力过程中的重要性逐渐凸显。提升文化"软实力"的根本在于强化文化创意产业的竞争力。在文化市场这个竞争激烈的舞台上，文化创意产业的竞争力往往决定着胜负归属，显著的一点是，在经济文化化、文化经济化及经济文化一体化的快速进展之

---

① 托夫勒.第三次浪潮[M].朱志焱，等译.北京：新华出版社，1996：243.

下，文化创意产业已逐渐演变为先进生产力中越发关键的一个构成部分，而文化的"软实力"也逐渐成为经济"硬实力"的一个不可或缺的组成部分。中国设计之都——上海市，在 2004 年便首先提出并积极推进创意产业的发展。上海市委、市政府明确指出，加速形成以服务经济为主导的产业结构，进而将文化及创意产业上升至发展的关键领域。2009 年上海全市创意产业总产出 3900 亿元，而到了 2022 年，总产出达到 1.64 万亿元。而在全国文化企业 30 强及提名企业中，上海 6 家企业成功入选。在 2023 年上海市文化创意产业推进工作会议上获悉，尽管受到疫情的影响，文创企业仍展现出较强的发展韧性与活力。上海创意设计产业的总产出为 1.64 万亿元，2022 年全年产值与 2021 年全年对比，环比增长 1.17%，其中数字设计产业的总产出达到 6789 亿元，展现出强大的发展动能。数字经济已逐渐演变成上海文创产业高质量发展的"新引擎"。

（四）商业宣传

在 21 世纪，文化创意产业被广泛认定为一颗黄金产业的种子，成为各国积极投身于其发展的曙光产业。比尔·盖茨明确指出，创意具有裂变效应，一盎司创意能够带来无数商业利益、商业奇迹。霍金斯在《创意经济：如何点石成金》一书中提出了全球创意经济每日为全球经济贡献 220 亿美元的产值，并且以年均 5% 的增速稳步推进。[①] 随着经济全球化的不断推进，创意经济呈现出一种盛行的态势，成为环球商业的一股巨大浪潮。具体到国家层面，可以观察到各国对文化创意产业的不同发展策略和理念。例如，日本社会广泛呼吁："独创力关系国家兴亡。"在韩国，普遍的观点则强调"资源有限，创意无限"的观念。在美国，流行的信条是资本的时代已经过去，创意的时代已经来临。相对于此，新加坡政府在 1998 年就制订了"创意新加坡计划"，而在 2002 年进一步明确了其目标：致力于将新加坡打造成全球文化中心、设计中心以及全球媒体中心。位于滨海湾花园的"擎天树"以其独特的创意设计吸引了全球目光。

---

① 霍金斯.创意经济：如何点石成金[M].上海：上海三联书店，2006：95.

（五）交互体验

文化创意产业几乎不消耗不可再生的物质资源，对环境几乎不产生污染，相反，一个好的创意和策划，不仅能大幅度提高企业知名度、增加产品附加值、扩大市场占有率，而且能使许多传统产业和传统产品焕发生机，对提高人们经济生活品质、文化生活品质、社会生活品质、环境生活品质具有独特的、不可替代的作用。2013 年 5 月，北京故宫博物院发布了一款"胤禛美人图"应用软件，旨在向广、大年轻用户介绍故宫的藏品《胤禛美人图》。这款应用软件已在 2013 年获 DFA 亚洲最具影响力设计奖。其内容主体是 12 幅绢本设色画，伴随着悠扬典雅的乐声，以立轴画卷形式向用户展现。制作方很是用了一些心思：画面不但可以全局观赏，也可以用鉴赏模式激活一个虚拟的放大镜进行细节观赏；每一幅图还带有画面构图以及绘画艺术方面的鉴赏文字，虽然文字简单但看得出是真正的专业人士点评。特别的是，画面中出现的物件旁边都有一个 3D 的小花标志不断旋转和闪动，点击这个标志就能激活子页面，专门介绍画面中出现的器物的背景意义，甚至有些还能实现全面立体的器物展示，充分展现了多媒体技术为传统产业带来的特殊阅读体验。这款应用软件的文案撰写也拿捏得比较好，既介绍了美人绢本设色画的出处，又有雍正皇帝胤禛的生平简介，还展示了专家们对 12 幅美人图的研究过程。

二、文创的分类

（一）商业文创

商业文创主要是指以下三个方面：

一是信息服务业。主要涵盖了互联网信息服务和广播电视传输服务两大子领域。对于该领域的拓展，应当特别重视以下两个方面：一方面，在电子商务领域，中国当前已建立了众多的电子商务平台及信息服务网站，并培育出了数家在该领域具有领先地位的企业；另一方面，在数字虚拟技术方面，其基础应依赖于人工智能、虚拟现实以及物联网这三大技术经济支柱。为此，需要从产业的智慧化和城市的智慧化两个维度入手，大力发展智慧经济，并推进智慧城市的全面建设。

二是动漫游戏业。该产业主要涉及数字娱乐如动漫制作和网络游戏。值得注意的是，这个产业具有低能耗、无环境污染、高产值和广泛的就业机会等独特优势。在国内，众多城市都设立了创建"动漫之都"的宏伟目标，政府相关部门也推出了一系列的产业发展策略和扶持政策，吸引更多的动漫游戏企业落户。借助这些有利条件，我国应注重提高国产动漫的品牌影响力。特别是在动漫制作领域，每座城市都应培育独特的知识产权角色，即超级角色IP，不仅可以增强城市品牌的认知度，还可以带来显著的经济收益。

在德国的首都柏林，熊被视为这座城市的象征。无论在市徽还是众多标志性建筑中，这一形象均随处可见。此外，该城的街头艺术创作也频频选择以熊为主题。在第十二届世界田径锦标赛中，熊更是作为吉祥物出现。在此背景下，设计师们在为柏林创建动漫IP时，选择了熊的形象进行创作。再以日本的熊本县为例，其地方吉祥物——熊本熊，不仅是熊本县的营业部长兼幸福部长，更是日本首位扮演公务员角色的吉祥物。设计熊本熊的初衷是期望它能为熊本县带来更多的旅游和附加收益。然而，凭借其憨态可掬的形象和独到的授权运营策略，熊本熊在日本以及其他国家受到超出预期的欢迎和喜爱，使其成为全球知名度极高的吉祥物。这个特殊且富有吸引力的形象，在促进熊本县的经济发展和提高其知名度上都起到关键性的作用。

三是设计服务业。主要指向涵盖先进装备制造设计、服装设计、模型设计、包装设计等核心领域的工业设计业，并且涉及建筑设计及装潢、图文制作、建筑模型制作等相关产业。此外，新兴设计业，例如环境规划设计、园艺设计及城市色彩设计也成为其重要组成部分。赋予设计服务业核心的发展定位，旨在催生"中国制造"的历史性飞跃。

（二）公共文创

一是现代传媒业，特指广播与影视业务以及新闻出版领域，主要依赖先进的信息与数字技术作为基石。对于路径选择，应坚持多元媒体与跨媒体的经营模式，同时推进传统与网络媒体的融合以及纸质媒体与广播电视媒体的协作，并对关键的影视制作实体给予扶持，使现代传媒业逐渐壮大。例如，央视，正式名称为中央广播电视总台。其在文化创意方面具有深厚的积淀。以下是央视的部分文化创意表现：第一，春节联欢晚会。作为每年春节期间的必看节目，春晚汇集了众多艺术形式，如歌舞、相声、小品、杂技等，展现了中华民族的传统与现代文化。第二，纪录片创作。如《航拍中国》等系列纪录片，利用先进的航拍技术和深度叙述，为观众展现了中国的壮丽景色和厚重历史。第三，大型历史剧。央视出品的历史剧，如《汉武大帝》，在保持历史真实性的同时，注重情节的戏剧化，为观众提供了文化与娱乐的双重体验。第四，科普节目。《百家讲坛》是央视的经典科普节目，汇聚了国内外众多专家学者，对各类知识进行深入浅出的讲解。第五，体育转播与制作。如央视的《体育新闻》，为观众提供了最新的体育资讯和深度报道，同时央视在奥运会、世界杯等大型体育赛事中，都提供高水平的转播与节目制作。第六，少儿节目。少儿频道专为儿童打造，其《动画乐翻天》《新闻袋袋裤》等节目，旨在培养儿童的创意思维和关心社会的品质。央视以其国家级的地位和资源，展现了出众的文化创意和出品能力，既继承了传统文化，又注重现代元素的融合，为广大观众带来了高品质的视听体验。

二是艺术品业。主要聚焦于绘画、篆刻、书法、雕塑以及工艺美术等多个视觉艺术的分支。当前，我国正致力于加速艺术品评估师、艺术品鉴定师、评论家、经纪人等专业技术人才的培养；充分利用民营经济发达的优势，依靠专业机构，培养大量高水平的艺术品收藏家。我们始终坚定地抵制制假和售假行为，构建诚信的艺术品经营企业制度，并通过公开评审、推广及保障信誉良好的艺术品经营单位，打造一个有序的艺术品交易市场。以西泠印社为例，这一国内极为知名的民间学术团体，在金石篆刻及出版领域中占据着不容忽视的地位。作为一个学术团体，西泠印社自 1904 年成立至今，已历经一个多世纪的风雨，其成立甚至比著名的新华书店早 33 年。吴昌硕、马衡、张宗祥、沙孟海、赵朴初、启功、饶宗颐等为其历任社长。截至 2023 年 12 月 31 日，西泠印社社员共计 514 人，其中普通社员 471 人，名誉社员 43 人。而且其中大多数是学术领域的重要人物。其诞生和发展，标志着印学史上一个显著的高峰时期。至今，西泠印社不仅稳固发展核心业务，还在旗下创建了多个子单位与品牌，拓宽了业务领域，例如 2004 年建立的西泠印社拍卖有限公司以及专注于文创礼品的品牌西泠印象。值得一提的是，"一袋宗师"系西泠印社推出的一款帆布袋，设计灵感源自西泠印社三位艺术家的作品。这三位艺术家包括弘一法师（俗名李叔同，不仅是西泠印社社员，也是被誉为"二十文章惊海内"的文坛巨擘，更是一位高僧）、丁辅之（作为西泠印社"创社四杰"之一，他所绘制的花卉和瓜果充满了灵动与生机）以及吴昌硕（作为西泠印社的首任社长，他擅长诗、书、画、印，被尊崇为"文人画最后的高峰"）。这款帆布袋上的设计，笔墨纵横交错，融入龙蛇之间，展现出几位宗师非凡的艺术魅力与风采。

三是教育培训业。依赖于高校及职业技术培训学校深厚的教育教学实力、优良的教育设施以及丰富的办学经验，致力于高起点、差异化、多样化的教育培训业务发展，特别是强化高等教育功能区的建设，进而推动民办高等教育力量的壮大。清华大学于 2018 年在其录取通知书中巧妙地加入了一款 3D 版的"二校门"模型。这一模型由超过 30 个纸艺部件和上百个拼插结构构成，通过激光雕刻技术及精密拼插组装，正可谓"妙手生花"，乃是清华学生运用特殊纸材所展现的创意与智慧。一旦打开录取通知书，"二校门"模型便"挺立"在眼前。"二校门"作为清华大学的象征性建筑，将其模型置入录取通知书，不仅传递出历史的庄严和厚重，同时在新时代的背景下，承载了一种别样的含义——灵感与智慧、青春与未来的交融并存。

四是文化休闲与旅游业。文化资源构成了休闲旅游业的核心内涵，需在实践中刻意强化文化与旅游的有机融合，彰显旅游之文化属性，催动文化休闲旅游产业迅猛发展。通过深入挖掘其文化深意，集中精力研发旅游文化演艺产品，确保旅游文化演艺业在市场中的主导地位。坚守将经济发展模式的转型与城市发展方式的改革相协同，采用历史文化遗产的保护作为指南，利用重大建设项目作为支柱，塑造城市为一种独特的巨型旅游产品，并推动城市旅游从量的增加转向质与效益的转型。实现由"拆除老城区、构建新城区"向"保护老城区、创建新区域"转变，由"管理者中心化"向"游客中心化"转变，由"旅游城市"向"城市旅游"转变。

以文创作品《印象·丽江》为例，该作品是继《印象·刘三姐》后推出的另一部宏大的实景演出，总投资达 2.5 亿元。其中，上篇命名为"雪山印象"，下篇定名为"古城印象"。《印象·丽江》是由在中国极具影响力的导演张艺谋联合王潮歌、樊跃共同执导的原生态大型实景演出，历经一年多的时间，通过上百次的修改得以完工。演出剧场位于海拔 3050 米的实景演出场地——玉龙雪山景区甘海子，也是目前唯一在白天进行的实景演出，参演人员由《印象·刘三姐》的原班人马组成。《印象·丽江》以雪山为背景，吸纳天地间的灵气，融汇自然之大成，以民俗文化为载体，用宏大的场景，使人感受到生命的真实与震撼如此紧贴每一个人。

五是文化会展业。主要是指文化类会展或富有文化创意特色的会展业。借助一系列独具匠心的创意策划、精细的场馆管理、广泛的会展传播、专业的招商与广告代理、独特的布展设计以及设备的租赁服务等组成完备的产业链。借由多种会议与赛事的举办，不仅可以有效提升城市的综合能级，还能为文化创意产业的发展注入新的动力。近年，文化会展业已从传统的展览、会议领域拓宽至品牌推广、大规模的节庆文化活动及体育赛事等多元化的领域，成功孕育出一系列蕴含地域文化内涵、以特色产业为支撑的全国乃至国际性的会展品牌。

以 2016 年在杭州西湖岳湖景区内，为 G20 峰会领导人及与会者奉献的《最忆是杭州》文艺演出为例，《最忆是杭州》呈现的是一场大型水上情景表演交响音乐会，乃国内首次在户外水上舞台呈现的大型交响音乐会，演出节目达 9 个，整体持续时长 50 分钟，展现了文化会展产业的非凡魅力。导演张艺谋执导，精心构建的舞台被巧妙地设置在水下 3 厘米的位置。整场演出集交响乐、舞蹈、越剧、古琴与大提琴合奏、钢琴独奏等多种艺术形式于一身，实现了中西文化的和谐融合与多彩展现，精彩纷呈。

第四节 文创产品及其产业

一、文创产品

（一）产品与文创产品

1. 产品

产品到底是什么？关于这个问题的答案或许可在设计师与消费者间察觉到一个表面的认知共识，然而其背后所包含的含义及范畴持续经历着波动与拓展。例如，在时代洪流的推移下，书房内部家具布局亦随之演变。与产品的变革同步，所处的生活场景与生活方式也相应地发生了转变。可以断言，产品并非局限于物质形态的实体，应涵盖能够满足社会市场，被广大民众所使用和消费，并满足其某种特定需求的元素或实体。产品的实质不仅涵盖物质性的物品，而且也包括了无形的服务、组织、理念或其组合形式。"为了满足市场需要而创建的用于运营的功能及服务"便可以概述为产品的基本内涵。故此，在人类的居住环境和生活模式发生改变之时，对于书房功能的需求亦呈现出新的面貌，从而催生了新的产品设计，以适配这种新兴需求的变化。

2. 文创产品

文创产品（即文化创意产品），定义为在文化创意产业内生成的任一物品或物品组合。这类产品的核心特质可分为两个互相依附的要素：文化创意的内容与实体载体，在细观其最终形态时，两者之间的交互性和依存关系尤为明显。

在当前阶段，中国的文化创意产品开发处在发展阶段，其涉及的宽度和深度均展现出巨大的拓展潜力，显示出一片宽广的市场前景。然而，在推进文创产品开发之前，务必要关注其所蕴含的两个相互依赖的核心要素，并深入理解其特殊的开发属性。

在文创产品概念提出之前，通常关注的是工艺品和旅游纪念品的定义和内涵。前者主要体现的是工艺的独特性质，而后者更多地体现了地域的特征。实际不难发现，许多旅游纪念品往往转化为一种旅行的凭证，尽管各个地域、不同景区之间距离遥远，销售的纪念品却常呈现出相当程度的相似性。

景德镇作为千年"瓷都"，吸引了无数人来此寻求一套具有地域特色的瓷器或正宗茶具。然而，多数购买者并未深究这些瓷器是否确实源自景德镇的传统制作，其特殊性主要源于地域特征及底部标注的"中国景德镇"几个字。

在文化创意产品逐渐取代传统工艺产品及旅游纪念品的背景下，其附加价值便显现在其所独有的、区别于其他产品的创意设计及文化内容中。景德镇坚守传统制瓷工艺，那些古法古方和匠心独运的文化底蕴，在融入创新元素后，自然与德化瓷器和其他普通瓷器产生显著的区别。

值得指出的是，文化创意内容并非独立存在，它的生存依赖于一个实体载体——产品。因此，在着手进行文创产品设计之初，确定产品概念变得至关重要。

（二）文创产品的价值

在设计文创产品的过程中，理解产品的核心概念成为首要的前提，这将进一步明晰文创产品设计的具体范畴。可将文创产品详细划分为两大部分：一部分是文化内容的创新设计；另一部分是载体。这两部分可以细分为三个基本价值组成部分：文化内容价值、创意内容价值以及载体（即产品）的成本。前两部分价值的量化具有一定的挑战性，而后者可以通过有形和无形两个子类别进行深入分析。有形载体价值相对易于量化；无形载体价值的量化则显得困难。因此，文创产品的特性可以划分为两个主要维度：一个是难以量化的文化创意价值特性；另一个是经济价值特性。

通常情况下，文创产品的价值在很大程度上依赖于其文化创意价值特性。例如，苏州博物馆的文创产品"衡山杯"，利用文徵明设计的"衡山"印章图案作为文化元素，将该印章图案巧妙地置于杯底，使整个杯子呈现出类似一枚印章的造型。杯子所用的材质为汝瓷，这不仅契合文徵明文人的气质，也彰显了苏州那独特而雅致的地域文化特色。文化元素来自衡山先生文徵明，其代表的文化内涵为该杯子赋予了深厚的文化价值。印章与杯子的独特结合提升了创意价值，使得杯子整体的价值大大超越了其材质本身的经济价值。

（三）文创产品的分类

1. 基于结合方式的分类

基于结合方式的分类是以文创产品的内容、载体、结合方式作为分类的条件，将文创产品分为一体型与衍生型两大类。

（1）一体型文创产品

文创产品的一体化特点在于其内容、载体与结合机制构成的紧密关系，这种关系确保文创产品具有独特的融合性。一体型文创产品，实际上是指内容、载体与结合策略三个元素在特定关系中形成的综合体。这种产品的特性是其内容和载体紧密地结合在一起，以至于无法将之与其他载体隔离或广泛融合。换言之，这样的文创产品必须从其载体的结构和特性出发，将文化创意内容以独特方式融入载体。因此，此种创意内容的融入方式和组合策略代表了文化创意产品的核心价值。

（2）衍生型文创产品

在文化创意产业的延伸领域中，衍生型文化创意产品展现了其独特的价值与意义，核心依托于富有创造性的知识产权（IP）的文化创意内容。这类创意内容至关重要，而且通常包括一些具有专有知识产权的创造性IP。通过将此类知识产权有效整合到市场上现有的产品载体中，成功塑造出IP衍生品，这无疑已成为当前广泛流行的一种文创产品。基于组合方法通常在形式上保留其原始性质，例如，通过印刷、雕刻等多种工艺技术，将IP内容融合到现有产品上，但并未改变产品载体的具体结构和基本特征。

以"哪吒"为主题的文化创意产品，例如，采用将其形象进行深度重构的策略，通过应用符合当前流行趋势的色彩配合，构建一个全新的IP形象，并进一步将该IP形象作为文创内容来设计各类衍生品，如书签、眼罩、水杯等。

2. 基于用途的分类

（1）旅游纪念品

旅游纪念品，顾名思义就是在旅游途中游客购买的富有地域性与民族特征的手工艺品或礼物，其通常以其轻便精致的特性成为值得珍藏的纪念物。虽然在学术领域对"旅游纪念品"并无明确的定义，但从属性视角来洞察，可以将其归类为旅游商品的一种，对于后者的定义相对来说则较为明确与具体，即旅游商品指供应商为满足旅游者需求所提供的囊括有形产品和无形服务在内的既具备使用价值，又具备交换价值的服务与物品。

例如，以淳安麻绣为核心元素创意设计的文创衍生产品，称为淳安麻绣文创，它完美融合了传统工艺和现代元素，使得几经风雨的淳安麻绣文化充满生命力和活力，且更贴近大众的生活。

（2）影视文化艺术衍生品

在影视领域，艺术衍生品是一种与影视作品紧密相连的再创作产品。一方面，由于电影与电视剧在公众中具有广泛的传播范围和深远的影响，艺术衍生品得以依靠其所关联的影视作品扩大自身在大众中的认知，提升其商业潜力；另一方面，艺术家在创作衍生品时的创意和独特见解也可提高影视作品的制作水平。

从消费者心理的角度来看，购买影视文化艺术衍生品的动机呈现多样性。部分消费者的购买意向基于对其文化认同感的追求；另一部分消费者是基于购买和收藏习惯；更有消费者可能出于展示与炫耀的目的而购买这些衍生品；还有部分消费者将电影视为纯粹的视觉体验，而非实体存在。他们观看同一部影片多次，可能仍未满足其占有欲。而衍生品作为真实存在于现实世界中的物体，为其提供了一种直观的满足感。对于这些消费者而言，购买影视艺术衍生品不仅仅是对物品的拥有，更多的是对关联电影或电视剧的情感与体验的延伸和占有。

（3）生活创新产品

随着经济及时代洪流的推进，生活创新产品不断涌现，是一种自然的演变过程。自古至今，"温衣足食"一直是人们基本的生活追求，然而，当前社会人们已逐渐由满足基本生活需求转变至追寻更高品质的生活享受。在这一过程中，大量的生活创新产品相继亮相——不仅在家居领域，在办公与户外等多个领域同样表现突出，展现了先进与智能的特点。

以 Alessandro Isola Studio 设计的"地毯书桌"为例，此设计灵感源于对绊倒在地毯上不愉快经历的一种巧妙转化，进而融入日常使用的物品中。这款产品不只是一块普通的地毯，它的创新之处在于：当我们直接坐在地毯上，并轻轻翻动它的一角，它便立刻转化为一个精致的小书桌。其表面采用毛毯织料，给人带来一种温暖而舒适的体验，特别适宜席地而坐。令人称奇的是，地毯的底层采用金属材质，只需轻轻折起地毯一角，即可稳固支撑，呈现为一个实用的书桌形态；而在不需要使用书桌时，它又可恢复为一块普通的地毯。

此地毯书桌实例清晰地展现了创新产品如何方便我们的日常生活，各种创意和创新不断地丰富着我们的生活体验，提升了生活的品质和便利性。

（4）艺术衍生产品

艺术衍生品是艺术与商品的结合体，依托原有艺术品的价值，赋予其一定的艺术附加价值。许多艺术杰作已名扬四海，然而由于各种原因，广大消费者群体未能实际拥有它们。艺术衍生品的诞生满足了这部分消费者群体的艺术消费需求。值得注意的是，艺术衍生品的范畴也涵盖了当代著名艺术家限量发行的版画、印有艺术家代表作品的日用品以及融合艺术元素的创新产品等。这些衍生品不仅扮演着宣传与提升展览品牌的角色，而且在引领公众艺术需求方面发挥着不可或缺的作用。艺术衍生品的存在，为广大群众深入研究艺术开辟了一条新途径，进而为当代艺术、原创设计与群众需求架构了一座交流的桥梁。

在考虑艺术衍生品的多元性时，涉及综合艺术、设计以及新兴生活方式等多个要素。艺术家的参与不仅提升了艺术衍生品的艺术价值，更在逐渐构建一个规模化的产业价值链。一件卓越的艺术衍生品，不仅仅是艺术家作品的简单复制或再现，其本质是在艺术原作与创意间实现一种完美、有机的融合，是一种"二次创作"。

原创艺术作品所衍生出的产品被称为艺术衍生品，其存在是建立在艺术家及原艺术品所带来的独特符号意义上。尽管与估值数百万的高端艺术品有所不同，但艺术衍生品以其更为亲民的价格，缩小了高级艺术与广大民众之间的距离。

谈及艺术衍生品，就不得不提阿斯蒙迪品牌，该品牌与德国陶瓷行业的巨头 Goebel 建立了稳固的合作关系，联手推出了世界领先的艺术文化衍生品系列。此外，阿斯蒙迪还与全球最优秀的艺术画廊密切合作，设计并制造出了各种家居饰品和奢华礼物等众多艺术大师作品的衍生产品。

（5）品牌文创产品

虽然情怀和文化是品牌文化创意设计的核心，但不能忽视任何产品在商业领域所要实现的价值。因此，在进行文化创意品牌设计时，产品形态必须满足消费者的审美期望，以确保其吸引力。品牌文化创意需要在满足文化传承和消费者实际需求之间寻找平衡，才能确保其在商业领域中的价值。例如，沈阳的工业文化品牌文化创意，深深植根于沈阳的工业传统，利用抽象化的管道图案组合成"S"字样代表沈阳，凸显其工业都市的特性；钢铁结构和变压器的设计元素，唤起了人们对老工业都市和民族文化的深厚记忆和情感，成功地实现了与消费者情感沟通的设计目标，展现了与其他品牌不同的丰富形态。

二、文化创意产业

对于"文化创意产业"的定义，在学术领域内尚没有一个普遍认可的解读。因国家战略、地域特征以及研究视角的差异，不同的国家、地区以及学者对此概念有不同的称呼和解释。为了对"文化创意产业"的概念进行明确界定，笔者将围绕这三个核心概念进行深入的探讨和辨析。

（一）文化产业

文化产业（Cultural Industries）这一概念最初来源于以西奥多·阿多诺（Theodor Adorno）和马克斯·霍克海默（Max Horkheimer）为代表

的法兰克福学派。他们早期对"文化工业（Cultural Industry）"提出了深刻批判，但在后期发展过程中，该学派也对文化工业的积极意义给予了一定认可。进入 20 世纪 70 年代后期，随着大众文化的日益壮大，文化工业的概念逐渐被文化产业所取代，该话题也因此成为全球学术界关注的焦点。然而，由于历史背景、学术环境和研究方法的差异，对于文化产业的具体定义和范围，学术界至今尚未达成一致。

根据联合国教科文组织的定义，文化产业涵盖了依照工业准则对文化产品和服务进行的生产、再生产、储备及分配的一整套过程。此定义下的领域广泛，囊括了影视音像、出版与发行、报刊、旅游与观光、舞台娱乐、会展、工艺艺术、体育竞技以及教育与培训等多个行业细分。

在中国，文化产业与文化事业这一概念相互映照，其踪迹最早可追溯到 2000 年的国家"十五"计划。2004 年，为了规范文化产业的统计方法，国家统计局颁布了《文化及相关产业分类（2004）》。为顺应文化产业的发展及其新的挑战与机遇，这一分类标准于 2012 年和 2018 年分别经过两次修正。在最新版本的《文化及相关产业分类（2018）》中，文化产业被进一步明确为向广大群众提供文化及与文化相关产品的生产活动汇总。该分类对文化产品的生产行为的内涵与外延进行了阐释，其中首先突出了以文化为中心，满足人们精神层面需求的创作、制作、传达和展现等活动；其次强调了支撑文化产品生产的辅助与中介服务、文化器械的制作以及文化消费设备的制造和销售等方面。

时至今日，我国已经为文化产业细分出 2 个领域、9 个大类、43 个中类（如表 1-1 所示）。

表 1-1　我国文化产业分类

类别名称	大　类	中　类
文化核心领域	新闻信息服务	新闻服务、报纸信息服务、广播电视信息服务、互联网信息服务
	内容创作生产	出版服务、广播影视节目制作、创作表演服务、数字内容服务、内容保存服务、工艺美术品制造、艺术陶瓷制造

续　表

类别名称	大　类	中　类
文化核心领域	创意设计服务	广告服务、设计服务
	文化传播渠道	出版物发行、广播电视节目传输、广播影视发行放映、艺术表演、互联网文化娱乐平台、艺术品拍卖及代理、工艺美术品销售
	文化投资运营	投资与资产管理、运营管理
	文化娱乐休闲服务	娱乐服务、景区游览服务、休闲观光游览服务
文化相关领域	文化辅助生产和中介服务	文化辅助用品制造、印刷复制服务、版权服务、会议展览服务、文化经纪代理服务、文化设备（用品）出租服务、文化科研培训服务
	文化装备生产	印刷设备制造、广播电视电影设备制造及销售、摄录设备制造及销售、演艺设备制造及销售、游乐游艺设备制造、乐器制造及销售
	文化消费终端生产	文具制造及销售、笔墨制造、玩具制造、节庆用品制造、信息服务终端制造及销售

（二）创意产业

创意产业，又被称为创意经济或创意工业，是在全球化的消费社会背景之下，赋予创新和个人创造力以重要地位，并强调文化和艺术对经济增长的促进作用而产生的新兴经济理念和实践模式。这一产业可视为文化产业在其进化过程中一个发展阶段所衍化的产业形态。1998 年，英国的布莱尔政府在《英国创意产业路径》报告中首次明确定义了"创意产业"的范畴。报告从三个维度对其进行了明确：投入（主要包括个人的创意、技能和才智）、产出（主要指知识产权）以及其主要属性（即创造经济价值和增强就业潜能）。此定义得到了国际尤其是英联邦国家的普遍认同。

中国学者厉无畏从产业的本质特点出发，阐述了"创意产业"的核心含义，即创意和创新。他进一步指出，那些以创意作为主要增长动力，或者在缺乏创意时难以持续存在的行业，都可以归类为创意产业。此外，他还提出了"无边界产业"和"创意产业价值体系"的理论视角。[①]

---

① 厉无畏.创意产业导论 [M].上海：学林出版社，2006：3-4.

随着创意产业在全球范围内的迅猛扩展，不同的学者从各自的视角对这一概念进行了深入的研究和解读。虽然他们对创意产业的具体定义和内涵有所差异，但大家普遍认同其本质属性即创造性是其与其他产业之间的主要区别，而"创意"无疑是其核心特质。

（三）文化创意产业

文化产业与创意产业这两个概念，虽然彼此具备一定的区分度，但同时蕴含着不可忽视的共性与联系。观其主要区别，可以发现两者背后的发展动机存在差异。文化产业在后工业化的环境下，是在文化与经济交汇之时，经由"文化的经济化"与"经济的文化化"双重作用促进其扩展；而创意产业是在20世纪90年代的新经济时代中，特别是在网络科技持续进步的背景下，由"科技的文化化"与"文化的科技化"共同推进其发展。撇开这些明显的不同，难以否认文化产业与创意产业之间存在的内在关联。[①]学者厉无畏提出，两者的共通之处在于它们都归属于知识产业的范畴，且创意产业实际上是对传统文化产业的一种进阶与超越。诸多学界人士亦持有这样的观点：因为两个产业领域存在相当程度的重叠，导致产业边界变得模糊。因此，企图为它们做出截然的定义是颇为困难的，过分纠缠于这些概念上的争议实际上并没有太大的意义，这也是为什么在日常生活中，文化产业与创意产业的名称经常被交替、混用的关键原因。

"文化创意产业"这一概念最初于20世纪90年代由发达国家提出，逐步发展为全球认可的经济发展新理念。在知识经济背景下，该概念对"文化产业"与"创意产业"及其相关概念进行了融合与综述，旨在描述同一类经济行为，不仅秉承了"文化产业"与"创意产业"的核心特质，更在强调文化资产与技术创新相互作用的过程中，显现为指向具体产业实践的集成概念。我国部分城市和地区文化创意产业分类，如表1-2所示。

---

① 坎宁安.从文化产业到创意产业：理论、产业和政策的涵义 [R]// 林拓，李惠斌，薛晓源.世界文化产业发展前沿报告：2003—2004.北京：社会科学文献出版社，2004：17.

表 1-2 我国部分城市和地区文化创意产业分类

城 市	文化创意产业分类
香港	艺术品、古董及工艺品、文化教育及图书馆、档案保存和博物馆服务、表演艺术、电影及录像和音乐、软件、电脑游戏及互动媒体、广告、建筑、设计、出版、电视及电台、娱乐服务
台湾	视觉艺术、音乐与表演艺术、文化展演设施、工艺、电影、广播电视、出版、广告、设计、设计品牌时尚、建筑设计、创意生活、数字休闲娱乐
深圳	新闻出版、广播影视、创意设计、文化软件、动漫游戏、新媒体、文化信息服务、文化会展、演艺娱乐、文化旅游、"非物"开发、广告业、印刷复制、工艺美术
北京	文化艺术、新闻出版、广播电视电影、软件网络及计算机服务、广告会展、艺术品交易、设计服务、旅游、休闲娱乐、其他辅助服务等，涉及国民经济 82 个行业小类
上海	文化研发设计创意、建筑设计创意、文化传媒创意、咨询策划创意、时尚消费创意，涉及国民经济 55 个行业小类
杭州	文化艺术、影视传媒、信息软件、产品设计、建筑景观设计、时尚消费、咨询策划，涉及国民经济 76 个行业小类
苏州	传媒业、文化艺术服务业、文化信息传输服务业、设计服务业、文化旅游业、数字内容与动漫游戏业、文化会展业、教育培训业、文化用品及设备的生产以及文化用品及设备的销售等 10 个大类、43 个中类、165 个小类

2015 年，苏州市对文化创意产业做出了定义。该市市委宣传部、市文广新局和市统计局联合发布了《苏州市文化创意产业分类目录（2015）》（苏文产字〔2015〕17 号），对苏州的文化创意产业进行了明确界定，描述其为"基于文化和创意的核心，以创新为动力，依托技术进步，市场导向为前提，产品为表现形态，集合设计、研究、生产、销售、传播和使用等多种功能，使文化创意与设计服务与其他相关产业相结合的新兴产业形态"。这一定义涵盖的行业领域与中国的文化和相关产业以及国际上普遍接受的创意产业有着较大的相似性。

综合而言，上述概念虽意义不同，但并无本质区别。文化创意产业的内涵是充分利用人的创造性思维和科学技术手段将文化和创意产业化，生产出以知识产权为主要形式的商品的一系列跨领域、跨行业、跨部门的产业组合。笔者认为只要界定好文化创意产业的门类和统计口径，能够帮助实现产业研究的目的，并具有实际可操作性即可。根据产业特性和行业门类，笔者将着重研究苏州市广告会展业（文艺类）、建筑设计业（设计服务类）、影视制作业（传媒类）和动漫游戏业（科技类）四个细分行业类型的文化创意产业。

第二章　文创设计的构成要素

第一节　图　形

一、图形概述

（一）图形的概念与特点

1.图形的概念

在视觉表达领域中，"图形"（Graphic）被视为一种由绘画、雕刻、书写、印制等手段实现的视觉符号生成方法；它体现为一种独立于言辞、文字符号及语言的视觉形态；这种形态是一种描述性的图像表征，同时是信息沟通的视觉展现方式。当图形与绘画进行区分时，前者主要显现为信息的交流与传达，并呈现出强烈的目标导向性。透过与图形的互动对话，我们可沐浴在观念、文明与精神的交流之中。图形如同语言与文字符号一般，在人类生活的各个方面发挥着不可或缺的沟通媒介作用，并展示着文字所无法超越的视觉优势，兼具感染力及视觉冲击力。

2.图形的特点

（1）直观形象性

在视觉传达领域，具有独特形象特征和吸引力的图形被赋予了丰富的创意性。与纯文字相比，图形可以强烈地吸引观者的注意力，从而给人们留下明确和深刻的印象。例如，"The Funky Fish Kitchen"这一时尚鱼主题的英国食品包装，采用图形语言来传达产品的信息，简洁、直观且易于识别。

（2）象征性

象征性是一种以抽象、具象、比喻、隐喻等策略揭示事物内在含义和深层涵义的方法，目的是透过符号传达某一特定寓意。在图形设计领域，图形符号的象征性展现了其丰富的意涵多样性。优秀的图形设计，不仅能增强作品的艺术性与生动性，更能准确地呈现设计主题，进而让设计作品在受众心中留下深刻的印象。

（3）多元性

图形的演进揭示了其时代背景、设计理念、表现形态及审美观点的不断变化，使人感受到深远的文化内涵。在多样的国家、民族、文化、宗教和时代背景下，考虑到市场需求和应用范围的广阔性，图形设计呈现出浓厚的多元文化属性。第一，图形往往与所处的文化背景紧密相连，因此在不同的文化、民族和地域中，图形的元素、配色、形状和内容都有所不同。例如，东方设计中的龙与西方设计中的狮子，两者都能代表力量和尊贵，但呈现的形式和象征意义大相径庭。第二，技术的影响。随着技术的进步，图形设计的方式和手法从传统的手绘到现代的数字设计，为设计师提供了更多的可能性和灵活性，也为图形增添了多元的特点。第三，审美观念的演变。随着时代的变迁，人们的审美观念也在不断变化。在某个时代，简约的设计可能受到欢迎，而在另一个时代，复杂和详细的设计可能更为流行，这种多样性使得图形设计永远都在演进中。第四，功能与形式的结合。图形不仅是视觉上的呈现，还需要满足某种功能或目的。从广告到用户界面设计，从艺术插图到信息可视化，图形的多元性也体现在其如何结合功能与形式。

（4）互动性

在图形设计领域，形式美学的法则与联想思维的机制共同作用，实现了心意与物象的完美交融，这样的设计展现出了独特的视觉本质特性，呈现出其不可复制的个性特点。观众在欣赏图形之时，能够深入地体验到主题的深厚内涵，同时，其丰富的视觉语言与情感层面产生共鸣，触发观众的联想，从而达到良好的社会影响。在中国，有许多产品运用图形进行互动化设计，增强用户体验和品牌互动。笔者主要讨论"阿里巴巴集团"下的一款非常受欢迎的移动支付平台——支付宝（Alipay）。支付宝（Alipay）是由中国的阿里巴巴集团创立的一款移动在线支付平台。自从 2004 年推出以来，支付宝迅速发展成为中国及其他一些国家和地区流行的支付平台。支付宝利用图形与互动设计在多个方面提升用户体验和品牌互动，如，支付宝用户可以为自己的收款码选择不同的主题或者背景图片，甚至可以用自己的照片作为收款码的背景，这样每个人的收款码都可以展现其独特的个性。在某些特定的节日或活动中，支付宝推出了 AR 红包功能。用户可以通过手机找到隐藏在现实世界中的虚拟红包，增加用户间的互动和娱乐性。在支付宝的"蚂蚁庄园"小游戏中，用户可以通过种植、养殖等活动积累能量，最后能量可以转换为树苗种植在现实中的防沙林区，通过可爱的图形界面和意义深远的互动，增强了用户的参与度和品牌的正面形象。

（二）图形的分类与功能

1.图形的分类

图形之分类可归纳为两大范畴：一种是表达形式聚焦于视觉艺术造型，通过绘画创作，艺术家借助特定的艺术媒介深入阐述个人感情并透露社会生活的真实感知或感觉，画面追寻独立的艺术风尚及视觉效应，以满足审美目标。另一种侧重于拥有示意、象征、技术以及解说属性的图形表达（例如图形文字、招贴艺术设计、图示、插图艺术设计、指引体系的示意图等），通过点、线、面和色彩的巧妙运用，实现设计者思想的表达，同时传递富有个性的信息。

（1）传统意义上的图形设计

源自象形文字的汉字，在其初始的演变阶段就显现出图形性的特征，例如"日""月""江""河"等字形，均由图形演化而来。中国的"太极图"，作为至今仍广泛传播的经典图像，深刻体现了传统道教哲学中虚实相生的理念。此外，在我国的民间文化中，存在着形式多样且富含吉祥象征的图案，例如"双喜""四喜""五福捧寿"以及"年年有余"等。其中，"双喜"是一种常见的中国民间图案，通常用在婚礼或者与婚姻有关的庆祝场合，该图形通常展示的是两个结合在一起的"喜"字，表达了双倍的快乐与祝愿。在颜色的选用上，红色是主要的选择，因为在中国文化中，红色通常与喜庆、好运和繁荣关联在一起。"四喜"图形一般涵盖着四个"喜"字的排列，图案不如"双喜"常见，但在某些特定的文化或节庆背景下可能会出现，该图形同样以红色为主，并象征着加倍的祝愿和喜悦。"五福捧寿"图形中通常包含一些寓意吉祥的元素，比如蝙蝠、鹿等。在中国文化中，"五福"指的是寿、富、康宁、好德、善终这五种福气。"捧寿"则通常表示以崇高的敬意祝愿长寿。图形中经常会看到寿星老人的形象，以及其他一些相关的吉祥物，如蟠桃（象征长寿）等。"年年有余"通常表现为一条鱼的形象，因为在汉语中，"鱼"与"余"同音，寓意着每年都有剩余、富饶。这个图形在春节等节日期间尤为常见，希望来年风调雨顺、五谷丰登，家庭和睦，生活富裕。这些文化符号与元素，不仅千百年来被广大民众所传承，也在一定程度上揭示了中国古代社会文化的多层面性与丰富性。

（2）现代思维下的图形设计

在探讨图形设计的历史演变过程中，可以明显觉察到各历史时期艺术画派风格对其产生的深远影响，而图形设计本身也经历了不断地创新和发展。以日本设计界田中一光为例，他在作品中巧妙地融入了能剧的元素，这代表了他对能剧脸谱的深入理解与应用。能剧作为日本民族戏剧的开篇，无疑在日本戏剧史上占据了不可替代的地位。与传统戏剧不同的是，能剧的角色并不多，而是强调以情节的展现为核心。参与的演员们都会佩戴特制的假面，而这些能面在设计时经过纹样的巧妙变形，不仅代表了不同的身份与性别，而且捕捉了喜、怒、哀、乐等复杂的情感。因此，演员戴上这样的能面，配合音乐和独特的舞蹈动作，足以深度揭示角色的内心世界。在田中一光设计的作品中，他借鉴了这种表达方式，以简化的几何图形刻画出能剧角色的面容，并选用日本本土的色彩，使整体设计呈现出纯粹、简洁而富有原始生命力的艺术氛围。

2.图形的功能

（1）图形的传播功能

在视觉传达领域，图形的主要职责之一是精确地传递信息。借助于这种图形语言，受众能够准确地理解与产品相关的信息，进而确立设计的真正价值。以肯德基的海报设计为例，其在设计中独创性地将商品与人物特征相结合，展现了一种独特的视觉互动手法，这种设计策略不仅使产品与设计完美融合，更让消费者在选择商品时获得了心灵的愉悦，进而成功地传达了品牌的推广意图。

（2）图形的社会功能

图形不仅是视觉的符号，更在社会交往中扮演关键的角色，能传达商品信息或某些观念，反映深层次的视觉文化，对社会的价值取向、文化认知和生活模式产生影响。因此，具有深远的社会功能，可以进一步塑造公众的思维和行为模式。图像信息作为一种反映文化和社会变迁的媒介，自然地肩负起了独特的社会责任。例如，印度的设计手法，通过几何形式将当地的文化特色和民族气息进行抽象化展现，使得观众能深入地理解该地区的文化和风俗，从而有效地传递社会的某种信息。

（3）图形的审美功能

基于对东西方文化深层次心智框架、历史时代精神以及文化心理结构的深入解读，我们可以采纳并融合多种艺术策略与技巧来构建图像的创新设计。此种方法旨在达成图像内容与其形式、表面呈现与内在情感之间的有机协同，进而让受众在接受图像信息的过程中，不仅感受到审美的愉悦，也产生一种内在的情感共鸣与亲切感。

（三）图形中的点、线、面

1. 点

在几何学中，点被定义为仅具有位置属性的无形、无大小的实体。然而，从造型的视角来看，点不仅仅是一个无形的实体。事实上，它既有特定的形状，又有明确的大小。例如，最为经典的点状形态为圆形或球形，这样的点不仅有固定的位置，还有其固有的大小。此外，还存在着带有方向性质的点，如三角形点。

点的感知度随其形态大小的变化而变化。细小的形态更接近于点的传统概念，而当点的规模增大时，它更倾向于被感知为面。对于不同的点形态，我们的感知也有所不同：圆形的点呈现出一种丰满的观感；方形的点给人一种稳重的印象；三角形的点反映出稳定性；不规则形状的点则展现出活跃的特质。

从色彩理论的角度，明度较高的色点让人感到扩张和轻盈，而明度较低的色点带有重量和收缩的感觉。纯度较高的暖色点似乎向前推进，而纯度较低的冷色点有一种后退的感觉。

在空间结构中，点的存在负责明确标注位置，起到引导观者视觉的核心功能。当空间中出现两个点时，它们之间便似乎具有一种隐形的联系，好似一条隐秘的线在它们之间产生，这种联系我们称之为"消极的线"。当这两点大小相当时，相互之间的作用力似乎均衡，造成一种静谧或摇摆的视觉感受；但若两点大小不均，在不同距离下会展现出不同层次的动态和空间深度，这种情境下小点似乎被大点所吸引，而观者的视觉焦点会自然流向小点，构建了一个近大远小的视觉错觉。因此，在设计的过程中，应高度重视点的空间布局、规模大小以及点与形态之间的互动关系。

2. 线

在几何学中，线的定义是仅具有长度与方向的概念，不带有实际的宽度或厚度。然而，在视觉艺术中，线是一个宽度远小于其长度的可感知实体。我们观察某一平面上的分界或转折，往往能感受到线的存在，这种现象被称为"消极的线"。在绘图中，由于采用的工具与技巧的差异，线可能展现出多样的视觉效果。这些线条具备多种属性，如形态、位置、尺寸、走向、色调以及纹理特征等。

线的粗细：在线条的特性研究中，可通过观察其粗细来理解其所带来的视觉冲击和空间关系。粗线往往给人一种坚定、强健和刚毅的感觉；细线则呈现出敏锐、纤微、快速的视觉效果。在空间感的构建上，粗细线条同样起到重要作用：粗线趋向于前景的定位；细线则仿佛落在背景中。此外，呈现为锯齿状的直线，往往携带着某种不稳定和焦虑的视觉暗示。

线的浓淡：当线条的粗细和长度固定时，深色线条呈现出的是前景的强烈感，淡色线条则产生背景的遥远之感。无论是线条的粗细、间隔，还是其浓淡，它们都共同协作，展现出深远的空间与三维立体的艺术感受。

几何曲线以其明快的理性魅力而受到赞赏。其中，双曲线展现了对称的美学及双向流动性；抛物线体现了速度与流畅性的特征；圆形与椭圆则散发出饱满之感。对比之下，自由曲线充分表达了奔放与丰沛的动感特质；直线通常给人带来严格、坚韧、明朗和男性化的印象；垂直线在视觉上传达上升、高贵、权威、严肃和端正的特质，也带有敬仰、崇高、高傲、孤立和无依的情感；水平线与安定、持久、平稳、广阔和庄严相互呼应；斜线则是充满活跃与不稳定的意象，伴随着惊险、倾斜的感觉，也呈现出生动、有活力和深度的特点。总的来说，曲线与直线都拥有各自独特的视觉与情感效果。其中"温和、柔软、丰满、动感"和"女性化"是曲线所特有的特性，直线则是一种严格与坚韧的体现。

3.面

在几何学中，一条线段延伸形成的是面，面在二维空间中展现为特定的几何形状，而在三维空间中呈现为固定形态的板材。面的本质特性可以归结为其"轮廓线"，不论是由线条勾勒、色块创作还是通过背景对比而识别出来的。曲线所构成的面呈现出柔和、温润、有弹性与活跃的特性；相对地，直线所形成的面则展现出平整、简明和光滑的特点。这样的面由纯粹的垂直线和水平线组合，带有一种稳固与安全的感觉；以斜线为主体构成的面则带有显著的活力；几何曲线所组成的面展现出秩序感；由虚线组成的面则显得优雅与柔美。当面的结构出现偶然性时，呈现出朴素和自然的风貌。

二、中国传统图形在文创设计中的表现

（一）取与舍

在文化创意产品设计领域，传统图形元素作为宝贵的设计灵感来源持续发挥关键作用，但并不意味着现代设计只是对传统元素的简单复制

或模仿，而是需要两种设计思潮相融合，以确保传统与现代之间的和谐共存。在此过程中，如何权衡、选择和创新，使设计既能保留传统文化的深厚内涵，又能呈现出现代审美特质，成为一大设计挑战。

我国传统文化底蕴深厚，其所包含的传统图形元素种类繁多。面对选择，设计师需要做出明智决策：哪些元素可以延续？哪些需要改进或摈弃？在此，有两点尤为重要。首先，无论如何，传统文化的核心价值和内涵都是必须被尊重和继承的。这就要求设计师在创新时，应充分体现并延续这些价值和内涵。其次，为了适应当代的设计趋势和市场需求，设计师应秉持简洁和实用的原则，对传统图形元素进行合理的提炼和概括。在这个过程中，通过剔除不必要的陈旧元素，突出传统文化的功能性和审美价值，既可以满足消费者广泛的需求，又确保传统图形的核心精神得以完整保留。最后，这样的文化创意产品既是对传统的尊重和传承，也是对现代审美趣味和市场动向的响应。例如，现代文化创意设计中，我国古籍《山海经》常被引为灵感之源。《山海经》是古代的地理志异文集，其中记载了众多神话传说、山川形态和奇特生物，为设计师提供了丰富的创意素材。然而，在具体的设计实践中，直接照搬这些元素未必适合，设计师需进行一定的选择与删减。一方面，对于《山海经》中的元素，设计师需对其深入理解，探索其背后的文化和历史寓意，只有这样设计才能真正吸纳其精髓，而非仅停留在表面；另一方面，根据具体的设计目的和现代消费者的审美取向，设计师应对这些元素进行创新性的改编和重塑。例如，可以将某一生物的形态简化，或者将其与现代元素结合，创造出具有当代特色且兼具传统韵味的新形象。此外，设计中的取与舍不仅仅是对元素的选择，还包括如何在现代背景下对这些元素赋予新的意义和情感。例如，《山海经》中的某一生物或地点，在古代可能有特定的象征或故事背景，但在现代设计中，设计师可以根据作品的主题或消费者的需求，对其进行新的解读和表现。

（二）替换与重构

传统图形的价值不仅根植于历史文化之中，还贯穿着自然逻辑的智慧，这种传承显示着古代人民的精神风貌，而在当今充满文化创意的产品设计领域，对待传统图形的态度应当保持其整体特质，通过替代的方式传承其内在含义，力争在不损害原有意义和内涵的前提下，增强图形元素的表现力。鉴于传统图形元素的悠久历史，当消费者难以理解时，传达情感共鸣颇为困难，因此，替代与重构为明智之举，既能赋予视觉效果新生，又有助于迎合消费者需求，获得更多关注。以传统图形手法进行替代，即便在某些特质上有所变更，其核心仍能保持完整。不过，需要谨记，替代与重构的度量应当拿捏得当，过度夸张不利于达到标新立异之效，甚至可能带来负面影响。

尤其值得注意的是，在进行夸张变形处理之前，最佳实践是通过大小对比、线条对比以及排列疏密等多种方式的组合，来精心打造图形设计。举例而言，中国传统京剧文化中的脸谱是一种非常独特的传统图形元素，在京剧演出中扮演着重要的角色，不仅是演员装饰的一部分，更是传达角色性格和情感的重要媒介。京剧脸谱以其丰富多彩的颜色而闻名。不同的颜色代表着不同的情感和性格特征。例如，红色通常表示忠诚和正义，白色可能表示狠毒和阴险，绿色则常常与勇敢和豪迈相联系。每种脸谱都有其独特的纹样和图案，这些纹样通常与角色的身份、家庭背景和社会地位有关。例如，一些脸谱上可能绘有龙纹，表示皇室身份，而其他脸谱上可能有云纹，表示仙人或神明，脸谱的纹样可以帮助观众更好地理解角色的背景和地位。

（三）解构与重组

解构与重组也是对传统图形元素进行调整，是传承发展的必经之路，传统图形元素想要应用在现代文创产品设计中，除了要遵循其中的规律性和韵律美以外，必须打破设计框架才能实现形与意的交融。目前来看解构与重组是较为有效的调整方法，可以提高视觉效果。当然必须对传统图形元素进行再造设计，这也是解构与重组的核心理念。解构的是对单个、多个图形展开分解，并打破原本图形的构成，再根据需求重新排列组合即可。重组则会按照某种内在联系，将不同图形进行组合，最终得到全新且具有创造性的图形元素，目前来看这是比较现代化的设计手法，能够打破传统图形元素设计框架，基于多层面、多视角展现出图形元素的魅力。通过实践运用可以看到，解构与重组打造出新的形象，要比传统图形的视觉冲击更强，可以赋予文创产品新的生命，与消费者形成情感互动。例如我国文创产品中随处可见的生肖文化，就是传统图形的代表，在设计过程中针对性地结构与重组，让动物图形变得更加时尚、新颖，这样能真正吸引消费者关注，促使传统图形文化得到传承。京剧脸谱不仅仅是装饰，演员可以通过表情和动作配合脸谱，强调角色的情感和性格特征。如果一个角色佩戴了红色脸谱，演员可以通过激情四溢的表演来展现他的忠诚和正义感。举例来说，如果一位演员在京剧中扮演了一个忠诚的武将和一个狠毒的反派，他可以通过戴不同颜色和纹样的脸谱来区分这两个角色，观众会立刻通过脸谱上的特点来识别角色，并对其性格产生深刻的印象。

（四）色彩与情感

色彩在艺术创作过程中扮演着重要的角色，而情感则被视为艺术品创作必不可少的要素。众多艺术家将色彩视为独立的抽象实体，或者将其视为艺术创作中最生动的语言。对于文化创意产品而言，色彩不仅仅是视觉冲击的表现，它还具有多重作用和价值。适当的色彩搭配可以吸引消费者的注意，持续地吸引目标受众的关注。

我国的传统图形元素通常蕴含着独特的东方色彩理念，这种理念包括民族特色和民族审美观。从传统色彩理念的角度来看，大多数传统图形创作都受到五色体系的影响。例如，中国结与中国红、阴阳与黑白等元素的组合，经过数千年的演化和变革，仍然保持着较好的传承，且具有深厚的历史底蕴。这些事实表明，色彩和情感是促使传统图形艺术得以传承和发展的重要因素之一。因此，在文化创意产品的设计中，色彩的选择很关键。在配色方面，不必拘泥于传统色彩，可以进行适度的改变，但必须能够传达出象征性的意义。通过引入现代流行色彩，传统图形艺术可以得到重新诠释和演绎。

三、文创设计中传统图形的应用

（一）文化类产品设计

首先需明晰文化类产品的范围，这些产品包括帆布包、手机壳、杯垫等日常生活中常见之物。在这些产品的设计过程中，传统图形元素可以被巧妙地融入，以丰富其内涵。以帆布包为例，可考虑将传统脸谱图形元素与其融合，创造出一种既不过度张扬，又充满个性与时尚的设计形式。特别是通过精心选用绚丽的色彩对比，可迎合年轻消费者的审美趣味。

鼠标垫、杯垫等产品也可以融合传统图形元素，然而，在此过程中需注意图形与色彩的平衡与协调，不仅要创造出引人瞩目的视觉效果，还应确保图案与色彩融洽，从而提升产品的创意性。在文创产品的设计中，必须牢记图形元素的辨识度，确保个性化与趣味性的完美统一，以此来强化图形元素的丰满程度。

以手机壳为例，在手机壳文创产品设计中引入中国京剧的脸谱元素，是一种充满创意和独特性的设计选择。京剧脸谱代表了不同角色、性格和情感，有着丰富的符号和颜色。首先，设计师需要深入研究中国京剧的各种脸谱类型，以便将其正确地融入手机壳设计。在确定使用脸谱元素之前，需要明确手机壳的主题和传达的情感。例如，可以选择红色脸谱来表现激情和勇气，或者选择蓝色脸谱来传达冷静和沉着，主题的选择将指导后续设计过程。在手机壳设计中，将选定的脸谱元素巧妙地融合进去，包括将整个脸谱图案印在手机壳上，或者以抽象的方式融入其中，可以将脸谱的某些特征如眼睛、鼻子或嘴巴与其他图案元素相结合。京剧脸谱以其鲜艳的色彩而闻名，因此在设计中选择正确的颜色非常重要。设计师可以保留传统的脸谱颜色，如红、黑、蓝、绿等，或者根据主题进行微调，色彩的运用应当有助于传达手机壳的情感和特征。为了丰富设计，可以添加一些与京剧和中国文化相关的细节元素，如云纹、龙凤、汉字或古典花纹，增强手机壳的文化感和独特性。完成初步设计后，让人评价设计的吸引力和可识别性，以确保脸谱元素在设计中被恰如其分地融入。一旦设计得到确认，可以将其应用于手机壳的制作中。可以选择不同的制作材料和工艺，以确保手机壳的质感和外观与设计意图相符。最后，通过线上线下渠道进行销售，并积极宣传产品的独特性和文化价值，以吸引潜在消费者的兴趣。

需要强调的是，在文创产品设计中，对传统图形元素的应用不应机械地照搬或复制，而需要经过巧妙地处理和重新组合，甚至加入新的色彩元素，以使整体图形更具鲜明的个性。这样的设计过程不仅能够赋予文化创意产品以独特的品牌风格，还能够吸引广泛的受众，推动文化传承与创新的融合。

（二）家居装饰类产品设计

家居装饰领域涵盖多种产品类型，包括布艺、空间布局、家饰等。其中，最具代表性的要数家纺布艺装饰品，如靠垫、抱枕、桌布和窗帘等。因此，家居装饰产品的种类多种多样，为了满足个体需求，需要进行巧妙的设计。

以桌布为例，可以以图腾作为设计的核心元素。在开始设计之前，要深入研究和理解所选择的图腾的历史、象征意义、图案元素和传统用途。设计师需要选择合适的图腾元素，通常是与特定文化或主题密切相关的符号、动物、植物或几何形状，选择图腾元素时要考虑它们的象征意义和与桌布设计主题的契合度。在桌布设计中，可以通过在图腾元素周围添加现代几何图案、线条或其他现代风格的设计元素。排列和布局是桌布设计的重要部分。图腾元素被巧妙地排列在桌布上，以创造出对称、平衡或有趣的图案，考虑图形元素的大小、间距和方向，以确保它们在桌布上的分布看起来和谐而吸引人。在引入图腾元素时，要选择与图腾文化相一致或互补的色彩方案，可以强化桌布的文化特色，并确保整体设计的和谐性。除此之外，桌布不仅仅是一件装饰品，还需要使用，所以设计要考虑到使用者的需求，如易清洁性和耐用性。通过这个过程，设计师可以在桌布文创设计中成功地将图腾元素融入其中，创造出充满文化内涵和创意的产品，满足消费者的需求并传达出深刻的意义。

在运用传统图形元素时，必须打破传统的设计思维模式，同时遵循现代简洁时尚的原则，确保图形元素的丰富性，而不至于显得混乱不堪。因此，在设计过程中，可以适度运用添加底纹、立体效果等设计技巧，使其与传统图形元素相得益彰。另外，还可以通过改变大小、位置和方向，在产品上进行重复排列，基于平构设计原则，从而创造出令人愉悦的视觉效果。

（三）个人饰品类产品设计

从当前的文创产品形态来看，已经逐渐迈向集体主题或系列基础上的设计，减少了个别个体类型的产品，多以某一特定主题为核心，或者以一系列相关的概念展开设计，其中个人饰品居多。这种方式有助于文创产品的经济效益最大化。同时，通过深耕某一主题或系列，吸引消费者的关注，增强他们对该产品的记忆，在竞争激烈的市场条件下，确保产品的持续生产和创新。

例如，考虑传统图案中的五毒蛙元素。结合现代工艺技术，可以制作出各种饰品，如耳坠、项链等。这个过程中，现代工艺、镀金工艺和传统图案相互融合，从而丰富了个人饰品类文创产品的精神内涵。大多数传统图案都蕴含着深厚的文化寓意。例如，阴阳蛙的设计以不同的色彩和材质为特点，体现出我国传统文化中的阴阳哲学理念。同时，这些产品具有辟邪避害的重要寓意。这些设计通常会以系列的方式推出，包括项链、手镯、戒指、耳坠等，以便更好地传达传统图案中蕴含的文化价值。

第二节　文　字

一、文字概述

（一）文字的历史

若要深入研究文字的设计，需先探究文字的历史渊源。世界各国的历史时长不一，文字的演化也千姿百态。经过漫长岁月的积淀，如今代表全球文化的两大文字体系愈发显赫：东方的汉字体系以及西方的拉丁字母文字体系。汉字和拉丁字母文字皆源于图形符号，经过数千年的演化，逐渐呈现出各自独特的面貌。王受之先生在其文献中明示："完备的平面设计史本应起于人类首次记录思想之始。"[①] 人类追溯其思想、活动、成就之初，依靠图画为媒介。然而，图画在抽象思维的表达上局限重重，难以胜任，于是，人类孕育文字。文字的诞生伴随着多种不同的书写方式，包括文字编排规则和图文结合以增强表达效能等，这一切实质上标志着平面设计的若干萌芽。汉字体系代表着东方文明的瑰丽，源远流长，象形指事的形态，承载着几千年的文化沉淀。拉丁字母文字体系则是西方文化的明证，字母的线条简约，凝练而刚毅。两者共同见证了人类思想和文化的演变，成为全球交流的桥梁。当人类的智慧渐次凝结，设计者开始认识到文字的排布与表现方式的重要性。汉字和拉丁字母文字的形态、字形、线条，都在平面设计的历史长河中展现出独具特色的风貌。文字排列的艺术性、插图的运用等，拉开了平面设计的序幕。

当今世界上古老的三种书写系统源自被公认为人类文明摇篮的三个地域：美索不达米亚的两河流域、埃及的尼罗河流域以及中国的黄河与长江流域。苏美尔文明约 5500 年前首次创造了楔形文字，古埃及文明距今 5000 年前首次创造象形文字，而中国殷商时期约 3300 年前已经创造了成熟的甲骨文字，这是一种将象形、会意和形声元素融合的书写体系。这三种古老的书写形式共同之处在于它们都具备独立的单字构造，每个字都是自成一体的，拥有自身的完整结构，类似于图画或象征性符号。值得强调的是，汉字作为中国的书写系统，其最早形态是简单的象形文字，比如"日""月""水""雨""木"等，意味着世界上所有最古老的书写系统，包括最早的象形文字和表意文字，都源自图画的演化（见图 2-1、图 2-2、图 2-3、图 2-4、图 2-5 ）。

图 2-1 "日"字的演变

---

① 王受之.世界平面设计史 [M].北京：中国青年出版社，2018：43-46.

图 2-2 "月"字的演变

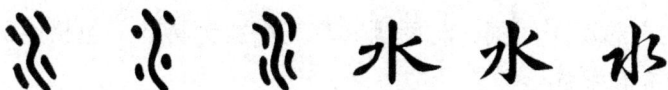

图 2-3 "水"字的演变

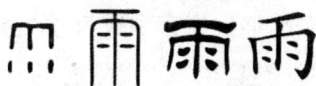

图 2-4 "雨"字的演变

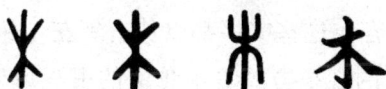

图 2-5 "木"字的演变

文字是人们思想感情的视觉表达方式,是记录和传递语言信息的视觉符号。文字的历史源远流长,其演变过程表明人类不断创新和设计文字与图形的艺术。最早的人类视觉传达方式通常采用图形表现,例如北美印第安人在史前岩洞壁画中运用了各种图形元素,构筑了丰富的叙事文本。然而,文字作为一种更具抽象性的表达方式,必然需要人们耗费时间和精力去学习和记忆。楔形文字、象形文字以及甲骨文字的主要缺陷在于其繁复难懂,这也解释了为何古埃及的文字只有法老和书记官等知识渊博之人才能解读,普通百姓无缘接触。因此,如果文字不能广泛为大众所掌握和使用,就无法发挥其在文化传播和发展中的作用。在这种情况下,文字便失去了其存在的价值和使命。为了解决这一问题,一种全新的文字体系应运而生,即拉丁字母。字母的发明和广泛使用使人们能够便捷地交流和传达他们的意图,因此被许多国家广泛采用、改良和运用,成为一种极具实用性的文字体系。

（二）汉字字体的发展与演变

汉字作为中国文化不可或缺的一部分，其在表意和形式上具有典型特征。尹定邦先生在他的著作《图形与创意》中，有一篇名为《"山"字的涵义》的文章，其中深入探讨了汉字的起源和发展。在这篇文章中，他强调文字起源于图画，与图画共享五个关键特征，包括时间、空间、物质、媒介和视觉。

在新石器时代的早期，汉字已经开始在中国悄然萌发。作为象形文字的发明国之一，中国罕有地延续着这一古老的文字传统，这在世界范围内罕见。许慎在《说文解字》序言中曾言："仓颉之初作书，盖依类象形。"这句话中所述的"依类象形"，实际上指一种最初的图画文字。公元前1300年，甲骨文已经成熟。在河南安阳"殷墟"遗址中，发掘出大量甲骨文，这些文献记录着国家重要事件、战争、天文现象以及卜筮仪式等各个方面的内容。这些文字都以从右到左、从上到下的方式书写，从而确立了汉字书写的规范方式。甲骨文的书写风格丰富，人们开始有意识地追求汉字的美感，逐渐将其提升为一门艺术，即"书法艺术"，这一传统一直延续至今。随着社会的不断发展，书写工具的不断改进以及不同时代对书写美的不同要求，汉字的形体结构和笔画形态也不断演化和变革。甲骨文之后，汉字经历了装饰性明显、字形结构趋向规整的周代大篆金文；随后是秦始皇时期的小篆，其特点是字形简化、线条流畅、呈纵向长方形；之后，书写风格再度变换出书写草率的秦隶；进入汉代，隶书逐渐替代小篆，成为正式的书写体。

汉字的演变经历了漫长的历史进程，始于古徽号金文，富有装饰性特点，逐渐演变为与绘画性文字符号相去甚远的小篆和隶书。草书的发展自汉代揭开序幕，直至唐代达到巅峰。草书以其迅疾而简捷的书写方式，通过连笔的巧妙运用，显著提升了书写速度。草书包括章草（亦称草隶）、今草以及狂草（或称大草）三个主要流派。章草的书写速度较快，简洁明了，易于识别，因此具有高度实用价值；今草相对略显草率，书写风格较为潦草；而狂草已经趋近文字失落的边缘，如行云流水、龙飞凤舞，形式上充满极强的艺术感，具备较高的审美价值。自魏晋时期以后，楷书和行书逐渐成熟，为汉字的发展提供了新的方向。楷书以其规范和清晰的字形而著称，行书则注重书写流畅和速度。中国汉字的演变过程历经千年，各个朝代和历史时期的人们均为寻求汉字的进一步发展而不懈努力，创造出适合其需求的文字形态（如图2-6所示）。

甲骨文							
金文							
小篆							
隶书							
楷书							

图2-6　从甲骨文到楷书的演变

11世纪中叶，活字印刷术堪称对汉字演进最显著的贡献。此创举诞生了一种独特的印刷字体——宋体，以其横向轻盈、纵向笔画沉稳之特性而广受认可。至于明代，尤其在隆庆和万历年间，从宋体字中衍生出明体字，其字形更为端正，笔画更加凸显横纵轻重之对比。自公元1300年之后，我国开始广泛采用活字印刷，主要选用楷书、宋体和明体字作为印刷标准。逐渐仿宋体字体也应运而生，并已成为电脑字库排印的规范字样。汉字的美学特质随着其实用性的不断演化而不断进步。由最早的象形文字发展至"隶变"，这一时期汉字形态经历了质的飞跃。而后汉字简化运动兴起，近代受到西方无衬线字体的启发，孕育了"黑体字"。目前，随着计算机印刷技术的广泛应用，汉字字型字库迎来了蓬勃发展。微软、文鼎、方正等字库已家喻户晓，而新艺体、水柱体、综艺体、珊瑚体、广告体等现代字体大量涌现，并不断创新和改进。

二、汉字字体在文创设计中的重要性

汉字拥有着卓越的历史传承，同时在当今设计与创作领域发挥着举足轻重的作用。每当汉字字体发生显著演进，新字形往往被政府采纳为通用交流工具，但这并未导致旧字形的湮没，相反，旧字形逐渐从功能性的日常工具转变为富有观赏性的艺术品。无论是现今广泛使用的各类汉字字库字体，还是具备悠久历史传承的字形变迁，均展现出文创设计潜能和独特之美。通过考察汉字字体的源起与历史进程，能够深入挖掘汉字字体设计与文创设计的更多交汇点。

汉字字体可概括为七大类，包括甲骨文、金文、篆书、隶书、草书、楷书和行书。虽然当前大多数设计师和学者未充分重视汉字字体在文创设计中的关键作用，但一些设计师已经开始深入探讨汉字字体与文创设计的融合创新。

例如，《老虎爱跳舞》虎年日历就是一个典型案例。来自中央美术学院设计学院与仓耳屏显字库的三位杰出设计师，经过数月的辛勤工作，不遗余力地搜寻了数百个与虎年相关的寓意和形象。在这一创作过程中，设计师们展开了一场对汉字起源的深刻追溯，将汉字的悠久历史、字体设计的繁复技艺、图形创新的智慧以及中国传统节气和节日的文化内涵，巧妙融入了诙谐幽默的视觉呈现。

如何才能让一本新年日历真正地与汉字这个沉甸甸的历史遗产进行深刻对话呢？这正是长期从事汉字设计的设计师们所思考的问题。他们采用了一种富有创意的"反本开新"设计方法，通过重新雕塑上百组甲骨文、篆书等古老字体，以全新的方式呈现这些汉字，同时配以文字创作，编织出崭新的故事和场景。这些充满创意的艺术字体与"虎"这一生肖主题相得益彰，使得《老虎爱跳舞》成为一本融汉字书写和绘画为一体的独特汉字绘本。

为了确保这本日历达到高品质的制作标准，选用了进口自芬兰的高品质书纸，并采用大豆环保油墨进行专色印刷。每一页的边缘都点缀着充满文学性和寓意的诗词、典故和寓言，不仅能满足日常书写的需求，还能激发人们的灵感和创造力。

在良图快印与奇良海德公司的有力支持和合作下，这本具备严谨和专业性的生肖日历终于问世。这一日历项目源自中央美术学院设计学院的"汉字之道"计划，该项目在过去十多年里不断革新汉字设计教学方法，荣获了中央美院优秀课程奖和北京市高校优秀本科教材课件奖的殊荣。

在国家文化软实力蓬勃发展过程中，汉字作为我国民族文化的核心要素，迫切需要深刻研究和理解其在民族历史背景下的多种字体文化和字形特征。同时，应当将汉字以多样的形式巧妙融入文化创意设计领域。字体设计的多样化呈现为文化创意产品赋予了更广泛的特色，不仅提升了文化创意产品的附加价值，还可以为其打造独特品牌效应，从而促进文化品牌塑造和文化创意设计的多样发展。人们在日常生活中频繁地接触汉字，因此，对汉字字体设计的再次创新将发挥关键作用，有助于传播中华民族卓越文化，也会对消除文化创意设计的单一化产生不可估量的影响。

三、汉字字体与文创融合设计

在古代文献中，有着这样的表述："人之有形、形之有能，以气为之充，神为之使"。这从某种角度揭示了形态与功能、精神与物质之间的深刻联系。在当代设计领域中，形态美学的探讨占据了核心地位。不仅因为现今文化创意设计对图形和汉字字体的融合有所需求，更因为在设计中，图形与汉字字体之间的和谐结合显现出了一种超越常规的形式美。

设计不仅仅是外在形态的展现，更是内容与表现形式的完美统一。仅当内容的深度与表达形式的独特性紧密结合，才能达到文化创意设计的最高境界。其中，功能性被看作是设计的核心理念，形态则是对这种功能性最直观、最有说服力的证明。可以说，材料的选择、外观的打磨以及装饰的应用，都是为了在功能日臻完善的同时，展现出一种无法回避的物质化美学。在设计的过程中，形式并非孤立存在，而是设计师通过对物件的观照、分析和创新，赋予其的独特审美意涵。这种审美不止停留于表面，而是渗入作品的内部结构，体现在实际形态与感性形态之间的微妙关系中。为了实现这一目标，不仅需要我们深入探讨和理解"形式"的内涵，更应关注如何在实际操作中融入这种深邃的"有意味的形式"。

在进行字体设计研究时，常常结合"有意味的形式"的审美法则对设计进行深入的解析与应用。这一过程的关键在于如何在视觉上巧妙地呈现出设计的形式之美及其文化特质，进而使汉字字体设计与文化创意设计得以和谐地融合。为了确保视觉表现不牺牲基本的认知功能，对形式之美的探求实际上是对视觉感受的一种提升。评估一个视觉作品成功与否，不仅仅基于其形式，更是看该形式是否具有"意味"。事实上，从客观角度讲，含有"意味"的视觉形式法则为受众接受视觉图形提供了指导，并为他们制定了视觉美感的判断标准。可以断言，单一的、没有深度的形式是不足以支撑起一件作品的，真正的艺术品应当蕴藏着丰富的内涵与意义。

（一）字体图形化文创设计

为实现形式上的革新，关注呈现过程中的核心元素至关重要。笔者从三个维度深入论述这一话题："节奏与韵律""比例与尺度""对比与协调"，通过对这些关键因素的精细把握，可以看到汉字字体的图形化表达不仅可以增添内容的丰富度，还能凸显文创设计的形式之美。

从表现的维度上看，节奏可以细分为"强节奏"与"弱节奏"两种类型。韵律可以视为运动形态中的节奏性变化，其在设计领域的应用机制与节奏有许多相似之处。当谈及艺术设计中的形式变化时，这两种变动模式都显示出它们的适用性。研究汉字字体与图形的融合时，便会发现要实现形式美的最佳展现，不仅要将节奏与韵律恰当地结合起来，还需确保它们之间的统一性，只有如此设计方能呈现出鲜明的形式感。

在汉字字体向图形化转变的过程中，比例与尺度的划分并没有绝对的标准。为了达到视觉上的极致，设计师需要开掘更多的视觉表现可能性，这也意味着在设计中应当尊重字体图形的固有比例和尺度，以保持其原有的魅力。

对比与协调这两个概念，分别代表了事物间的差异性与和谐性。对比着重突出事物之间的差异，通过不同的角度进行比较，从而达到引人注目的效果。协调则关注在对立的事物或要素之间找到某种均衡，使其组合为一个和谐统一的整体。因此，在汉字字体与图形的融合设计中，平衡对比与协调的关系是关键，将决定作品的构图效果是否出众。

在进行汉字字体的图形化文化创意设计中，设计师必须高度重视的维度不止于几个核心要点，他们还应深入探讨和应用色彩、肌理和材质等多重视觉元素的差异性。正是通过对这些元素的差异性的精细把握和应用，我们能够确保汉字字体的图形化策略在文化创意设计领域中的高效融入和展现，跳出传统文创设计中仅仅依赖字体与图像组合的制约框架。

（二）汉字作为主体的文创设计

汉字字体作为设计的核心元素，不仅要求拥有出色的辨识性、表达力与视觉引力，还应维持其固有的文字构造特性。为保证其在文创设计中既能够作为独立的核心存在，又能够体现其传统的凸显功能，设计师需在吸引观者的同时，注重汉字的结构与文化传承。以下从"意象""表象"以及"造型装饰"这三个维度，深入探索汉字字体在文创设计中的创新融合方式。

首先，在文化创意设计领域，汉字字体常被视为设计的核心元素。字体设计并不局限于文字或词语本身的定义，要汲取其背后隐含的事物形象来实现与设计的完美融合。针对特定的主题要求，设计师需要强调文本的独特性，形成与众不同的字体风格，为观者提供独特的视觉感受。因此，在现代字体设计中，更应凸显这一特性，以突破文化创意设计中文字表现不够直接的困境。

其次，文字在"表象"上的表现可以通过抓住文字所代表的事物外在形象的特点，在字体中加以运用。以"老虎"为例，虽然我们可以简单地基于这两个字的结构进行传统的字体设计，但是，若将这两个字与老虎实际的形态特点相结合，就有可能创造出更具动感和形象性的设计效果。这种方法实际上是在文字设计中寻找与所代表内容之间的深度关联，从而赋予字体丰富的视觉体验。

最后，在文创设计领域，汉字字体经常被运用为一种独特的装饰符号，具有独特的表现力和审美价值。这种"造型装饰"并不仅仅局限于一般图形的装饰，它与普通图形装饰有所区分。汉字字体作为一种装饰元素，不仅仅是视觉上的美观，更是融合了形态和意义的文字符号。其在设计中的运用不仅展现了字体的描述性，同时也传达了一定的趣味性和深度。只要确保不损害其原始的可读和识别特性，设计师可以采取多种策略，对其进行创意性的变革和融合，从而实现独特的艺术效果。具体到汉字的不同表现形式，如"字形化的汉字""字意化的汉字""字画化的汉字"和"空间化的汉字"，它们所带来的视觉冲击力是其他文字难以达到的，展现出了汉字独有的魅力。

四、汉字字体文创设计发展趋势

在中国，汉字字体拥有深厚的历史根基，同时受益于其独特的文化背景，使得在汉字文创设计领域中存在丰富的设计元素资源供设计师选择并融入作品。这一独特的文化遗产为设计师提供了无数的灵感来源。透过对汉字形式的创新性展现，能够实现视觉效果的生动与直观。当传统的图文并茂的视觉呈现将文字作为设计的核心，就能够在保持强烈视觉冲击的同时实现信息的简洁与迅速传达。这一趋势正符合现代消费者的心理预期，他们期望在短时间内获取高密度的信息，因此以汉字为中心的文创设计有望成为未来的主导趋势。

随着社会的飞速进步，消费者对于产品不仅仅满足于其基础功能，更多的是对其所蕴含的情感和文化价值的追求。那些融入了民族文化精髓的汉字文创设计刚好满足这一点，这预示着未来将有一波更大规模、更广范围的汉字文创设计热潮到来。值得注意的是，这一潮流并非仅限于国内市场。汉字及其所承载的中华文化在全球其他地区都是稀缺资源。由此，汉字文创设计在国际市场中具有独特性和稀缺性，有望受到外国消费者的欢迎。此外，非中国设计师要真正理解并传达汉字文创设计的深层含义具有一定难度，这为汉字文创设计在国际市场中的竞争力增添了筹码。

同时，汉字字体的再创新和再应用不会仅停留在文创设计领域。其影响将延伸至其他多个设计领域，包括但不限于建筑设计、产品设计及环境设计等。总之，汉字和其背后的文化价值在设计领域中将会发挥更大的影响力，为全球带来独特的视觉体验。

第三节　色　彩

一、色彩概述

（一）认识色彩

在色彩学领域，色彩不仅仅是视觉的表现，更是一种复杂的组织结构。彩色可以细分为"原色""间色""复色"三个主要类别。光的三原色为红、绿、蓝，物质颜色的基本三原色则是红、黄、蓝。当两种原色结合时，所得到的是称作间色的色彩。而当三种原色按照特定比例混合，或者是间色与间色相互结合时，所形成的颜色被定义为复色，也被称作"三次色"。

根据色彩组织的分析，每一种色彩均具有三种核心属性，分别是"色相""明度""纯度"。色相描述色彩的基本特性，如红、橙、黄、绿、青、蓝、紫等。明度代表色彩从明亮到暗淡的变化范围，其中柠檬黄的明度最高，蓝紫则是最暗的色彩。纯度则关乎色彩的鲜明程度，它表征色彩的彩度与饱和度。这些属性共同构建了我们所认知的多彩世界，为设计与生活带来无限的变化与创意。

（二）无彩色

在色彩学中，"无彩色"描述的是仅具有明度差异，而不具有色调的色彩，例如白色、灰色和黑色。在平面设计领域，不能简单地否认它们的色彩属性；实际上，它们是很重要的色彩元素。现代平面设计中，无彩色的应用已成为多数作品的核心组成部分。它们可以作为背景来突显主要的视觉元素，或者与彩色元素和谐地结合，以传达设计的核心主题。

事实上，许多广告设计直接采用了"黑、白、灰"这一组合。

（三）配色对比

在色彩学领域，当融合两种或更多的色彩时，我们称其为色彩搭配。色彩搭配中出现的相对差异引发的视觉响应被称为色彩对比。色彩本身蕴含诸如色相、明度和纯度等光感特性，同时，色彩与形态、空间位置和覆盖面积等形象特性有关，同时涉及冷暖、轻重、柔硬和动态等心理感知方面的因素。所有这些因素共同作用，塑造了色彩的对比效果，决定了其对比强度的表现。

色彩对比与色彩调和同样重要，都是构成色彩美感的关键因子。在平面设计的实践中，恰当地掌握并运用色彩对比的技巧是至关重要的。从专业的角度来说，色彩对比可细分为色相对比、明度对比、纯度对比和面积对比等。

1.对比

在色彩学领域，"色相对比"研究了不同色彩的相互影响和对比效应。色相对比是指当多种色彩相邻时，它们互相影响，导致人们对原始色彩的感知发生变化。基于色相之间的差异，色彩对比被细分为四个主要类型：同类色对比、邻近色对比、反对色对比和补色对比。

（1）同类色对比

此种对比以特定的色相为基准，涵盖了与该色相在15度以内的色彩。这些色彩都属于相同的色调，色彩差异较小，呈现出较强的调和性质。因此，同类色对比也被称为"弱对比"。此类对比展现了色相的柔和与和谐，其色调的一致性带来了视觉上的愉悦。

（2）邻近色对比

在色相环中，与特定色相距离介于15度至45度的色彩被称为"邻近色相"。此种色相对比被标识为"中对比"。其对比效果不是非常突出。例如黄色到绿色之间的转变，绿色中融入了黄色；从蓝色到紫色的过渡，紫色中则包含了蓝色。邻近色对比相较于同类色对比更为丰富，展现了在变化中保持一致性的特质。

（3）反对色对比

在色相环上，与特定色相大约130度距离的色彩被定义为"反对色相"。这种对比关系称为"强对比"。其间的色相差距较大，色彩区分较为明确。例如，红紫与绿色的对比，尽管它们都包含了蓝色，但红紫中的蓝色成分较少，其调和性降低，从而强化了色相之间的对比。反对色对比比邻近色对比更加明亮和强烈，但也可能导致视觉疲劳。

（4）补色对比

当色相与某一色相相距约180度时，该色彩被称为"补色色相"。补色对比之所以形成，是因为其对应的色彩并不包含同类色彩，从而构成了最为明显的对比关系。例如，红色与绿色的对比就是一种冷暖对比，由于它们的明度和纯度相似，对比效果非常明显。此外，黄色与紫色的组合也属于补色对比，但明度差异较大，不能完全展现补色的特质。补色对比可能导致视觉上的强烈刺激，但在现代设计中，为了增强视觉效果，设计师们会选择使用这种强烈对比，例如采用荧光色等带有动感的色彩搭配。

2. 明度对比

在色彩学中，当两种或多种亮度不同的颜色进行组合时，由于它们之间的亮度差异而产生的对比效果被称为"明度对比"。在光谱中，黄色具有最高的亮度，随后依次为橙色、红色、绿色、蓝色和紫色。色彩间的明度差距直接影响明度对比的强度。

在明度范围中，白色被赋予10的值，黑色则为0。介于这两者之间的是由黑色和白色混合产生的灰色，灰色在明度上从1至9依次递增。具体来说，1度至3度的灰色被定义为低明度色；4度至6度的灰色归类为中明度色；7度至9度的灰色则被归入高明度色。最后，10度的白色为最高明度色，0度的黑色则为最低明度色。

明度对比可以进一步细分为以下四种类型：

（1）同类明度对比

同类明度对比涉及的是明度差异在3度或以下的颜色。因其明度差异较小，故称其为"明度弱对比"。例如，高明度色彩给予人们清新、明亮、温柔、轻快、鲜艳和柔软的感觉；中明度色彩带来朴实、文静、含蓄、甜美和稳重的印象；低明度色彩则给人沉稳、深邃、孤独和忧郁的感受。

（2）类似明度对比

类似明度对比就是明度差异为 4 ~ 6 度的颜色。此种对比相对于同类明度对比来说更为醒目和充满活力，它的形象表达也更为清晰。它既补足了同类明度对比的局限性，又维持了其和谐与柔和的特质。

（3）反对明度对比

反对明度对比也就是明度差异为 7 ~ 9 度的颜色。因其色彩之间存在显著差异，故称为"明度强对比"。此种对比比类似明度对比更为突出、激烈，其形象清晰度更高，并且具有一种正面、清楚的效果。

（4）互补色度对比

互补色度对比也就是黑色与白色之间的 10 度明度差异。这种对比的两种颜色在明度上显著对立，因此产生了非常强烈的明度对比效果，被视为明度对比中的极端形式。此类对比具有鲜明、清晰的特质。

在平面设计领域，色彩的明度对比具有重要的地位，因为其对设计作品的活跃度、光泽和清晰度都产生了决定性影响。

3.纯度对比

在色彩学中，当两种或多种纯度不同的色彩共同展现时，由于其纯度之间的差异，会形成所谓的"纯度对比"。这种对比的强度取决于色彩之间纯度的差异大小。具体而言，纯度差异在 3 度以内的被称为"纯度弱对比"；4 ~ 6 度的差异对应"纯度中对比"；7 ~ 9 度的差异代表"纯度强对比"；而 0 与 10 度之间的差异代表纯度对比的极致——"纯度最强对比"。

纯度对比可以进一步分类为同类纯度对比、类似纯度对比、反对纯度对比以及互补纯度对比。

（1）同类纯度对比

同类纯度对比也就是纯度差异在 3 度之内。高纯度的色彩搭配展现出鲜明、生动且醒目的色相，其心理影响显著，但过于刺激可能导致观者的视觉疲劳，不宜长时间观看。相反，中纯度色彩组合带给人们内敛、稳重、朴实和柔和的视觉体验；低纯度的色彩则可能导致观者的关注度降低，不适宜长时间观赏。

（2）类似纯度对比

类似纯度对比也就是纯度差异在 4 ～ 6 度。色彩搭配呈现出和谐、高雅与充满活力的效果。

（3）反对纯度对比

反对纯度也就是纯度差 7 ～ 9 度的对比，又被称为"纯度强对比"。这样的色彩组合显得生动和活跃，能够引人注目。相较于类似纯度对比，其色彩效果更为明确和多样。

（4）互补纯度对比

互补纯度对比就是最高纯度的色相与无彩灰色的对比，对比双方存在着强烈的纯度差，因此又称为"纯度的最强对比"。这种对比比反对纯度对比更鲜明、更丰富，色彩形象清晰度更高，但容易产生生硬、刺激的感觉。

4. 面积对比

色彩总是伴随着一定的面积存在，且没有面积的色彩概念是虚无的。当两种或更多色彩区域相邻排列，所形成的视觉对比被称作"面积对比"。这种对比直接影响观者的视觉感知和心理反应。实际上，色彩的面积大小与其色调有着密切关联。在设计领域，利用色彩面积之间的对比可以营造出独特的视觉效果。例如，"万绿丛中一点红"恰恰揭示了色彩面积对比关系的应用。在设计布局中，这"一点红"应放置于视觉焦点之处。在广告设计实践中，运用色彩面积对比已然成为一种常态。例如，选用单色系的大面积色块，并考虑其形态，再结合其他色彩进行交错，从而构筑出视觉上的强度变化和节奏起伏。

（四）色彩的节奏感

色彩之中的韵律性是色彩秩序美学的一种具体体现。该韵律性依赖于色彩的聚散、叠加、循环与转变等手法，实现色彩的节律与韵调美学感受。色彩韵律的体现可以概括为三大主要方向：

1.重复性

通过色彩在点、线、面的形态中进行规律性重现，呈现出有序且简洁的循环模式，从而营造出和谐、有逻辑的视觉审美体验。

2.渐变性

基于特定的美学法则，对色彩进行逐步调整与变换，进而展现出流畅与和谐的节奏感。此种过渡性的色彩，可借助色彩的色相、明亮度、饱和度以及颜色所占的面积逐步演变。

3.多元化

在色彩组合中融入复杂的节奏与韵调结构。这种策略使得色彩变得丰盈与多元，形态各异，为观者带来强烈的活力感。然而，此类策略的应用需高度审慎，以避免产生混乱的视觉效果。

二、色彩在文创设计中的重要性

（一）色彩是文创设计的最直接表达

在文化与创意产品设计领域，色彩与产品造型紧密结合，但其对人类的吸引力常常超越产品的形态本身。色彩不仅拥有"先声夺人"的艺术效果，而且是文化创意产品设计中留给观众的最直观视觉印象。设计师们通过对色彩的精选、协调与组合，可以更深入地展现自己的设计思维，阐释创作的内在寓意，并传达其创意设计的核心灵魂。

例如，柔和与温暖的色彩搭配可以赋予家具设计一种舒适的触感，让人感受到家的温馨。对于儿童玩具，鲜明且对比强烈的色彩组合能够轻易地吸引孩子们的目光。对于旅游纪念品，那些能唤起人们对旅程的深刻回忆的色彩，则显得尤为重要。因此，色彩的创造性应用不仅可以增强产品的市场吸引力，也有助于加深公众对于文化创意产品设计的认知与欣赏。

当人们描述某一产品或者阐述某个设计时，色彩往往被视为该产品或设计的标志性特征，这彰显了色彩与其关联对象之间的紧密联系。以旅游纪念品为例，提及故宫，人们往往会自然地想到那庄重的深红色；提及水立方，人们则会联想到那澄澈如洗的蓝色。综上，色彩在文化创意产品设计中扮演着重要的角色，它不仅是设计的视觉载体，更是设计师传达创作意图、展现设计灵魂的重要工具。

（二）色彩是文创设计的视觉语言

色彩不仅拥有其独特的性质，也具备强烈的视觉冲击力与标志意义。透过不同的色调结合和配置，我们能够揭示特定的时空背景、感受与情感价值。色彩有时呈现出一种紧张状态，有时展现出宁静；它既能体现甜美之感，又能传达苦涩之情；或者展现强烈的冲突，或展示沉稳的平和。这些色彩特性皆为以视觉方式阐释"文化创意产品设计"的核心价值与理念。

在多种环境中，色彩对于人们接受或拒绝某个文化创意产品设计扮演了重要的角色。思考这样的情境：为何在同一设计中，你会倾向于选择某一颜色而非其他颜色？在某些场合，人们对颜色的偏好可能超过其他因素，仅依赖过去成功的色彩策略已不再适应现今的需求。因此，深入探索色彩的语言并巧妙地利用其与受众进行有效沟通，以捕获目标市场，已经成为设计师们亟待研究与深入探讨的新议题。

三、色彩在文创设计中的情感表达

在视觉感知领域，颜色对于人的认知和情感反应具有重要的影响。例如，当人们观察到如"红色"和"橙黄色"这样的暖色调时，其视觉神经会受到特定的色彩刺激。这样的刺激可能会在他们的大脑中引发与火焰或太阳相关的图像，进而在心理层面产生一种温暖的感觉。相反，当暴露于如"绿色"和"蓝色"这样的冷色调时，人们可能会在其意识中勾画出大海或山泉的图景，从而产生一种凉爽的感受。

对于文创设计师来说，理解并运用这些颜色对于人类情感和认知的影响是至关重要的。他们需从人类对颜色的深层次心理反应出发，恰当地选择和应用颜色，从而确保观众准确地解读其设计作品的内在意义。以可口可乐的经典标志为例，其主要采用红色作为基调，因为红色往往与热情和活力相联系，这种色彩选择可能让消费者感觉饮用可口可乐会让他们充满活力。

反观家用电器，特别是制冷类产品如冰箱或空调，在其品牌标识设计上，选择冷色调作为主导色彩会更为合适。这种色彩基调可以引发人们对产品性质的直观认知，使他们能够迅速定位品牌所提供的功能或效益。例如，海尔电器作为主营制冷设备的品牌，其标识在设计上就明显地采纳了这一原则。

在电影、游戏和动漫的艺术领域，色彩为叙事创造了丰富的背景和情感层次。尽管大多数观众会更加关注其中的故事情节，但他们可能并没有意识到色彩在其中所起的独特作用。尽管这种作用往往不易被直接察觉，但色彩确实对观众的情感和心理产生了深刻的影响，它在某种程度上具有一种微妙的、触动人心的力量。为了恰如其分地传达某种情绪，如期望所带来的兴奋感或因失败而引发的紧张感，色彩的策略性使用和设计显得至关重要。这种策略性的应用，如表 2-1 所示，可以有效地引导和强化情感的表达。

表 2-1　色彩的作用与效果

色彩	刺激大脑分泌的主要激素	刺激部位	作用	寓意或效果
红	肾上腺素	循环系统	促进血液循环	兴奋、热情
橙	胰岛素	自律神经	拒绝酒精	促进健康
橙黄	饥饿激素	自律神经	增进食欲	有食欲、有活力
黄	内啡肽	自律神经	让人笑、镇痛	明朗
黄绿	生长激素	自律神经	促进成长	成长
绿	乙酰胆碱	脑下垂体	消除压力	安心
蓝	血清素	下丘脑	生成血液	安心、精神集中
蓝紫	食欲抑制激素	自律神经	抑制食欲	精神集中、安定
紫	去甲肾上腺素	丘脑	发出危险警报	恐怖、不悦

续　表

色彩	刺激大脑分泌的主要激素	刺激部位	作用	寓意或效果
粉红	雌激素	脑下垂体	血液流畅	快活、有朝气
白	多种激素	下丘脑	使肌肉紧张	有上进心
黑	无	无影响	无	心理上的安定

当探讨色彩在视觉叙事中的应用时，吉卜力工作室的作品提供了一些卓越的示例。例如，宫崎骏先生的作品《起风了》便通过精心的色彩设计来呈现人物的形象和特质。值得一提的是，保田道世女士作为宫崎骏先生的首席色彩设计师，在吉卜力工作室的多部作品中均参与了色彩设计工作。她在配色过程中所采用的技术和工具，例如色彩形象图表，都是为了确保色彩能够最大程度地增强故事的情感深度和视觉冲击力。

色彩心理学作为一门具有科学基础且跨学科的研究领域，深入探讨了色彩对人类情感和认知的影响。电影制作中，精心策划的色彩搭配不仅赋予观众愉悦的视觉体验，而且在关键情节可以引导观众产生强烈的情感共鸣，如"握紧双手"和"兴奋地观看"。这种情感反应，实际上是色彩心理学在实际应用中的显著成果。

然而，色彩的象征意义并不是普遍适用的。色彩所承载的文化寓意在不同的文化背景和传统中可能存在差异。因此，文化创意设计师在进行作品构思和设计时，必须深入研究并考量其设计主题与预期受众的文化特性和偏好，确保所选用的色彩可以正确传达设计意图，避免可能的误解或文化冲突。

在文化创意设计领域中，色彩的运用并不仅仅是为了美观，更多的是服务于设计的核心内容。通过恰当的色彩搭配，可以精确地突显和传达设计的主题，从而提升设计的整体效果与价值。

2018年，润百颜与故宫博物院开展了一次前所未有的深度IP合作，研发了被广大消费者热议的美妆产品——故宫口红系列。这系列口红凭借其专业的设计思路和对传统文化的深度挖掘，在市场上造成了巨大的影响。

该系列包含六种口红，每种口红均有其独特的设计背景和灵感来源。它们的色彩灵感全部取自故宫博物院中馆藏的红色文物珍品。这些口红的外观设计则受到清代宫廷后妃的服饰启发。这种独特的设计理念使得每款口红外观与膏体颜色间都有着深刻的关联。

"故宫口红·郎窑红"色彩灵感得自郎窑红釉观音尊。其外包装的设计则取材自洋红色缎绣百花纹的夹氅衣。此色号呈正红，具有女王般的气场。

"故宫口红·豆沙红"色彩来源于豇豆红釉菊瓣瓶，外观设计灵感则取材于品月色缎平金银绣的水仙团寿字纹单氅衣。该色彩为低调的豆沙色，显得内敛又优雅。

"故宫口红·玫紫色"灵感源于钧窑的玫瑰紫釉菱花式三足花盆，外观设计则来自黑绸绣花蝶竹柄团扇，呈现出流行的玫紫色调，显示出霸气的气质。

"故宫口红·碧玺色"的唇色来自桃红碧玺瓜式佩，其外观设计灵感则取自广绣的鹤鹿同春图，色调呈现浅梅与桃红的中间色。

"故宫口红·枫叶红"灵感来自矾红地白花蝴蝶纹圆盒，外观则参考了明黄色绸绣的绣球花棉马褂，展现温暖的枫叶红，且是系列中唯一的亚光口红。

"故宫口红·人鱼姬"的色彩则来源于胭脂水釉梅瓶，外观则取材于浅绿色缎绣的博古花卉纹拾袍，膏体为带有亮金的橘色，涂抹后则显现出少女心满溢的粉色。

综上所述，因为科技的发展，文创设计不再拘泥于图像的视觉表达，而是更多地发挥其视觉传媒作用，传达高质量的信息。文创设计者要使自己设计的作品符合时代需求，且具有时代色彩，被受众所接受，就要将图形元素、文字元素和色彩元素合理利用，以创作出成功的文创设计作品。

第三章　文创设计的思维模式

第一节　创意思维

一、打破传统的思维

"思维"这一概念近年来日益受到学术界的关注，尤其是其与创新概念的紧密结合。"创意思维"指的是一种超越传统范畴、追求开创性和创新性的思考模式，其主旨在于发掘新颖的策略，构建前沿的理论体系以及取得独特的学术或实践成果。

在设计领域，创意思维被视为核心组成。从某种意义说，设计过程基于创意思维对设计概念的构建，进而将这一构思转化为实际的设计成果。但要真正达到"创意"的实质，中间的道路远非直接或简单，因为任何形式的创新都依赖于一个有利于其孕育与发展的社会氛围。然而，长期处于固化的社会体制中，思维往往受到各种传统观念的束缚。

例如，有人可能持有这样的观点：现有的技术和产品已经达到一种尽善尽美的境界，因此无须创新。或者由于对失败的担忧、对他人讥讽的恐惧，他们害怕尝试。还有人则沿袭传统，不愿意跳出常规去开拓；有些人宁愿选择跟随他人，而不是勇敢地开创自己的道路。更有甚者，认为某些创新变革过于激进，或者成本过高，因此并不可取。这些守旧的思维模式，实际上限制了人们对于创新的追求。要想真正实现创新，就必须跳出这种固有的思维模式，勇于尝试，不怕失败，也不怕他人的看法，只有这样才能够真正地实现创新，创造出真正有价值的成果。

在传统的社会价值取向之下，人们感到一切变动都不必要，甚至认为创新往往带有负面意义。然而,我们应认识到,传统的存在并非旨在颠覆或超越,而是为了继承与梳理。从深层次解析,继承的意义远大于颠覆。学界中经常有这样的观点流传:"所谓的新知识,早在先辈们那里就已经明了"或者"我们误以为是首创,实则早有前人铺垫,且其成果往往更为出色"。这样的言论体现了传统的压迫感与紧张关系。严格来讲,真正能称作独特的知识或物品实在是极为稀少。尝试依赖个体独有的知识或才能来探索这广袤的世界,往往是一个漫长且无终点的过程。

古往今来,人类历史上最杰出的创新是什么?答案出人意料,是"轮子"。其背后的原因是什么呢?自从轮子初次被设计以来,其基本结构与形态都未曾改变。然而,与轮子这种近乎完美的设计相比,大部分的设计仍处于持续改进与优化的阶段。对于现有产品或技术,对其材质、功能、尺寸等进行细微调整与完善,所涉及的智慧与努力,往往并不逊色于全新的发明,有时甚至更为繁重。

因此,当涉及产品设计时,只要能够体现微小的差异性,那么创作者便拥有了无尽的创作材料与灵感,这些材料和灵感通常都是鲜活而有力的。例如,在图 3-1 中,你眼中所看到的是何物呢?

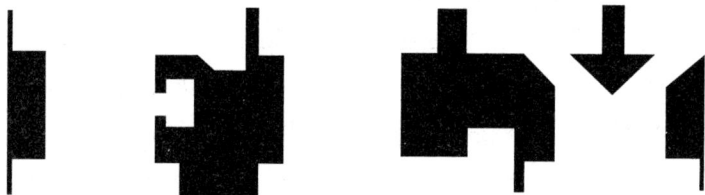

图 3-1　设计图案

在视觉解读的过程中,众多观察者常常首先注意到了与箭头、水龙头以及钉子相似的形态。然而,提供一些引导信息,再次观察,便会轻易地识别出图中隐含的字母:"F、L、Y"。那么,是什么导致了最初的误解?这主要是受到我们先前的认知习惯或思维模式的影响。

辛弃疾是中国古代一位杰出的词人,曾写道:"众里寻他千百度,蓦然回首,那人却在灯火阑珊处。"这巧妙地描述了某人长时间地寻找另一个人,但一直未果,直到最终意识到那人就在自己背后。由于某种思维定式，自己一直没有想到回头，是人类思维的一种局限。我们往往固守一种思考方式或路径，很少考虑其他可能的角度。

我们从小受到的视觉教育，常常是基于白色背景上的黑色图案。因此，当面对图 3-1 时，内在思维模式自动导向于解读黑色的部分，从而识别出了箭头和水龙头等形状。但当我们试图突破这种固有的思维定式，才意识到，实际上"FLY"这一概念是如此直观，与我们是如此接近，只需稍作转变就能轻易地感知并理解它。

至于图 3-2 中的迷宫问题，也需要运用同样的原理，跳出固有的思维模式，尝试从不同的视角和方向来探索迷宫的出口。

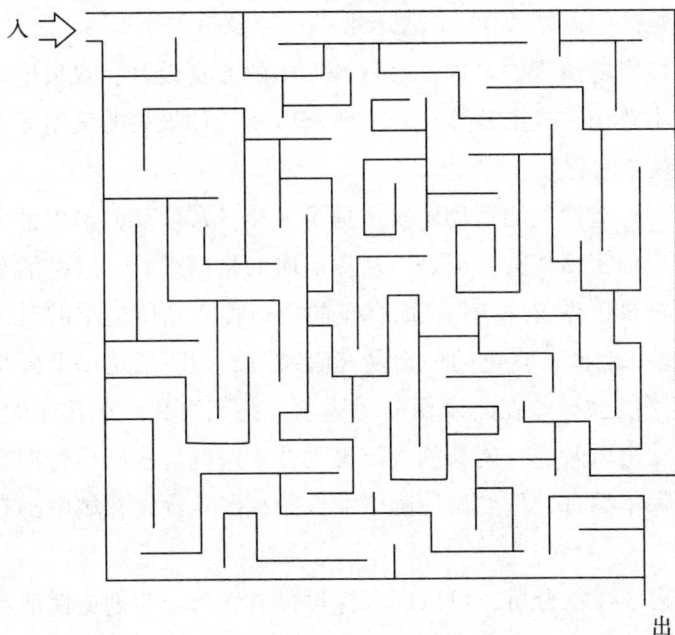

图 3-2 迷 宫

二、创造性与再创造性

怀特海在《教育的目的》中有这样一段话："一所大学是充满想象力的，否则它便什么也不是……只有最高管理机构采取克制的方式，牢记不可用管理普通商业公司的条理和政策来管理大学，那时我们的现代大学教育体制才能够取得成功。"①

在中华优秀传统文化的影响下，我国的高等教育体系表现出独特的特色。这种教育方式主要侧重于培养学生从事所谓的"再造性"活动的能力，而非真正的创新力。此"再造性"活动是那些基于已有知识和经验的行为，这类行为只需适当地进行微调即可完成。其核心特性在于严格遵循已有的规则和规范，不允许出现任何偏差和变更。

简而言之，"再造性"活动大多数时候是一种重复性的活动，没有真正的变革和突破。例如，常规的制造过程要求操作者严格按照技术文档的指导进行，确保生产的每一个产品都与标准样品相符。又如，农业生产中的日常操作，如播种、施肥、收获、存储等，年复一年，代代沿袭，都是遵循固定的流程。再如，会计操作中的账目设置、双重记账、凭证审核、账本登记、成本核算、资产清查以及会计报表的编制等，均遵循统一的、规范的程序。

这种"再造性"的活动确实占据了人类日常活动的绝大部分，与广大人民的生计密切相关。但是，从深层次的角度来看，这种活动的核心是追求"把事情做得完美"。而真正的创造性活动所追求的是"做出卓越的成果"。然而，真正的创新是充满风险的。即便是一个微小的创新想法，都可能会导致在公众面前的尴尬，甚至失利。在这样的背景下，真正愿意承担风险进行创新的人寥寥无几。这也是我国尽管拥有众多设计学院，每年都有大量的设计师毕业，但在国际设计领域中鲜有突出表现的原因。

根据表 3-1 的分析，可以深入探讨再造性活动与创造性活动之间的本质区别。在人类的社会实践领域，两种活动都扮演着重要的角色。其中，"把事情做好"与"做最好的事情"都是为维护社会平衡与进步所不可或缺的元素。假如某一社会仅仅专注于再造性的行为而缺乏创新力，这样的社会容易导致停滞与萎靡。相反，如果一个社会过于追求创造性活动，频繁推出新的创意，但忽略维系社会稳定的必要性，那么这样的

---

① 怀特海.教育的目的 [M].北京：台海出版社，2022.

社会可能会陷入不安定和混乱的状态。因此，平衡两者的关系，对于社会的健康发展至关重要。

表 3-1   再造性活动与创造性活动的特征比较

内　容	再创造性活动	创造性活动
意义	基本上靠传统办法就能完成的活动	必须进行改革、突破才能完成
性质	继承	突破
活动的规范	按老规矩办事	打破老规矩，建立新规矩
作用	维持社会正常运转，保证计划的完成	促使社会达到"质"的跃升
技能来源	学习	探索
学与干的关系	先学后干	干起来学，边干边学
涉及专业	较单一，在所学所属专业范围内	较广泛，一般横跨多个专业
非智力因素	意志占突出地位	胆略、意志、进取精神占突出地位
智力因素	记忆占突出地位，知识和经验非常重要	洞察力、想象力、灵感协调配合
思维特点	以逻辑思维为主	逻辑思维与非逻辑思维协调，以后者为主
效果追求	把事情做好	做最好的事情

三、扩展创意思维的视角

创新往往涉及对传统的挑战和对非传统的追求。挑战传统要求思维要具有批判性，对于非传统的追求则需要思维展现出追求差异的特性。那些富有创意的人往往具备对问题提出罕见、非常规解决方案的能力，他们的思考往往表现为对现状的审视与批判。

1913 年，画家杜尚展出了一件颠覆性的作品，其手法是将自行车的车轮倒置于木凳之上，此作品被冠以"达达主义"的称号。这一手法引领了现代艺术中现成品艺术的出现。杜尚的独特之处在于他重新定义了艺术的概念：只要将物件放在特定的场所并赋予之名称，它就能被视为艺术品。历史上，达·芬奇的《蒙娜丽莎》一直受到普遍尊崇，然而只有杜尚敢用一种戏谑的方式重新诠释这部经典。这证明了杜尚极强的创意能力，他擅长思考，善于挑战传统观念。尽管他一生只创作了29件艺术品，但每一件都震撼当时的艺术界，对现代艺术的演变产生了深远的影响。习惯性的思维对于创新而言，可以说是一种制约，导致人们往往忽视那些偏离常规的观点和想法。习惯性思维，就像戴上有色眼镜，使我们看到的世界都被染上了同一种色彩。然而，当我们试图摘下这副眼镜时，可能会发现世界并不如我们所认为得那么清晰。这就要求我们时常挑战自己的习惯性思维，尝试新的视角和思考方式，以期在日常生活和专业领域中发现更多的可能性。

针对某一问题，对其采纳多种思考视角能够寻求深入和广泛的解决方案，要求我们培养从多重角度分析问题的能力。当某种固定的认知框架或"有色眼镜"限制了我们的思维，一个有效的方法是采用多种不同的认知框架或"视角"对待相同的议题。例如，当采用"黄色眼镜"的观点，我们可能会看到一个充满活力和价值的世界；但当切换到"蓝色眼镜"的视角，世界则可能表现为宽广的海洋和明亮的天空；进一步地，当我们再选择"绿色眼镜"的视角，世界或许会是一个生机盎然的生态环境；当我们选择"灰色眼镜"时，世界可能就会呈现出一种压抑和沉闷的氛围。此外，文化和生活背景也会影响我们的认知和判断。一个广为人知的故事可以说明这一点：在某个超凡的场所，一位中国的长者与一位美国的长者偶然相遇。中国长者分享了她的经历，提到在生命的最后时刻，她终于攒够了购房所需的资金，但未能入住；美国长者则讲述了她如何在过去的几十年中居住在自己的住宅中，并在生命的尾声还清了房贷。

在此故事中，两位年长的女性因为观念差异选择了各异的行为方式，导致了迥然不同的生活轨迹。事实上，相同的事物在不同的观察者面前可能呈现出截然不同的形态。例如，对大多数人而言，小便池只是一个普通的用品，但对杜尚而言，它被转化为备受关注的艺术作品《泉》。

我国古代文人苏东坡曾经描写："横看成岭侧成峰，远近高低各不同。不识庐山真面目，只缘身在此山中。"此诗深刻地揭示了单一的视角对于全面而准确地理解和评价一个事物或现象是极其狭隘的。正如要真正了解庐山的壮丽，必须多方位、多角度地观察。这也意味着，任何事物的解读和评价都是相对的，都需要从多元的视角去完整地把握。

沿用这一思路，参考图 3-3 中所展示的几个图形，尝试从中挑选出与其他图形显著不同的一项：

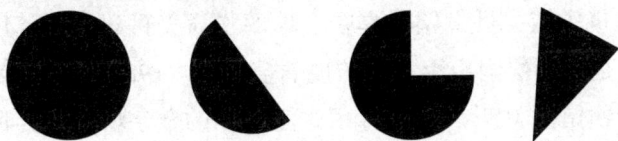

图 3-3　几何图形

在图形学与设计领域，每一个图形都具有其独特性。当从多样的视角审视时，它们都展现出其非凡和独有的特征。遗憾的是，很多人在识别并确认了图形的"与众不同之处"后，就不再继续探索，忽视可能存在的其他独特图形。造成这种现象的背后原因何在呢？这很可能是由于从年幼时期受到的教育模式影响，那种强调对于每一个问题都存在"一个标准答案"的思维模式。因此，我们在成年后面临问题时，往往只要找到一种解决方案就满足，停止进一步地思考。

然而，在设计领域，这种单一视角的处理方法是不够的。一个真正全面和深入的设计，需要我们从多个角度出发，审视和解析同一问题。因为设计的本质是开放性的，它并没有"标准答案"。为了更好地掌握这种多元视角的设计，我们建议在设计过程中，从至少以下六个不同的角度来审视和解析问题，以确保我们的设计方法既全面又深入。

（一）肯定的角度

当面对一个具体的事物或观念时，首先要肯定它，认为它是好的、正确的。这种积极的认知态度在教育领域尤为重要。例如，针对孩子的教育方法，采纳这种认知方式可能产生显著的正面影响。以《小王子》为例，主角在其绘画过程中，若受到大人的深沉支持与鼓舞，也许他会持续追寻艺术道路，最终成为一位杰出的艺术家。一个案例涉及一名美国心理学者进行的研究。他选定一名外表普通、成绩中等并带有自卑情结的女大学生作为研究主体。心理学者与学生的社交圈达成共识：在三个月内，都需将此女学生视为表现杰出且有吸引力的个体。尽管最初该学生感觉异常与不适，但三个月后，她确实变得对自身充满自信且表现出色。虽然她的外观并未发生变化，但周围人均认为她焕然一新。此研究揭示了正面肯定的巨大潜力。

转向建筑领域，贝聿铭是享誉全球的华裔美籍建筑设计巨匠。他的代表作之一是位于法国卢浮宫前的玻璃金字塔。1988 年，64 岁的贝聿铭为卢浮宫博物馆的 U 形广场设计了这座宏伟的金字塔，作为博物馆的主要入口。从功能看，此金字塔理论上每小时能容纳 15 000 名游客。设计灵感来源于埃及金字塔，但贝聿铭赋予其现代、简约的美学特质。这座透明的金字塔与古老的卢浮宫形成了和谐共生的景观。贝聿铭有意利用这种"明亮的象征性构造"确保玻璃金字塔不会与卢浮宫产生视觉竞争，毕竟金字塔具有在最小的空间内展现最大建筑感的独特性，所以它并不显得突兀。

当初法国政府选择贝聿铭为卢浮宫的设计师的消息一经曝光，在巴黎社会产生了强烈的反响。尽管贝聿铭在建筑界已有卓越的声誉，但这一委任仍然激起了法国建筑界的广泛关注。许多人质疑：为何选中一位中国建筑师来构建这样一个重要的标志性建筑？他们认为这可能对法国的传统建筑风格构成威胁。贝聿铭面临着巨大的舆论压力，其中包括一些尖锐的批评。

贝聿铭本人曾表示："卢浮宫项目对我而言是职业生涯中一个无比珍贵的挑战，这项设计历时 13 年，我无意再次承担类似卢浮宫的设计任务。"他继续回忆："项目初期困难重重，各种质疑从未停止过。特别是在 1984 至 1985 年间，我们公开展示金字塔设计后，公众的争议达到了顶峰。在那段时间，我甚至在巴黎的街道上受到了冷落。"①

然而，贝聿铭对自己的设计充满了信心并坚守自己的立场。如今，

---

① 林佳，张二水，吴晔，等."建筑巨匠"贝聿铭：在西方国家，做一个中国贵族 [J].今古传奇（人物版），2019（6）：15-20.

这座曾被部分法国人强烈反对的金字塔，不仅已经被广大法国民众所接受，而且已成为他们的骄傲和自豪。它成功地将古老与现代的元素融为一体，将二者之间的距离缩短至最小。现今，卢浮宫的金字塔与埃菲尔铁塔齐名，被视为巴黎的代表性符号和城市的精神象征。

（二）否定的角度

"否定视角"与"肯定视角"具有根本的对立性。该视角的核心概念可以视作"反向"或"逆向"的思维，它要求从事物的反面和对立的角度进行分析与考量。这种思维模式意味着将某一事物或观念定性为错误、有害、负面或无价值的，并在这一框架内探讨事物或观念所带来的问题、风险、失败或缺陷等负面影响。采用逆向思维可能带来意料之外的创新突破。

在 1901 年的伦敦某火车站，一场关于尘埃清除技术的公共演示吸引了众多观众。其中，一位名为赫伯·布斯的英国土木工程师对此表示出极高的兴趣。该技术的基本原理是通过强风将灰尘吹散，但这导致尘埃四散，使得路人沾满了灰尘，造成了意外的麻烦。众人离场时带着失望。然而，赫伯·布斯受到启发，并在家中深入思考：如果单纯地吹尘不是有效的方法，那么逆向思考，吸尘会是一个解决方案吗？他采用一个简单的实验——用手帕遮住口鼻并用力吸气，发现手帕上沾满了灰尘。由此，吸尘器的原型便诞生了。在厨房领域，抽油烟机的工作原理也得益于逆向思维：电风扇的反向运转可以有效地排除油烟。日本更是推出了一种名为"反复印机"的设备，与传统复印机恰好相反，它能将已复印的纸张上的图文消除，从而使纸张恢复到原始状态，既节省了资源，也为创造财富提供了新的可能性，展现了出色的设计创意。

（三）传统的角度

每个国家与社会均有其独特的历史脉络，从而塑造出各具特色的文化底蕴。设计活动以本土文化为基点，往往能构思出更为深邃与众不同的创作。

对于花瓶的设计，文化背景对于设计师所带来的启发和影响尤为显著。此种影响深入设计师的思维模式，使其创作出反映各自文化特质的设计品。以法国设计师为例，其受现代审美与技术的驱动，在作品中运用现代材料如玻璃，并采用"21 支化学试管"与"20 个金属扣环"的组合方式，使花瓶能够延展和收缩，展现多种造型。相较之下，荷兰的设计师受到其海洋文化的熏陶，灵感来源于天然海绵。他们巧妙地将天然海绵置于陶浆中，经过高温烧制，最终形成了具有海绵纹理的陶瓷作品。

从上述例子可见，文化与历史为设计师提供了丰富的灵感来源，使其在作品中融入深厚的文化内涵与独特的设计语言。

（四）相同的角度

在众多事物或理念中，总存在某种程度的相似性。专业的设计思考应侧重于捕捉这些潜在的共同点，从而将表面上无关的元素有效地联系在一起，为新的创新思路打开大门。

考察日本的一个实例：一家主要经营文具的中小企业，业绩持续低迷。一名刚入职的员工在深入观察后发现一个现象：客户在购买时常常选择多种文具，而小学生的书包内也常常混杂着钢笔、铅笔、尺、橡皮等各类文具。这使得她萌发了一个构想：为何不尝试将这些文具进行套装销售？她随后将此想法汇报给了公司高层。在详细的规划和设计后，公司推出了文具套装，内含五到六种日常所需的文具用品。这种被称为"组合式文具"的产品迅速受到市场的欢迎，仅在一年时间内，销量超过了 300 万套，为公司带来了前所未有的盈利。

（五）相异的角度

在自然界中，"世界上没有两片完全相同的树叶"这一观点强调了每一实体都拥有无数独特属性，因而不存在两者间的绝对相似性。对于设计师而言，这意味着挖掘与利用这些微妙的差异性进行创新设计。随着全球市场的竞争日益尖锐，产品的种类和多样性逐步增加，消费者面临的选择也日渐庞大。为了在如此密集的市场中获得显著的竞争优势，产品需要具有显著的特点和个性，以便吸引消费者的注意力。例如，位于东京的一家独立手工装饰品工作室，专注于制作独一无二的手工胸针，这种独特性吸引了众多的女性消费者。

另一个值得注意的案例是 Smart 品牌的创立。这一想法源于 Swatch（斯沃琪）手表的制造商。在 20 世纪 80 年代后期，SMH 公司的首席执行官 Nicolas Hayek 观察到当时的汽车行业正逐步偏向"大型和豪华"的趋势，而对于那些追求经济、实用且有时尚感的消费者来说，这并不能满足他们的需求。基于此，他决定研发一款小型、经济且时尚的交通工具，就像 Swatch 手表一样精巧和前卫。最初的设计目标非常明确，即仅容纳两人并具有出色的燃油经济性，考虑采用混合动力系统。尽管最后的版本并未采用混合动力，但该款车型在欧洲九国上市均取得了巨大成功，销售量远超预期。在现今的欧洲城市中，随处可见 Smart 车型，且车主为了展现其车辆的独特性，创意百出。

同理，材料的选择对于产品的最终效果具有决定性意义。当在服装或家居设计中采用不同的材质组合，往往能够为消费者带来全新的感受和视觉效果。例如，替换凳子或桌子的某些部分，使用不同的材料，都可能产生出不可预料的特殊效果。总体而言，无论是自然界还是人为设计，差异性和独特性都是价值的来源。在设计和创新中，挖掘和强调这些差异性是关键。

（六）个性的角度

在研究与思考问题时，个体经常从主观的角度出发，基于自身的观点、需求和偏好来塑造设计。艺术领域中尤其如此，艺术家往往展现出深度的"自我"倾向。由于这种主观性和独特性，他们所创造的作品得到广大受众的认可和欣赏。

第二节 灵感思维

一、灵感思维概述

灵感思维是一种特殊的认知过程，通常源于个人对某一问题或现象的深度领悟或突破性理解。这种领悟经常源自长时间的知识积累、高度的智力能力、稳定的心理状态以及一个有助于创新的外部环境。这种思维模式是突然的，但其出现的条件往往经过长时间的沉淀和积累。

考察历史上的一些创意和发明，不难发现灵感思维在其中扮演了关键的角色。以美国制瓶工人卢托为例，他从女友穿的裙子中汲取灵感，裙子在膝盖上方较为紧窄，使得腰身格外引人注目，展现出一种挺拔且雅致的外观。卢托深受其影响，思考着如何将这种造型运用到他的专业领域中。他脑海中浮现出一个独特的概念：制造一个与裙子形状相似的瓶身。他进一步设计，并在瓶身上刻画了类似于裙子的纹样，便是后来被大众所熟知的可口可乐瓶形，这一设计不仅美观还实用，因为瓶子握在手中不易滑落，且瓶内液体似乎比实际看起来更多。后来，卢托以卓越的眼光和创新能力，成功地将这一专利卖给了可口可乐公司，获得了600万美元。

这个实例不仅表明了灵感在产品设计中的重要性，更凸显了灵感的产生与"顿悟"之间的密切联系。这种"顿悟"与普通的想法不同，不仅是瞬时的，而且具有明确的目的性，常常是为了解决某个具体问题而出现，帮助我们对问题有清晰地认识或找到有效的解决方法。

不过，值得注意的是，并不是所有的突然思绪都是灵感。例如，突然想起某人或某事件并不等于获得对某个问题的新颖见解。真正的灵感既能够带来"顿悟"，又能实现"豁然贯通"。

二、灵感思维的特征

（一）突发性

灵感思维的本质与常规思维路径显著不同，其特点在于难以预测的突发性。与传统的感性到理性的认知进程相反，灵感思维往往体现为一种瞬时的顿悟，这种顿悟常常在人们毫无准备的情境中出现。这种偶然性使其发生的时机和具体触发因素不可预测。与此相对照，德国哲学家费尔巴哈曾经指出："热情和灵感并不受我们意志的制约，它们无法按照设定的时间表出现。"

事实上，灵感的具体呈现形式也同样充满不确定性。它可能是一个

"顿悟"的闪现，也可能是一个"渐悟"的过程，这种不确定性使任何人都无法确切预知其出现的方式。创作者的心理状态和所处的外部环境均可能对灵感的产生起到催化作用。有时在深入沉思和反复推敲之时，灵感仍旧不露踪影；但在其他情况下，例如进行无意识的活动，或处于睡梦、半梦半醒的状态，可能被某些熟悉或陌生的刺激，灵感破茧而出。

灵感思维的本质是对认知的一种非线性跃进，当其触发时如同瞬时开启的大门，使得大量此前未被察觉的信息与思考迅速浮现，构成创新的启示。这种思维方式表现为一种快速理解，往往使得创作者对某一问题有了深层次把握。值得注意的是，即使是经验丰富的创作者，也往往对灵感的出现感到意外。灵感思维具有显著的突发性特征，这是其最鲜明的属性，代表了一种对问题的即时洞察。从时间维度考察，难以精确预测灵感的到来时刻；从出现方式分析，其形式同样充满不确定性；从其引发机制看，哪些特定的刺激能够触发灵感亦是无法明确。尽管如此，仍可以认定灵感并不会在明显的前兆后出现，可能是在连续的思考中突然产生，或是在各种情境中因某种偶然机会戏剧性地呈现。

（二）被动性

在探讨创造性思维的过程中，不得不提及灵感的发生与形成。相较于常规的有意识思维，灵感显得特殊和神秘，其主要特性是其偶然性和不可预测性。对于创作者来说，灵感的出现往往超出了他们的主观意愿，因此，其被视为与日常自觉的思维活动不同的存在。自觉性思维，作为人脑自觉的思维活动，可以视为一个从感性认识到理性认识的转化过程，其整个流程大多在思维主体的掌控之内。而与之相对照的是，灵感的形成常常不受思维主体的主观控制，其起源常常隐藏在潜意识的深处，难以捉摸。这种灵感的特性导致其常与"偶然"这一概念相提并论。事实上，古时的唯心主义哲学家将不可捉摸的灵感看作是"神赐"，认为它是与人类的常规思维活动相对立的，认为这种灵感是上天所赋予的，与人类的有意识思维完全不同。

然而，灵感的出现实际上是创作者长时间思考与积累的结晶。对于某一个具体的事件或个体而言，偶然性似乎无处不在。但应当意识到，所有被视为"偶然"的事物，其实都与其所处的历史背景和因果关系有着紧密联系。事物的成因是复杂的，既有远因，也有近因，既有主因，也有辅因。因此，尽管创作者可能不能直接控制或预测何时会有灵感闪现，但他们完全可以发挥自己的主观能动性，为灵感的产生创造一个有益的思维环境，可以通过主动地培养自己的思维方式、习惯和方法，来增强自身的灵感思维能力，从而更有效地激发灵感的产生。

（三）模糊性

形式的模糊性是灵感思维的一个重要特征，正因为其模糊性，使灵感带有神秘和不可知的色彩。根据研究，灵感思维具有非逻辑、非线性的特点，并且以自由发散的方式展开，这使其整个思考过程自然而然地充斥着模糊性。这种模糊性特征主要是灵感思维的突发和跳跃性质所致。由于灵感的出现常是不期而至的，与之相关的认知过程往往表现为跳跃和间断，与循序渐进的逻辑思维不同，它不那么清晰和细致，因此，它在结构上和细节上可能都不够精细和完整。这种情境进一步使得对灵感的描绘和理解变得困难。一般来说，有效的语言交流依赖于逻辑和结构性，但由于灵感思维的非线性和非逻辑特点，它难以用传统的逻辑语言进行准确描述。这种模糊性不仅限制了我们对灵感的理解，有时甚至连创意的主体——创作者自己都难以准确描述灵感的来源，他们更多的是对其结果有所认知。

（四）独创性

独特性与原创性在艺术领域中扮演着重要的角色，卓越的艺术作品常常强调这一特质，因为只有保持原创性，艺术品才能凸显其真正的价值。如若某一作品只是对传统思维和已有概念的简单复制或重述，其内在价值将会受到贬低。事实上，许多文艺创作活动深入探索并致力于追求独创性，这种追求在很大程度上源于灵感的涌现。灵感，作为一种非凡的思维方式，具有破坏常规和挑战传统的能力。它赋予创作者以特异的表现手法，且这种手法几乎不可复制，无法被他人模仿。任何涉及灵感参与的艺术创作都将展现出独特的非线性创意，这正是灵感思维的核心特质。对比常规的思考方式，灵感思维的一个明显特征是其成果常具有高度的新颖性和原创性。进一步而言，这种思维方式所呈现的独特性不仅是其科学、艺术和社会的价值所在，更在于其常常能够带来出乎意料的、刷新认知的观点。简而言之，灵感思维具有探寻并呈现那些传统思维方式所难以达到的思想高度的能力。这种"神来之笔"的创造力，不仅被历代的文学家和艺术家所证实，同时也为他们所珍视。值得注意的是，灵感作为一种高度个人化的思考模式，因其偶发性和不可预测性，使其成为一种几乎无法被模仿的艺术创作工具。这种独特性为其赋予了持续的活力和魅力，使之在艺术领域中始终如一朵永不凋谢的智慧之花。某些灵感的出现甚至具有推动艺术发展，开创新流派或拓展新的审美视角的潜力。

三、触发灵感思维的类型

（一）外源性灵感

外源性灵感来源于外部环境偶然的信息刺激，这种灵感的产生受到特定信息的激发。根据不同的激发信息种类，我们可以将外源性灵感细分为五大类别：现象诱导式灵感、实物启示式灵感、语言点化式灵感、书画启迪式灵感以及情景触发式灵感，这些类别各自依赖于特定的外部信息源，展现了灵感产生的多样性和复杂性。

1.现象诱导式灵感

现象诱导式灵感是一种尤为独特的形式，基于对特定现象的观察与理解，进而诱发出相应的启示和洞察，现象诱导式灵感产生的方式是深度学习、观察和思考的综合体现，尤其在科学研究领域，长期探索和实验往往会因为对某个现象的深入理解而带来研究的突破。以历史上的科学家为例，他们往往是在日常生活或实验中观察到某一特定现象，这个现象在他们的思维中激发出了新的见解或理论。阿基米德在沐浴时注意到水从浴盆中溢出的"现象"，这不仅启示他找到鉴定王冠材质的方法，更是为后人确立了浮力定律的基础。伽利略在教堂内被悬挂在顶部的油灯的摆动所吸引，经过仔细观察，他发现了摆动的等时性原理。牛顿受到"苹果落地"这一日常现象的启示，思考地球对苹果的吸引力，从而提出了具有里程碑意义的万有引力定律。

2. 实物启示式灵感

实物启示式灵感即触发信息为实物的灵感。在这种灵感里，触发的实物与最终的创造成果在构型或形态上具有极高的相似性。因此，当具备深厚知识背景的研究者接触到这些触发实物时，他们可以借助类比和转化的方法，从这些客观原型中获得新颖的设计理念。

古代的鲁班从自己的手指被茅草边缘细齿所割伤中得到启示，进而创造了"锯子"。再如，面对深水区域桥墩建设的难题，英国的布伦特从观察蜘蛛吊丝织网中获得灵感，颠覆传统设计理念，开创了吊桥的先河。此外，美国工程师杜里埃在汽车发动机汽油雾化设计中遭遇困境时，是听到其妻子喷香水的声音而得到启示，使得汽车发动机汽化器得以问世。而在法国，布莱叶被军队中传令兵使用的无声的手势暗号所触动，设计出一种面向盲人的触感文字符号。

现代设计师陈彦庆所创的多功能隔挡屏风正是继承了这种实物启示的传统。其设计的灵感既取自中国古代的"灯具"与"屏缩"，又融合了现代家居的实用性需求。他将传统灯笼的造型重新解读为简约的几何形态，使之能够进行灵活的组合；同时，简化了传统烛台的设计，去除多余的装饰，赋予其现代审美。这款隔挡不仅具备装饰功能，还利用太阳能板在夜晚为用户提供照明。在白天，它能够吸收太阳能并在需要时释放，以保证室内的光线始终舒适，特别适合夜晚阅读。此外，它还具备控制室内辐射的功能，为现代家庭提供健康、舒适的居住环境。

3. 语言点化式灵感

语言点化式灵感即在交谈、讨论或学术交流中偶然得到某种外来闪光思想的提示而引发的灵感。德国物理学家海森堡曾经强调："虽然科学研究取决于实验，但仅有通过与科学家们的深入对话与讨论，实验数据才能被正确解读。科学之所以有力量，部分原因在于其建立于开放的讨论基础之上。"中国古代智慧也提到："水本身并无涟漪，但通过互相荡漾形成；石头不会自发产生火花，但通过相互撞击即可。"由于个体间在文化背景、知识构架和认知能力上存在差异，他们的思考习惯和逻辑路径各异。正因如此，当不同的思维模式、方法和特质在交流中碰撞、交织或产生冲突时，这种相互作用往往能够颠覆或挑战个体既有的思考方式，导致思维的某种"跃迁"，激发出富有创意的灵感。以历史为例，伽利略在进行实验教学时，通过询问学生得到反馈，这使他受到启发，进而研发了体温计。再如，当美国科学家莫顿听到杰克逊描述自己"原计划吸入少量乙醚以缓解氯气的刺激，但意外地进入了深度睡眠"的经验时，他立即认识到其中潜藏的巨大潜力，并经过多次实验，成功研发了一种新型的强效麻醉药。又如，当德国医学家贝林在寻找对抗白喉杆菌的方法时陷入困境，日本学者北里柴三郎关于中医"以毒攻毒"理论的讲座给予了他巨大启示。经过连续的实验与研究，贝林成功研制出"白喉抗毒素血清"，为免疫学这一新兴领域铺设了基石。此种交互式的学术交流和思想碰撞，无疑为知识的进步和创新贡献了巨大的推动力，体现了沟通与合作的重要性。

4. 书画启迪式灵感

书画启迪式灵感即触发信息为文字和图画等的灵感。例如，伏打在研读伽伐尼关于"青蛙腿带电"特性的论文时，被其中关于"动物电"的描述深深吸引，并由此受到启示，进而研发出了伏打电池。类似地，达尔文和华莱士在读到马尔萨斯的著作《人口论》后，对生物界的生存竞争规则和内在机制有了新的认识。李斯特对"外科手术消毒法"的创新，则受到法国微生物学家巴斯德的实验报告《细菌是生物体腐烂的根源》的启发。魏格纳在住院期间，通过仔细观察世界地图，逐渐形成了大陆漂移的初始理论。这些例证均显示，许多科研人员在忙碌的研究工作之外，经常投入书、期刊、报纸和画册的阅读中，不仅可以休闲放松，还能及时捕获学界的最新动态。在这种广泛的阅读过程中，他们有时会意外地碰撞到新的思想火花，从而产生深刻的研究灵感。

5. 情景触发式灵感

情景触发式灵感即触发信息为某种生动、鲜明、富有新意的情景的灵感。在科学研究领域，环境对于创意的催化作用不容忽视。布什内尔在某个傍晚沉浸于海边的落日之光中，观察着鱼群在水中自由穿梭，由此产生了制造潜水艇的设想，最终这一设想成真。同样，威尔逊站在山巅，被云雾与绚烂的光环所包围，这种自然的美景启发了他，进而设计并成功创建了模拟云雾的云雾室。事实上，许多资深的研究者认为，经过长时间的集中思考之后，为大脑提供适当的放松是至关重要的。他们往往选择在美丽的自然环境中散步或休憩，因为宁静和谐的景致往往能够带来愉悦的心境，进而激发更多创新的思维。

（二）积淀型灵感

积淀型灵感是一个独特的概念，涉及的信息来源主要是大脑内部长期积累的知识和经验，而非直接受到外部刺激的结果。然而，这并不意味着外部环境对其毫无影响。尽管外部环境并不直接介入其思考和分析的核心过程，而是作为背景存在，但在某些特定情境下，例如宁静的书斋、雅致的庭院、宽阔的山谷，或者其对立面如充满挑战与危险的环境、令人震撼的梦境，这些环境因素都可能成为触发此类灵感的必要条件。积淀型灵感的产生不仅依赖于个体的内部意识积淀，同时与外部的物理和情境环境有关。这种特殊性的灵感，根据其表现形式和活动特点，可以细分为两大类：一种是自由遐想式灵感，其特点是基于个体的自由思考和联想；另一种是梦幻显灵式灵感，主要源于梦境和潜意识的启示。

1.自由遐想式灵感

在认知科学与创新研究中，自由遐想式灵感被视为一种特殊的思维模式，是在大脑放松的状态下，无目的的跨域思维所产生的灵感和观念，遐想内容往往"不拘一格"或是"超越传统框架"。一个经典的例子是15岁的爱因斯坦突然产生的疑问：如果我以光速追随一束光线，我将能够观察到何种景象？这个问题进一步演化为：当我进行这种追踪时，我自己和另一个保持静止的观察者，是否会对同一现象有相同的感知？这些反常规的思考，最终促成了1905年相对论的建立。

同样，在现代分子生物学的探索中，DNA的双螺旋结构的发现也得益于这种自由遐想。詹姆斯·杜威·沃森（James Dewey Watson）在《双螺旋链》中细致地描述了这一发现的背后思考过程。在一个寒冷的时刻，他的手指由于严寒而难以书写，因此他选择在炉火旁放松思维，此时他意识到 DNA 分子可能以一种精准的方式构成了这种特定的结构。另一个场合，沃森观察户外的番红花，希望从中获得某种关于 DNA 结构的启示，他后来说："在某些时刻，我会对这种构想产生疑虑，担心其过于创新，可能存在缺陷。但我与克里克这位共同研究者总会互相鼓励，相信如此独特的结构必然存在。"这种创新的构想为分子生物学开辟了全新的领域。

自由遐想的核心属性在于其对传统观点的挑战和对已知知识的逆向思考，特别是当这种思考与当前现实有较大距离时，常常难以被大众接受或理解。古代中国的一些传说，如嫦娥奔月和火眼金睛等，这些在当时可能被视为纯粹的幻想或神话，但在现代技术下，与宇宙飞船的探索、遥感技术的进步有异曲同工之妙。综上所述，自由遐想的重要性不容忽视，它为科学研究和创新思维提供了无尽的灵感和可能性。

2.梦幻显灵式灵感

梦幻显灵式灵感即在梦幻中所产生的灵感。常言道："日有所思，夜有所梦。"梦境有助于触发灵感，但梦只会帮助"日有所思"者，尤其偏爱百折不挠者。

赫威，一位美国的发明家，在寻求设计一种新型缝纫机时遇到了重重困难。一晚，他的梦中出现了一个带有鬼眼的长矛被刽子手举起并刺向自己的咽喉。这个梦给了他启示，促使他设计了针眼位于针尖近端的缝纫机。

古德伊尔在寻求解决橡胶硫化难题时，梦到自己向橡胶中加入了硫黄，这一梦境为其提供了关键的解决方案。日本的阿次郎为解决棒球场照明设备对附近居民视听信号的干扰问题，受到梦中大线圈旋转的启示，他采用电磁感应技术成功地解决了这一难题。

中国的科学家高歌在梦中接受了某种指导，为保持喷气发动机燃烧稳定性而找到了上下限，成功突破了国际航空理论的一大难题。凯库勒梦到一条蛇咬住自己的尾巴，这使他理解了苯分子的环状结构。在技术发明过程中，提出创新性的构想是核心环节。而这一过程，灵感思维在其中起到不可或缺的作用。在现代技术方法中，无论是原理应用型、移植型、综合型还是革新型技术方法，灵感都在其中起到关键作用。总体来说，灵感思维被认为是产品创意设计中的一种核心思维方式。在设计产品的过程中，研究者和发明者通过灵感思维迅速找到解决困扰他们问题的答案，从而带来充满创意、突破传统的新产品。

第三节　逆向思维

一、逆向思维的概念

逆向思维（Reverse Thinking），又被称为反向思维或颠倒思考，是一种与常规逻辑和推理相反的思考方法。逆向思维的思考方式是古老而广泛的，存在于不同文化和哲学体系中。不同的文化和历史时期中都有提倡从不同的、独树一帜的角度来看待问题的思想家和实践者。我们置身于复杂的问题或特定的情境之中，传统的思考方法可能会受到限制，此时逆向思维的价值便凸显出来，逆向思维鼓励我们从一个非传统或者说是非典型的角度对待问题，以此开辟新的思维空间，激发不同于常规的洞见和解决方案。

逆向思维的核心在于它不是简单地颠倒事物的逻辑关系，而是从全新的维度去审视问题。例如，在面对一个复杂的设计难题时，不从解决方案的可行性入手，可以从为何不采纳这种解决方案的角度入手，深化对问题本质的理解。

近年来，逆向思维在商业与管理的研究领域受到了普遍关注，并与"创新""设计思维""问题解决"等关键理念进行了深入的整合与融合。这种思考模式虽然不能直接追溯到某一特定的学术人员，但许多管理理论家、企业领袖以及设计专家都对其表达了支持，在实际应用中赋予了其重要的地位。结合"创新"与"设计思维"，逆向思维为企业提供了一个非常有力的工具，有助于发掘新的市场机会，重新设计产品和服务以及对现有商业模式进行重新评估和调整。而与"问题解决"结合，能帮助企业在复杂的挑战面前找到高效和持久的解决方案。

总的来说，逆向思维已逐渐成为商业与管理领域不可或缺的一部分，其深刻的学术和实践价值得到了广大学者和企业界的普遍认同。

二、逆向思维的特征

（一）普遍性

在多个领域和活动中，"逆向性思维"表现出其独特的适用性，这是因为宇宙中普遍存在的"对立统一"规律在不同情境下可以呈现出多种形式。每种对立统一的表现，都意味着存在一个对应的逆向思维的视角。因此，逆向思维的形态也是丰富多样的。例如，从属性来看，可以探讨对立性，如软与硬、高与低的相互转换；从结构和位置的维度，有上与下、左与右的对应关系和交互互换；从过程性变化角度观察，如气态与液态的转换，或是电与磁的互变都是逆向思维的应用实例。简而言之，只要一个观念能够引导我们从某一方面转向与其相对的另一方面，这种思考模式便可以被定义为逆向思维。

（二）批判性

在研究思维模式时，我们通常将其划分为"正向"与"逆向"两类。"正向"通常指那些基于传统、经验、公众认同或固有习惯的观点与行为方式。相较之下，"逆向"思维代表对这些惯常模式的逆反与质疑，具有对抗常规和传统的特性，此种方式的应用有助于突破受经验和固有思维模式所限制的桎梏，进而刷新并创新知识架构。

（三）新颖性

在遵循传统思维模式与方法时，尽管解决问题的途径可能显得简洁，但这往往导致思维的固化和模式化，使得个体难以摆脱固有习惯的束缚，因此得到的结果通常是一些"司空见惯"的答案。值得注意的是，各种事物实际上都拥有丰富的多维属性。由于经验的制约，我们倾向于关注熟悉的方面，对其他可能的视角持有盲目态度。然而，逆向思维的运用有助于突破这一局限，为人们提供一个全新的认知视角。

三、逆向思维的方法

（一）原理逆向

1829 年，欧洲各地传开了奥斯特关于电流磁效应的重大发现，在他的经典实验中，奥斯特紧邻一根导线放置了一个指南针，并通过该导线通电。他观察到，当电流流经导线时，指南针的指针会发生偏转。这说明导线周围形成了一个磁场，进而影响了指南针。当电流方向改变时，指南针的指针偏转方向也会相应改变。这一重要发现为电磁学的发展打下了坚实的基础，后来的许多重要理论和应用，如法拉第的电磁感应、麦克斯韦的方程等，都与此有关。尽管当时众多研究者正专注于电磁学的探索，但是，法拉第从相反的方向进行了探索，他思考了一个相对非主流的问题：既然电流可以产生磁场，那么磁场是否也可以引起电流呢？为了证明这一假设，1831 年，法拉第进行了一系列实验，开始时，他使用两个线圈，其中一个作为主线圈，另一个作为次线圈，它们之间没有直接连接。当他使主线圈通断电时，观察到次线圈中的银光电流计指针发生了偏转，这表明次线圈中产生了电流。令人瞩目的是，只有在主线圈中的电流发生变化（例如开启或关闭）时，次线圈中才会出现诱导电流。若主线圈的电流保持稳定，次线圈中则不会产生任何电流。为了进一步证实他的发现，法拉第又使用磁铁来替代电流产生的磁场。他发现，当磁铁迅速接近或远离线圈时，线圈中也会诱导出电流。此外，他还注意到线圈的匝数会影响诱导电流的大小，匝数越多，产生的电流也越大。基于这些观察，法拉第得出结论：磁场的变化可以在导线中产生电动势，从而诱导出电流，且这个诱导出的电流的大小与磁场变化的速度和线圈的匝数有关。这一发现后来被称为"法拉第电磁感应定律"，为电磁学领域带来了革命性的进展。

（二）性能逆向

液态与固态、空腔与实体、柔软性与硬度、冷热对比、干湿环境以及固体与颗粒形态等，逆向思维要求我们从与原有性能相反的角度进行分析和思考。例如，弹簧沙发改为液体沙发或空气沙发。传统的弹簧沙发主要依靠其内部弹簧的弹性为坐着的人提供支撑与舒适性。弹簧沙发的制作和使用有几个明显的缺点：首先，随着时间的流逝，弹簧可能会失去原有的弹性，导致沙发凹陷或不再舒适。其次，弹簧可能会突出或断裂，影响沙发的使用寿命。最后，弹簧沙发的制造成本和维护费用相对较高。液体沙发与空气沙发则采用了不同的支撑机制。液体沙发使用特定的流体或凝胶填充物来提供稳定的支撑和舒适性。这种沙发不仅能够根据用户的体重和姿势进行自我调整，还可以长时间保持其原始的形状和舒适度。空气沙发使用充气技术，允许用户根据需要调整其硬度和舒适度。空气沙发的主要优势在于它的轻便性、便于携带和储存。再如，实心砖改为空心砖。实心砖是砖块的传统形式，它完全由坚硬的材料制成，没有内部空腔。实心砖的主要优点是它的坚固性和耐久性。然而，这种砖块的重量较大，导致运输和建筑成本增加；而且实心砖隔热和隔音效果并不理想。与实心砖相对，空心砖具有一或多个内部空腔。这些空腔减少了砖块的重量，降低了生产和运输成本。此外，空心砖具有更好的隔热和隔音效果，使其成为现代建筑中的首选材料。空心砖还可以有效地增加墙体的通风和干燥，减少潮湿和霉菌的积累。

又如，在煤矿生产过程中，考虑到煤矿的支撑技术，过去采用的坑木支柱的回收率仅为70%。而当前的技术创新，如采用液压支柱，已经使回收率提升至近100%。同样，块状肥皂在日常使用中存在一些局限性，如肥皂在水中长时间浸泡后会变软，导致其容易损坏和浪费，同时不易于持握。针对此问题，设计了一种肥皂粉碎机，它运用了块状与颗粒形态的"逆向"设计理念。用户可以将整块肥皂放在专用的肥皂托盘上，然后通过操作手柄来激活内部的切削装置，从而将肥皂转化为细小颗粒。这些颗粒可以直接落入手中进行清洁操作，从而避免了肥皂在使用过程中的滑落或污染。为了进一步适应浴室环境，设计师还开发了一种浴室专用版本，用户只需简单地转动双手，就能够使肥皂颗粒落入手中，从而提高了使用的便捷性和实用性。

（三）方向逆向

方向逆向是通过颠覆事物的结构组成、位置排序、旋转趋势及输入路径，以得到新的视角和思考模式。举例来说，波兰 BEYOND 设计工作室主创设计师 Karolina Tylka 设计的"咖啡长椅"，灵感起源于一个简单的日常场景：在花园中饮用咖啡时缺少放置咖啡杯和报纸的地方。对于许多人来说，这可能只是一个短暂的不便，但对于 Karolina 来说，这是一个设计机会。她对传统家具的功能和形态进行了逆向思维，从中找到了创新的解决方案。通过巧妙地运用中轴变换，她为使用者提供了更多的功能空间，同时为其作品增添了艺术性。在设计过程中，Karolina 首先绘制了草图，并根据草图创建了一系列的原型。通过多次迭代，确保了产品的实用性和舒适性。为了完善设计，她还邀请用户测试这款"咖啡长椅"，以收集反馈。经过这一系列的设计和优化，Karolina 成功地为用户提供了一个结合了实用性和创新性的产品。这一过程不仅体现了 Karolina 深入了解用户需求的能力，还展示了她如何将创意转化为实际产品的才华。

（四）主次逆向

在产品设计与研发领域，许多复合型产品均存在明确的主次功能划分。当这种主次功能结构得到颠覆，有时能诱导出创新型的产品模型。以"可视电话"为例，其主要功能为电话通话，而电视屏幕展示对方图像的部分被视为附属功能。然而，当这一主次结构被重新配置，我们得到的产品模型变为"通话功能的电视"，即电视成为核心，通话则被降级为其附属功能。

此外，除了上述主次功能的逆向思考，现实中还存在众多的逆向策略，如"色彩逆向""形态逆向""综合逆向""单一逆向"，都可能为人们带来新的创意和发明。以色彩逆向为例，传统的日历设计通常采用白底黑字或彩色底黑字的设计，这种设计往往给人一种明亮、清晰的感觉，但对于一些追求个性、独特和创新的用户来说，这样的设计可能显得有些单调。设计师决定采用"色彩逆向"的策略，制作一款名为"黑日历"的产品。整个日历的底色采用纯黑，日期和文字则使用白色或其他亮色进行呈现。此外，为了增强对比和视觉效果，设计师还在特定的节日或重要日期上使用金色或银色的亮片、浮雕等装饰。"黑日历"在发布后受到市场的广泛关注和喜爱，尤其受到年轻人和艺术爱好者的追捧。黑色背景不仅赋予了日历一种神秘和高级的感觉，同时使得上面的文字和图案更为突出，这种颠覆传统的色彩设计成功地吸引了大量消费者，展示了色彩逆向在文创设计中的巨大潜力。这个案例说明，在设计中运用逆向思维，特别是色彩逆向，能够为常规产品带来新的视觉体验和市场机会。

然而，在应用逆向思维时必须注意其局限性，并非所有的对象或情境都适合运用逆向策略，且逆向思维绝非无章法、任意妄为，而是必须建立在对事物正向理解的基础上，即首先要深入理解事物的本质和原始方向。此外，仅仅逆向并不能直接等同于创新，因为真正的创新需要得到终端用户的接受和认可，这是其最终的验收标准。

四、逆向思维的运用

在产品设计领域，对于创新思维的研究和实践过程，涉及对传统认知的颠覆与超越，要求设计师从不同的角度或事物的非传统侧面寻找创新的启示点，进而将新兴的概念、形态、策略和发现纳入设计，从而实现设计的革新跃进，达到"山重水复疑无路，柳暗花明又一村"的哲理高度。此处，逆向思维的价值和功能显现出来。对于设计师群体，逆向思维不仅为他们提供了出人意料的灵感来源，而这些灵感又推动他们的创意潜力的释放。在整个设计实践中，逆向思维的策略和方法可被分类为三大类型。

（一）反转型逆向思维法

反转型逆向思维法是指从已知事物的相反方向进行思考，产生发明构思的方法。"事物的相反方向"常常指从事物的功能、结构、因果关系等三个方面做反向思维。

1.功能逆向

功能逆向指按事物或产品现有的功能进行相反的思考，在消防设备领域，风力灭火器的出现正是这种思维的典型应用。

传统的观点认为风对于火的传播起到助推的作用，特别是当火势较大时，风能迅速地帮助火焰蔓延。这一观念是基于火灾中火势由小变大的自然现象，风能够为火焰提供更多的氧气，助其更快地燃烧。因此，在传统的消防应急响应中，阻止和避免强风通常被视为首要任务。然而，风力灭火器的出现打破了这一固有的认知。其背后的逆向设计思维是：既然强风能助长火势，那么在特定的条件和方式下，是否可以利用风的力量使火熄灭？这种思考导致了"风力灭火器"的出现。其工作原理是利用强大的风力迅速吹散火焰，导致火焰温度下降，同时使得火焰所需的氧气被稀释，进而达到迅速熄灭火焰的效果。尤其对于一些初起的小型火灾，风力灭火器能够展现出惊人的效率。

2. 结构逆向

结构逆向思维是一种从已有事物的反向结构形态出发，为探寻问题解决的新方案而设想的方法。此种思考方式通常涉及对事物的结构位置、构造材料和结构种类的反向思维。例如，传统的煎锅设计，无论材料如何，都是采用锅底受热的方式进行加热，导致煎鱼容易与锅底产生直接的接触和摩擦，这使得煎鱼容易粘锅。面对这一问题，某位日本主妇产生了一个颠覆性的想法：能否改变加热的方向，即不从锅的底部加热，而是从其顶部进行加热？这一出奇制胜的构想引领她开始了一系列的实验。在多次尝试之后，她考虑到了在锅盖内部安装电炉丝的可能性，从而使锅的顶部成为热源。这种设计的优势在于，鱼受到的热量是从上向下传导的，减少了鱼与锅底的直接接触，从而大大降低了鱼粘锅的可能性。经过研究，这位主妇成功地研发出这种结构的煎鱼锅，并且在实际使用中证明了其效果显著。如今，市场上的这种煎鱼锅设计，采用了相似的理念，将热源从锅的底部转移到了上部，从而提供了一个高效且不易粘锅的煎炸体验。

再如，"Normal"品牌的创意钟表为设计领域带来了一股清新的风潮，其背后所蕴含的设计哲学与创新思维为其赢得了广泛的关注和好评。在外观上，该钟表保持了简约、经典的设计风格，没有过多的修饰和装饰，这使得它在众多钟表中脱颖而出，展现出一种静谧而不失高雅的美感。然而，最引人注目的不是它的外观，而是其独特的时间显示方式。传统的钟表大多通过直接在表盘上标注数字或刻度来显示时间，而"Normal"钟表采用了一种全新的方法，它并没有在表盘上直接显示时间标识，而是通过镂空的指针来展现下方的时间标记，巧妙地将时间的流逝与表盘的设计相结合，既实现了功能性的需求，又提供了视觉上的享受。镂空指针不仅让人们在查看时间的同时，感受到时间的流动，还为观者带来一种探索和发现的乐趣，每一次看表都可能成为一次新的体验。

3. 因果逆向

因果逆向思维是一种从已知事物的因果关系出发，将因与果对调以探寻新的现象与规律，从而寻求问题解决的新方法。爱迪生是 19 世纪至 20 世纪初期的一位伟大的发明家，他的创新方法和众多的发明对现代社会产生了深远的影响。其中，逆向因果思维在他的研究过程中起到关键的作用。以爱迪生的"留声机"为例，传统的认知是，声音的高低可以引起金属片的相应振动。但爱迪生逆向思考，提出金属片的振动是否也可以再次产生声音。基于这一设想，他进行了一系列的实验和研究，探究如何将金属片的振动转化为声音。经过不断的试验和优化，爱迪生最终成功地发明了世界上第一台能够记录和重放声音的设备——"留声机"。这一创新成果不仅证明了逆向因果思维的强大实用性，更进一步展现了它在科技创新中的巨大潜力。爱迪生的这一成功案例为后来的科研工作者和发明家提供了宝贵的启示，那就是在面对复杂的问题和挑战时，逆向思维可能会为我们打开一个全新的解决路径。

（二）转换型逆向思维法

转换型逆向思维法就是在面临问题难以解决的困境时，转向其他方法或变换思维视角以期有效解决问题。

在古代中国的历史记载中，司马光砸缸的案例被广泛传颂，被视为逆向思维与果断应对紧急情况的典范。传统上，当面对危机，如人落水时，大部分人的直观反映往往是尝试从水中直接救人，这种思维模式也就是"救人离水"。然而，司马光在这一特定场景中，面对落水的小伙伴，展现出了冷静与独特的逆向思维。当时的情况可能是这样的：落水的孩子被困在一个封闭或半封闭的容器中，这使得传统的救援方式变得相对困难，甚至可能增加危险。在这样的背景下，司马光的逆向思维开始发挥作用。他意识到：如果无法将人从水中救出，那么另一个有效的方法是"让水离人"。基于这一思考，他果断地用石头将缸砸破，这样，水迅速流出，降低了孩子的窒息风险，从而成功地救出了孩子。这一行为不仅展现了他对情境的深度理解，还体现了他对传统救援模式的批判性思考。

再如，通常在考虑照明设备的调光功能时，绝大多数的设计和解决方案都集中在如何直接调节灯泡发出的光线强度上，例如使用旋钮、触摸屏或其他电子控制手段来调整电流，从而实现灯光的明暗变幻。然而，"囚住的灯光"完全颠覆了这一常规概念。它的设计核心并不在于灯泡本身，而是在于灯罩——特别是那些具有遮光功能的部分。这一设计将调光的焦点从灯泡转移到灯罩，具体体现为一种遮光板的调整机制。这种机制的工作原理有点类似于我们日常生活中的百叶窗：通过调整百叶窗的叶片角度，我们可以控制进入房间的阳光量。同样，"囚住的灯光"通过调整灯罩中的遮光板角度或位置，可以实现对灯光亮度的精细控制。

（三）缺点逆用思维法

这是一种利用事物的缺点，将缺点变为可利用的东西，化被动为主动，化不利为有利的思维方法。例如，金属腐蚀是一件坏事，但人们利用金属腐蚀原理进行金属粉末的生产或进行电镀等其他用途，无疑是缺点逆用思维法的一种应用。这种方法并不以克服事物的缺点为目的，相反，它是将缺点化弊为利，找到解决方法。

逆向思维最可贵的价值在于它是对人们思维的挑战，是对事物认识的不断深化。在设计过程中，只要抓住逆向思维从诉求主题的相反方向考虑问题这个基本思维方式，抓住以事物对立面为基点展开构思创意这个基本思路，就能掌握种种技巧，产生与众不同的创意。它克服了思维的单一性，打破了已有的思维定式，是思维逻辑性的发展与完善。产品设计中需要这样的创新思维来推动新方案的形成，需要设计师另辟蹊径，打破惯性思维，突破传统思维的束缚，设计出新颖、别具一格的产品。

缺点逆用思维法旨在克服事物的固有缺陷，着眼于利用这些缺陷，并转化为潜在的优势。简单而言，就是将传统的思维框架进行颠覆，从而寻找新的解决方案或方法。例如，金属腐蚀被视为一个待解决的技术问题。腐蚀的金属会失去其原有的机械性质，降低使用寿命，甚至可能导致安全隐患。在大多数情境中，工程师和科学家都在努力研究如何防止金属腐蚀或减缓其腐蚀速率，以延长金属材料的使用寿命和维持其结构完整性。然而，逆向思维的应用使人们开始考虑：金属腐蚀能否被视为一个可利用的资源，而不仅仅是一个待克服的问题？这种思考导致了对金属腐蚀原理的不同应用的探索，比如用其进行金属粉末的生产或电镀技术。金属在腐蚀过程中，会形成特定的化学物质或形态，这些物质和形态在特定的工业应用中可能具有特定的价值。例如，通过控制腐蚀环境和条件，可以得到所需的金属粉末粒度和组成，进而应用于其他工业领域。此外，电镀过程中，金属腐蚀的原理也被用来在基材上沉积一个薄薄的金属层，提供防护或其他功能。

"走形的家具"这一案例也是如此。家具设计注重稳定性与规整性，走形通常被认为是家具品质的缺陷，破坏了家具的功能性和美观性，尤其当家具因走形而导致柜门难以关闭或结构失稳时，消费者往往会对其产生不满，从而导致退货或更换。然而，一些前沿的设计师开始反其道而行之，他们不仅不避免家具的走形，反而故意运用并强调这一特点。通过逆向思考他们认为可以利用这一所谓的"缺点"为家具创造独特的形态和风格，这样的家具往往带有歪歪扭扭的线条，与传统家具的规整、对称形态形成鲜明对比，展现出一种自由、流动的美学。关键在于，这些走形的设计并不是简单的形式主义。设计师深入考虑如何在保持家具的基本功能性的同时，将走形的特点融入整体设计。因此，尽管这些家具在外观上看起来扭曲，但设计师精心考虑了材料、结构和工艺，确保这些家具既满足实用需求，又提供独特的视觉体验。逆向思维有助于克服思维单一性，打破传统的思维模式，促进思维逻辑的演变与完善。为了推动新产品或设计的形成，需要设计师能够打破常规，跳出传统的思维束缚，设计出真正独特而富有创意的产品。

第四节 "加""减"思维

一、"加""减"思维在文创设计中的意义

设计活动本质上是针对矛盾的调解和多种解决方案的探索。在文化创意设计中,运用"加"与"减"的哲学不仅体现为逻辑分析的手段,更是设计学的精湛表现。为确保设计的创意性和实用性,我们应摒弃传统框架,从用户的视角思考,对文创产品的形态、特性、界面进行精准的调整与优化。"加减原则"并不仅仅指向功能的增减,虽然功能确实是用户重视的核心要素,但关键是要满足目标用户的真正需要。设计的核心应聚焦于人,因此,应在文创产品中适度提升"以人为中心"的设计理念,降低机械化的元素。

优质的设计成功传达了文创产品的信息,同时展现了设计者的独特视角与匠心。高效的设计解决方案更多地采用"减法"以提取任务的核心。在当前信息、视觉元素、功能和色彩丰富的背景下,文创设计的真谛在于精简和筛选,对各种元素进行合理的简化与组合。在文创设计领域,"加"与"减"的策略在产品层面转化为"多"与"少"。然而,这种策略与产品特质之间的关联不是固定的;过度的添加可能削减产品的价值,而创新的精简方式反而可能提升其价值。这种加减平衡,恰似我国古代道家文化中的阴阳哲学,展现了设计艺术的深度与魅力。

二、"加"思维的运用

(一)功能上的"加"

在文创产业中,产品的功能性通常被看作是传达给消费者的主要信息,这些功能可以细分为主要功能和辅助功能,但这种划分并非固定不变,而是以用户的实际需求为导向进行的。当某一功能被大多数用户所需时,便被视为主要功能,也是评估文创产品价值的核心因素。相对地,只有极少数用户使用,或完全不会使用到的功能被归类为辅助功能或

"冗余功能"。辅助功能看似非必要，却是文创产品脱离同质化竞争、展现独特附加价值的关键要素之一。

关于文创产品的设计，特别是功能层面的设计，可以采用一种被称为"加法设计"的方法，大致可以分为两大类应用：第一类是主要功能的叠加，这种设计往往体现出一种整合性特点，意味着把两个或更多的文创产品的关键功能融合到一个产品中，旨在实现设计的升级和优化，同时节省资源并在市场中占据有利位置。例如，全自动洗衣机将清洗和脱水功能合并在一起，从而达到洗涤和脱水功能的综合。此外，多功能工具也是此类设计的典型代表。

第二类加法设计则聚焦于辅助功能的累加。这种情况在文创产品中尤为常见，因为很多时候文创产品中的主要功能是相似的，消费者在购买决策时便会对比各产品的附加价值。因此，对于辅助功能的加法设计，其重要性不容小觑。以多功能电饭煲为例，尽管所有电饭煲的核心功能是烹饪，但是其他如预约、多种烹饪模式以及倒计时等辅助功能的设计，对于增强文创产品的附加价值起到了关键作用。

应注意的是，在产品设计领域中，加强功能性是一项重要的考量，然而，这并不意味着无休止地增加功能总是有益的。事实上，如果功能的增加不是基于对市场需求的深入洞察，而仅是为了迎合部分消费者或特定小众群体，功能的叠加可能会适得其反。例如，对于许多手机用户来说，手机仅作为一种便捷、高质量的移动通信工具就已足够。过度的功能堆砌，除了可能提高生产成本，还可能导致资源的极大浪费，并影响真正核心的功能而使商品价值降低。当产品设计没有在准确的市场需求调研的基础上进行功能叠加，而是仅基于满足某一特定消费者群体的需求，将不仅导致生产成本增加，还可能造成社会资源的浪费。因此，设计师们需要审慎思考，确保其设计决策是为了提高产品的整体价值和用户体验，而不是为了简单地增加功能。设计师更需要注意的是，随便增加功能有可能破坏产品的核心价值。如今，在设计中融入"功能合适"的原则至关重要。这意味着不仅要确保新增的功能与产品的核心价值观相匹配，而且要确保它们能够满足广大消费者的实际需求。此外，设计师应当持有理性的态度对待设计灵感，确保每一个功能的加入都有其明确的意图和目标，而不是简单地迎合市场的短期趋势。

（二）造型上的"加"

产品造型是关乎产品质量的关键，也是消费者选择同类产品时的一个重要参考标准。当涉及产品的吸引力和市场占有率，其外观设计及造型所扮演的角色变得尤为重要。众所周知，当产品功能和价格持平时，产品的外观造型往往成为决策购买的决定性因素。实际上，相关调查数据显示，外观造型在用户选择同类商品时，已经成为决定购买意向的首要影响因素，尤其在功能和价格相差甚微的背景下。

为何造型如此受到重视？当今市场上，设计的同质化现象愈演愈烈，许多产品的功能和内部构造似乎已不再成为消费者的主要关注点。此时，独特且引人瞩目的造型设计变得至关重要。从消费者的角度看，外观造型不仅是评价产品质量的关键，也是区分不同产品的一个主要准则。因此，设计师在进行设计时，必须深入挖掘并平衡产品功能与外观之间的关联，并细致地考虑普通用户如何评判造型的美学。

造型不仅与产品的总体形象紧密相关，而且其设计并非随意或无章法可循。在设计过程中，运用"加减"思维对造型进行创新至关重要。以下为造型设计中的"加法"策略的一些典型应用：

1.堆叠策略

该策略涉及将两个或多个原本独立的单体有机地结合，从而形成一个新的整体，叠加造型不仅保留了每个单体的特征，还引入了新的语义元素，常用于以工程和功能性为主导的产品设计中。

2.融合策略

融合通常涉及产品细节与其整体之间的结合，可以产生渐变的凹凸面或消失面，其边缘通常更为柔和。这种设计策略常被用于集成功能模块，例如产品按键和音量孔，该策略在整合局部细节到整体设计中时尤为常见。

3.过渡策略

过渡通过倒圆角或其他形态连接两个主体，使其连接更为自然和流畅。为满足安全和美学需求，该策略常用于连接大小相近的主体。

4.包裹策略

包裹可以是表面覆盖物体，或者物体围绕物体。包裹是一种强调整体感和层次的策略，特别是在设计需要展现外观韵律的产品时。

（三）材料上的"加"

在产品设计领域，材料扮演着至关重要的角色，为产品的功能、外观和结构提供必要的物质支撑，不仅是用户与产品互动的核心媒介，还深刻地影响着消费者所体验的环境。当考虑到用户对于产品材料的具体需求时，这些需求既表现为对产品的实体属性如材料的质感、色彩和实用性的满足，也显现为对产品与其自然社会环境之间和谐发展的渴望。在整个产品设计流程中，明确用户的具体需求并据此选择合适的材料，可以优化产品的功能性和审美特点，同时有助于减少产品对环境的不良影响。

关于材料的选择与使用，这里涉及一个"材料加法"的概念，它主要包括两个层面。第一，集中于材料自身的层面。尽管传统材料具有其固有的优势，但也存在一些明显的局限性。随着科技进步，一系列新型材料相继涌现，它们打破了传统材料的限制，这些新型材料是基于人类需求进行物理改造、化学处理和性能优化研发出的，例如"记忆金属耳机"。在设计过程中，合理地运用这些新型材料，往往能够有效地解决某些设计问题。第二，这一概念强调了对产品自身的考量。一个产品所需的材料可能有多种选择，关键在于运用加法的思维，经由深入的比较与分析，对各种材料进行适当的替代、增补或交替使用，从而增强产品的整体性能。例如，某些"藤椅"设计中，选择使用强度更高的金属作为骨架，而外部仍采用传统的粗藤，这保留了藤椅的原始特色，同时大大提高了其耐用性。

用户对产品需求的构建往往是以其对于材料性能的感知体验为基础。特别是他们经由视觉、触觉以及嗅觉对产品的评价来确定产品是否满足其预期需求。当人们评估商品时，他们不仅仅依赖看和摸，还经常借助听和闻来对其进行全面的评判。因此，可以推断，工艺与材料的独特结合将会深刻影响消费者与产品之间的互动体验。

随着现代科学技术的迅猛发展，众多的新型材料和创新工艺不断涌现，为设计师提供了广泛的视觉表现手法。这一进步为产品形态设计带来了前所未有的可能性，同时满足了现代消费者对于创新及多样化的渴望。

恰当的材料选择和工艺运用，不仅能确保满足用户对于产品的视觉审美和整体体验的期望，更有助于满足产品的生态设计标准。在当前全球气候持续变暖的背景下，现代技术文化所带来的环境与生态破坏对人类的影响已经日益凸显。因此，产品设计在满足基本功能性需求的同时，应考虑其对环境的长期影响。选择环境友好的材料，强调产品的可持续性设计，追求人与自然之间的和谐共生，无疑已经成为现代消费者对于产品的核心期望。

在当代的材料科学与产品设计领域中，为促进产品与其所在环境的协调共生，材料的加法设计策略逐渐获得了关注。该策略的核心在于通过精细化管理材料资源，以减轻产品对生态系统资源的负荷和对环境产生的不良影响。当设计专家面对众多的材料选择时，他们被鼓励给予那些来源丰富且具有环境友善特质的材料更高的优先权，这种方法意在通过最少的资源投入，达到卓越的设计成果。

设计策略的持续创新也意味着对常规生活中的物质进行智慧型的组织与再循环。这种方法不仅响应了社会对产品进行"绿色设计"的呼声，而且其成果往往超越了预期。例如，经过重新设计和处理的废旧书可以转化为花瓶、灯柱和凳子等产品，不仅在造型上具有美感，而且在实用性方面也表现出色。

而在整个产品材料设计流程中，以用户的真实需求作为动力的重要性不容忽视。设计团队对用户在舒适度、功能性、使用便捷性和审美价值等多个维度的期望进行深度分析，不仅有助于精确地满足这些需求，还能够响应用户对于"环境友好设计"的期望。为了实现从设计哲学到真正满足用户期待的实体产品的转变，设计师必须对材料的物理属性及其感知质地进行深入研究。这种深度了解有助于他们在设计初期更加科学地选取、调整和整合材料，并倾向于选用那些与生态环境协同共生的材料。综合来看，对于当代设计师而言，全面权衡材料的筛选与实施以及对用户多样化需求的深入洞察，是他们设计出真正卓越并具有环境责任感产品的决定性因素。

三、"减"思维的运用

（一）功能上的"减"

与加法策略相比，实施"减法设计"更具挑战性且备受重视。在数学理论中，减法通常导致"少"的结果，表示从初始数量中减去某部分。但当这一概念被引入设计时，它旨在实现"少"的效果，但这种"少"并非指数量上的减少。它意图在设计中突出其精华，与极简主义者密斯·凡·德罗的"少即多"的哲学理念相辉映。减法设计的核心是消除所有与产品核心价值无关的部分，以确保设计集中于满足用户的实际需求，并通过最精简的元素达到预期的设计目标。

重要的是，减法设计不是将产品导向低成本，或为了实现其理念而牺牲产品的核心功能。相反，它是通过去除不必要的装饰元素，来实现一个简约而高雅的设计风格。这种方法恰如其分地体现了"大道至简"的哲学，使得用户能够体验到简单且直观地交互。对于设计师来说，实施功能上的减法设计时面临的主要挑战是如何确保产品在拥有强大功能的同时，其外观和操作界面仍旧简洁明了。

在当代技术进步的背景下，产品的功能呈现出复杂化、多样化的趋势，不仅使得用户在操作时感到压力，还背离了设计的初衷。在某些以浮夸为设计主题的背景中，设计师往往试图通过加入多种功能来迎合所有潜在用户的需求，希望一款产品能够成为"一应俱全"的工具。然而，事实往往是大部分新增的功能并没有被用户所利用，这些冗余的功能不仅无法为用户带来真正便利，还可能增加制造过程中的成本和造成资源浪费。当产品功能多到使用户感到压迫时，这种设计会成为其固有的缺陷。在这种情境下，简化设计、削减不必要的功能显得尤为重要，设计师需要对产品进行冷静、批判性的分析，确保其设计真正回归到本质，满足用户的核心需求。以苹果公司的 iPad 为例，尽管它拥有大多数电脑的功能，但在设计过程中，苹果明智地决定不将其与拥有基本通话功能的手机等同，从而使 iPad 成为一个独特的产品，引领了一种全新的生活方式。

我们应认识到，不是所有的高科技都值得追求，尤其是当它们只为产品增添无用的复杂性时。同时，为了追求设计的简洁性，也不能牺牲那些对用户重要的功能。简言之，功能的增加应是有节制的，而减少功能需要有明确的目标和方向。这样的设计思路不仅能为用户带来更佳的体验，也有助于减少资源浪费，达到真正的可持续发展。

（二）造型结构上的"减"

文创设计中，造型的设计可以大致分为造型加法与造型减法两大类别。前者主要关注产品元素的多样性与叠加，从而赋予产品深入的层次结构和明确的功能导向。相反，后者倾向于强调产品的空实对比以及整体透视的效果，旨在使产品呈现出宏大且简约的视觉感受。

常见的造型减法有以下几种方法：

1. 切制技术

此方法是对产品部分空间进行雕琢，重点在于平衡细微之处与整体美感。其可以细分为平面切制和立体切割，例如对电子产品的屏幕或按键进行切制，以突出其功能细节。

2. 旋转处理

基于产品的原始形态，依据操作要求或审美理念进行某种程度的旋转或扭曲，这种方法在那些需要展现动感或可移动的产品设计中尤为常见。

3. 挤压策略

在产品的基础形态上产生凹进的形状，常用于突出接口或按钮等导向性功能细节。例如，在电脑设计中形成 USB 接口的凹陷部分。

4.拉伸方法

此技巧与挤压相似，但是在产品的基础形态上实现柔软的延展。其目的在于创造功能空间并凸显其结构细节，同时实现优雅的设计效果，如在产品中塑造拉伸的造型，可赋予其明确的产品语义引导。

5.折叠技艺

其灵感来源于2D艺术——折纸，将之转化为3D的造型设计。主要应用于展现产品的坚硬与节奏感，如雕塑或先锋产品设计，其独特之处在于能够为用户带来强烈的视觉体验和情感共鸣。

（三）视觉界面上的"减"

1.图形上的"减"

图形元素作为一种强大的视觉传达工具，经常被用于与观众建立沟通和认同感。其实，图形设计中的减法思维是对图形元素进行高度的提炼与概括，以凸显其基本和核心的特征。这样的设计方法可以确保图形清晰、简明，使其具有更高的视觉吸引力。相对于过度复杂和过度修饰的图形，简洁的设计往往易于捕获观众的注意力，使其快速获取和理解图形所传达的信息。

在视觉信息传递过程中，核心的目标是抓住事物的本质，而避免不必要的、与主题无关的干扰因素。这要求设计师进行严格的归纳和总结，确保图形能够真实地反映其代表的物体或概念。古埃及人在这方面展现了他们的高超技巧，他们能够将复杂的三维形象简化为二维的图形元素，例如，通过简化的正面和侧面视图来代表人的形象，这种方法不仅确保了形象的辨识度，还成功地传达了人的主要形体特点。

减法的数学逻辑指导了形态的简化。并不是图形的数量越多其传达的信息就越丰富，反而可能导致信息的混淆。与此相反，一个设计得当的简洁图形往往能准确地指向某一特定的信息或概念，从而有效地与观众建立沟通。简化的图形设计能够迅速引导观众的视觉焦点，使其容易理解和接受所传达的信息。

最后，图形设计常常与文字相结合，形成一种综合的信息传递方式。

通过图形和文字的有机组合，可以高效地传达关键信息，为观众提供深入的理解和认知。总之，无论是图形还是文字，其核心目标始终是清晰、简明地传达信息，满足观众的需求和期望。

2. 色彩上的"减"

在视觉审美领域，色彩不仅是核心元素，而且是最能触动观众情感的设计要素。多年的研究表明，色彩的感知和评价对于人们产生的第一印象起到重要的作用。相对于语言描述，色彩所带来的视觉冲击更具深度和广度。

色彩不仅跨越时间和种族界限，其所蕴含的意义和情感也是持久且深远的。无论是学者还是普通人，面对同一幅画面，都能从中感受到色彩所带来的独特魅力和深意。事实上，色彩的表现力如此之强，以至于纯文本或图形设计很难与之相抗衡，这也正是为什么在视觉传达中，色彩的重要性不容忽视。

然而，设计中的色彩使用也并非毫无挑战。过多或无序的色彩应用可能会导致画面复杂，这不仅会削弱色彩的表现力，更可能造成观众的视觉疲劳。因此，设计师在作品中的色彩运用，不仅仅是选择何种颜色或使用多少颜色，更关键的是如何合理、巧妙地运用色彩，以实现最佳的视觉效果。

此外，色彩的正确运用至关重要。例如，苹果家用电脑的设计便是色彩应用的经典之作。正如许多世界级的画家和设计师所展现的，有时仅用几种色彩就能创作出令人叹为观止的杰作。这强调了色彩选择和组合的策略性和巧妙性，而非其数量。

3. 文字上的"减"

文字经常被认为是传递信息的媒介。尽管在大多数情境下，词汇的丰富性往往代表着信息的丰富度，但在视觉传达设计领域，这一关系呈现出相反的趋势。以广告设计为例，其核心目的往往是要迅速并有效地传递特定的信息，使观众被其所传递的内容所吸引。因此，为了提升信息的传达效果，设计者必须采用简洁而有力的文本。据一项国际机构的心理学研究显示，当标题只有 3 个词（相当于 6 个汉字）时，约有 40%

的读者可以记住；但当标题超过 10 个词时，只有大约 10% 的读者能够记住。从视觉处理的角度考虑，用户往往难以迅速捕获冗长或复杂文本所传递的信息，但简明扼要的文本更容易触动用户的认知与情感。因此，在设计过程中，如何巧妙地运用"减法"策略来精简文本信息，将成为确保信息高效传达至目标受众的关键手段。

4. 版面上的"减"

在产品版图设计领域，一个核心原则是"阅读最省力"。为实现这一目标，设计师应重视两大关键因素：版图呈现必须简练、明确；视觉导向应流畅、无阻。版图若杂乱无章、缺乏重点，或者视觉路径模糊，不仅可能导致观者的视觉疲劳，还可能引发观者的不适和窒息感。此种设计无疑是不成功的。

设计的"减法"策略注重内容的精练，目的是实现阅读的便捷和信息的迅速传达。同时，通过对图形和色彩的精简以及文字的浓缩，能够让版图看起来简明、洁净。"鸟鸣山更幽"，这意味着留给观者的想象空间往往比直接给出的信息更具吸引力。正因如此，人们更喜欢富有留白和想象空间的设计，"留白"不是真的一无所有，而是充满了无限的可能性。中国古代的水墨画便是这一哲学的完美体现，正如名言所述："此处无声胜有声"。

四、"加""减"并重

"控制加减之法"是数学和逻辑学领域内一项复杂的议题，在多种情境下，加法与减法之间的关系并非截然对立，而是相辅相成的；两者之间的边界模糊而非绝对。当设计师从初始阶段出发，他们常常首先运用加法原则，逐渐积累、创新，从而形成一个初步完整的设计蓝图。然而，这仅仅是设计过程中的起始阶段。随后，为了追求设计的精练与纯粹，设计师还需运用减法原则，精简其中的冗余部分，仅保留那些核心元素。这一过程往往具有挑战性，因为设计师常常身处其间，难以做出客观判断。为了准确地鉴别哪些元素应当保留、哪些可以去除，设计师必须持续学习。

值得注意的是，减法设计的实践要求对设计的精细度有着极高的掌控能力。相对来说，加法设计可能更为直观，就像在一张白纸上随意作画。然而，在一张已充满图案的纸上恰当地留出空白区域，是一项艰巨的挑战。在这方面，设计师的专业积淀和经验往往在减法设计中得到充分体现。

设计师的核心目标在于创造出既简约又大气、既丰富又美观的作品，这不仅要求他们具备大胆的创新思维和细致的执行能力，还需具备对生活的敏锐观察力，并能深入洞察消费者的内在需求。为了确保设计产品的完美度，加法和减法的平衡使用成为必不可少的步骤。产品中的各个元素应当存在明确的层次感，这要求设计师在表达设计思想时，优先选择简洁而直观的视觉元素。例如，胡刚设计的套桌茶几，便生动地展现了"加"与"减"思想的完美结合与平衡。

以三星推出的黑白激光多功能一体机为例，这一产品充分体现了"设计之中的加减艺术"。当时市场上的众多同类产品均以纸仓容量为主打特性，其中250页的纸仓容量成为主流。纸仓的吞吐量通常被视为评估一体机性能的核心指标。在这一背景下，制造商普遍强调纸仓容量的拓展，期望借此吸引用户注意力。

然而，三星的这款产品打破了常规，仅配备150页的纸仓容量。这种看似大胆、具有冒险性的设计，却为该公司带来了空前的成功。这并非偶然。在该产品的设计初期，三星基于细致的市场研究发现，对于绝大多数用户，250页的纸仓实际上是一种资源浪费，而150页的纸仓已经能够满足他们的日常需求。

基于这一观察，三星决定对产品进行"减法"设计，将纸仓容量从250页调整至150页。这一改动不仅使一体机的外观更为紧凑、内部结构合理，还有效降低了生产和用户购买成本。更为关键的是，这种精简设计为提高产品的其他性能指标提供了可能。与众多250页纸仓的同类产品相比，该款一体机的打印和复印速度提升了20%，这实际上是通过"减法"得到"加法"的效果。

第四章　文创设计的表现方式

第一节　复刻式设计

（一）复刻式设计的概念和特点

1.复刻式设计的概念

"复刻"是一个汉语词汇，由两个字"复"和"刻"组成。"复"原意为返回、再次，与"重"同义。它的基本意思是指事物的重复或事情的再次发生。例如，复习、复制、复活等词中的"复"都有这个意思。"刻"在古代有雕刻、刻画的意思。例如，古代的石刻、木刻艺术，都用"刻"字来表示。此外，它也有时间单位、痛苦、深切等意思。结合这两个字的意思，"复刻"可以理解为"再次刻画"或"再次雕刻"。在现代汉语中，"复刻"主要用于指对某物体或信息的精确复制或再现。"复刻"这个词在近现代与技术、艺术等领域的发展越来越密切。随着印刷术、摄影术和数字技术的发展，"复刻"不限于传统的手工艺，还扩展到各种现代制造和再现技术中。在古代，对于经典的文物、书或艺术品，人们可能会通过"复刻"来保存和传承。这种"复刻"更多的是手工艺的体现，如书法的临摹、艺术品的复制等。到了近现代，随着科技的发展，"复刻"已经从手工艺领域扩展到各种机械和数字技术领域。例如，音乐、电影、书的复制和再现，都可以称之为"复刻"。

复刻式设计，顾名思义，意在"复制"并"再创作"。与传统的设计和创作方法存在明显区别，复刻式设计主要体现在对某一文物或艺术品的整体造型进行精确的复制，这种精确复制不限于外观和形态，还涵盖了细节、材料、技术和工艺等多个方面，复刻式设计的目标是使复刻品与原作尽可能接近，以至于让人难以分辨其真伪。

对于复刻式设计的定义，不应停留在"模仿"或"复制"的层面，深入地说，复刻式设计是一种对历史、文化和艺术深厚敬意的体现。每一件文物或艺术品背后都隐藏着丰富的文化和历史信息，不仅记录了一个时代的风貌和特色，还传达了人们的思想、情感和审美观念。复刻式设计就是要将这些难以言表的文化和历史信息重新展现给现代人，让他们能够跨越时空，直接感受到古人的智慧和才华。

在复刻式设计中，文物或艺术品的整体造型往往保持不变，设计师需要对原作进行深入的研究，掌握其制作的材料、技术和工艺，并努力复原这些细节，这是一个既考验设计师的技术功底又考验其文化素养的过程。只有真正了解和掌握了原作的所有信息，才能制作出符合复刻标准的作品。另外，虽然复刻式设计的目标是精确复制，但这并不意味着完全排除创新。在某些情况下，为了适应现代人的使用习惯和审美观念，或是为了提高复刻品的实用性和市场竞争力，设计师可能会对原作进行适当的修改和调整，但在修改和调整过程中，既要保证不失去原作的风格和特色，又要确保满足现代人的需求。此外，复刻式设计的价值不仅体现在其对原作的精确复制上，更重要的是，为现代人提供了一个重新认识和了解历史、文化和艺术的机会。通过复刻品，人们可以直接感受到古代的生活方式、思想观念和审美情趣，从而加深对过去的理解和尊重，并且从某种程度来看，复刻式设计还为传统的技艺和工艺提供了一个新的生存空间，使其得以在现代社会中继续传承和发展。

2.复刻式设计的特点

（1）高度的精确性与忠实度

复刻式设计之所以受到广泛关注与认可，很大程度上归功于它对高度精确性与忠实度的追求。而当提到"高度的精确性与忠实度"，意味着复刻品在形状、尺寸、色彩、材质、纹饰等方面都与原作无异，甚至在细节上的差异是微乎其微的，要求设计师和工匠们必须深入研究原始作品，掌握其制作技术，并力求在复刻过程中严格按照原作的要求去实施。文创设计过程中，每一件文物或艺术品，无论其大小，都蕴藏着丰富的文化内涵和历史信息，通过精确复刻，被封存的文化与历史得以再次呈现，让更多的人能够接触并感受到其独特的魅力。同时，高度的忠实度也意味着复刻品不仅在形式上与原作相似，更在精神层面上与原作相通，需要设计师深入理解原作背后的意义以及它在当时社会、文化、历史背景中的位置与价值，只有这样，复刻品才能真正地继承并发扬原作的精神内涵，而不仅是一个外表上的复制品。而要实现这种高度的精确性与忠实度，除了对原作的深入研究外，还需要运用先进的技术与工艺。例如，现代的三维扫描技术可以帮助设计师获取原作的精确尺寸与形状，而高分辨率的摄像技术可以捕捉到原作上微小的纹饰与细节。此外，对于那些古老的、已经失传的制作工艺，设计师还需要通过文献研究、田野调查等方式，重新挖掘和掌握这些技术，以确保复刻品的忠实度。

（2）对传统技艺的重视与继承

传统技艺通常代表了一种文化、一个族群或一个时代的独特手法与智慧，蕴含着世代相传的经验与匠心，包裹着历史的记忆与文化的底蕴。在复刻式设计中，对这些技艺的继承与运用，实际上是对原作的深度解读与再创造。

一方面，传统技艺的运用确保了复刻品在材料、工艺、细节上与原作的高度一致。比如，使用古法瓷器制作技术复刻古代瓷器，不仅要求瓷器的形状、纹饰与原作相似，更需要在瓷质、色泽、手感上与原作接近，这都需要深入挖掘与研究传统制瓷技艺，通过这种方式，复刻品不仅仅是形似，更能够在细节上达到"以假乱真"的效果。

另一方面，传统技艺的继承与重视，为复刻式设计赋予了深厚的文化内涵。人们在欣赏或使用复刻品时，其实也在接触和体验到那些古老的技艺与文化，这种体验不仅是表面的，更是一种深入骨髓的文化沉浸，它让复刻品不再仅仅是一个物件，而是一个充满故事、情感和历史的艺术品。

（3）功能的延续与转化

功能的延续，顾名思义，是指复刻品保持与原始文物或艺术品相同的功能。例如，复刻一部古代的书，使其在外观上与原版高度一致，同时仍然可以作为阅读材料使用，这种功能的延续通常出现在复刻品与原作之间存在较强的功能关联性，即复刻品在现代社会中仍然有其实用价值。

然而，在许多情况下，简单地复制原作的功能在现代社会中可能已经没有实际的使用价值，或者其使用价值已经大大降低。这时，设计师需要对其进行功能的转化，使其能够适应现代消费者的实际需求。功能的转化意味着复刻品在外观上与原作高度相似，但其功能性已经发生了改变。例如，古代的刀剑，不仅是战场上的兵器，更多的是代表了一个时代的工艺技术、社会制度和审美趣味，每一把刀剑都有其独特的造型、纹饰和故事，都是历史的见证者和叙述者。然而，在现代社会，随着科技的进步和社会制度的变迁，刀剑已经失去了它们原有的实际用途。现代人不再需要依靠刀剑来保护自己或征服敌人，刀剑的实用价值已经大大降低，但这并不意味着刀剑就失去了它们的价值和意义。事实上，由于它们所承载的丰富的文化和历史信息，刀剑在现代社会中仍然受到许多人的喜爱和追捧。为了使这些历史的"见证者"能够在现代社会中得到更好地利用，复刻式设计为刀剑赋予了新的功能和价值。将其复刻为装饰品或收藏品，是最直接和最常见的方式。通过精细的工艺和技术，可以将古代刀剑的造型、纹饰和故事完整地再现出来，使其成为现代家居和公共空间中亮丽的"风景"，不仅可以满足人们对美的追求，也可以帮助人们更好地了解和感受到历史的魅力和深度。此外，为了使刀剑贴近现代人的日常生活，也可以将其缩小比例制成挂饰或钥匙扣，既保留了刀剑的原始造型和纹饰，又赋予了它们新的实用价值。人们可以将其挂在包包、钥匙或手机上，随时随地感受到刀剑的历史和文化魅力，使刀剑从历史的高台上走进现代人的日常生活，与现代人建立起全新的关系和联结。

又如，古老的绘画通常蕴含深厚的文化背景、丰富的历史故事以及当时的审美情趣。而在当下，这种古老的绘画又如何能够在现代生活中焕发出新的活力和价值呢？将古老的绘画复刻为现代的装饰画是最直接的方法，不仅保留了绘画的原始风格、色彩和形态，还将其整合到现代家居、办公室或公共场所中，为现代空间增添了一种历史和文化的深度。例如，一幅明清时期的山水画，原本只能在博物馆中被欣赏，但当它被复刻为现代装饰画后，便可以挂在现代家居的客厅或卧室中，为居住者提供一种历史和艺术的沉浸体验。但是，单纯地将古老绘画复刻为装饰画可能仍然无法满足现代消费者多样化的需求。这时，将其转化为日常生活中的实用品是一种更具创意和实用性的方式。例如，将古老绘画的某一部分，如山水、花鸟或人物，提取并设计到手提袋、桌布、抱枕或其他家居用品上。想象一下，在一个忙碌的工作日，你从办公室回到家中，看到餐桌上铺着一块印有宋代花鸟画的桌布，或者在沙发上摆放着一个印有唐代仕女图的抱枕，这种深入骨髓的文化氛围会给你带来怎样的感受呢？或者，你拎着一个印有元代山水画的手提袋在街上行走，这不仅是一种时尚的展示，也是一种对传统文化的独特传承。

（二）复刻式设计具体应用场景

1.博物馆与展览馆

博物馆与展览馆作为文化、历史和艺术的聚焦点，一直是人们学习和欣赏的重要场所。在博物馆与展览馆中，复刻式设计可以使观众深入地理解和感受到展品的历史背景和文化价值。例如，对于一些珍贵的文物，因为其特殊性和价值，很难直接展出。这时通过复刻技术将其呈现给观众，既能保证文物的安全，又能满足公众的观赏需求。但是，复刻式设计在博物馆与展览馆中的应用并不仅仅是简单的模仿或复制。设计师需要根据现场环境、展览主题和观众需求，对复刻物进行适当的调整和创新，在保留其原有的特点和价值的同时，融入整个展览的主题和氛围，使其与现场环境和观众形成互动。另外，博物馆与展览馆中的复刻式设计还可以作为一种教育工具。通过复刻物，观众可以更加直观地了解到文物的制作技术、使用方法和历史背景。对于学生和研究者来说，复刻物可以为他们提供一个实物参考，使他们深入地了解和研究相关的历史、文化和艺术知识。此外，随着科技的发展，博物馆与展览馆中的复刻式设计也在不断地创新。例如，现在很多博物馆开始使用3D打印技术来制作复刻物，能够高度精确地复制原物，在复制过程中对其进行适当的优化和调整，使复刻物完美。通过 3D 打印技术，博物馆还可以制作出更多的复刻物，满足更多观众的需求。

2. 纪念品与手工艺品市场

纪念品与手工艺品市场一直是文化与艺术的直接休现，成为历史与当下、传统与现代的交融之地。复刻式设计在此市场的应用，不仅继承和传承了深厚的文化底蕴，还与消费者之间建立了一种特殊的情感联结。人们在旅行中购买纪念品或在市场上选择手工艺品时，往往希望能够通过这些物品来回忆和体验某个地方或某个时期的文化和艺术。纪念品的价值在于其背后的故事和情感，而复刻式设计正是这种情感的最佳载体。例如，故宫博物院的故宫文化创意产品便是一个绝佳的案例。这些产品，如笔记本、钥匙扣、磁贴等，都是基于故宫里的文物或建筑进行的复刻设计。消费者在购买这些纪念品时，不仅购买了一个实物，更购买了故宫深厚的历史文化和艺术情怀。茶文化也是中国古老文化的重要组成部分，其中紫砂壶就是一个经典的复刻设计案例。许多紫砂壶的造型和纹饰都是基于古代的文物或艺术品进行的复刻。例如，某些紫砂壶的盖纽设计，可能来源于古代的玉璧或玉佩；而壶身上的浮雕图案，可能来源于古代的壁画或瓷器。在手工艺品市场上，复刻式设计也是非常常见的。例如，中国的刺绣、木雕、陶瓷等传统手工艺品，很多都是基于古代的文物或艺术品进行的复刻设计，这些手工艺品在技艺上达到了极致，还在设计上融入了丰富的文化和历史元素。

3. 现代家居与室内设计

现代家居与室内设计中，复刻式设计的应用表现为对古老家具、艺术品、装饰物或建筑元素的再现，旨在保留文物的原始样态，同时为现代生活提供实用性和美观性。对古老的明清家具、宋代瓷器、古代绘画或传统手工艺品的复刻，都能够为室内空间带来独特的氛围和情感。例如，京东家居平台上一款复刻的明式椅，其造型忠实于明代家具的简洁线条和结构，但在材质和制作工艺上进行了现代化的改进，适合现代家居的使用需求，还成为室内空间的文化和艺术点缀。再如，一些设计师在设计现代公寓或别墅时，会选择复刻古建筑中的某些元素，如对古代宫殿中的雕梁画栋、窗花或地砖的再现，为现代空间带来独特的历史情怀和文化氛围。此外，淘宝上有一家店铺专门出售复刻的宋代瓷器，在造型、釉色和纹饰上都忠实于宋代的原作，但在制作工艺和使用功能上进行了适应现代生活的改进，满足现代人的日常使用需求。在选择复刻式设计时，设计师通常会根据空间的整体风格、功能需求和客户的个性化需求进行综合考虑，能够为空间增添独特的文化氛围和历史情感。

（三）复刻式设计典型案例介绍

大英博物馆位于伦敦，是世界上古老博物馆之一，收藏了从古至今、涵盖各个文明的数以百万计的珍贵文物。然而，这座博物馆除了展览原始文物之外，还通过复刻式设计，使这些文物得以重生，并走入千家万户。大英博物馆的复刻式设计最早可以追溯到 19 世纪。当时，由于摄影技术尚未普及，博物馆为了满足广大学者、艺术家和文物爱好者对文物的研究需求，便开始采用手工复刻的方式，制作出精致的复刻品，并对外出售。这种复刻品不仅具有很高的艺术价值，更是对原始文物的一种完美传承。随着技术的进步，大英博物馆的复刻式设计也逐渐实现了现代化。例如，通过 3D 打印技术，博物馆可以精确地复制出文物的每一个细节，无论是文物的形态、质感还是颜色，都能够得到完美再现。此外，通过数字化技术，博物馆还可以对文物进行全方位、多角度的展示，使观众能够更加直观地感受文物的魅力。

在大英博物馆的复刻式设计中，有几个案例特别值得一提：

1. 罗塞达石碑

罗塞达石碑自 1799 年在埃及罗塞达被发现以来，其所包含的三种文字，特别是最上方的古埃及象形文字，为解密古埃及历史与文化起到关键作用。这块约 1.14 米高，0.77 米宽、厚度达到 28 厘米的黑色花岗岩碑石，绝不仅仅是一件历史文物，它更是连接古埃及文明与世界历史的桥梁。大英博物馆于 1802 年开始收藏罗塞达石碑，并很快意识到其在学术和文化传播上的巨大价值。考虑到石碑的尺寸和重量，对其进行原始展示无疑会对其造成潜在的损伤，更不要说大量的访客无法亲自前往伦敦观赏。因此，复刻式设计的思路应运而生。

博物馆采用了当时最先进的复制技术，确保每一笔、每一画、每一个符号都得到忠实再现，这一过程不仅涉及物理的复制，更重要的是对石碑上的文字、符号和纹理进行深入研究，确保其在复制品中的精确度和真实性。此外，博物馆还特别注重复刻品的材料选择，力求在触感和视觉上都与原石碑尽可能接近。当复刻品完成后，不仅在大英博物馆内得到了展出，还被广泛发送到世界各地的学术机构、博物馆和教育机构，为研究者和公众提供了难得的观赏与研究机会，将古埃及的历史与文化带到了全世界。随着技术的发展，大英博物馆还探索了罗塞达石碑的复刻式设计。近年来，借助三维扫描和打印技术，博物馆能够在短时间内制作出精细的复刻品。这些复刻品不仅可以用于展览和研究，还可以作为教育工具，帮助学生和公众理解古埃及的文字和文化。

2. 帕提侬神庙雕像

帕提侬神庙雕像无疑是古希腊艺术中的杰出代表，其精湛的工艺和深厚的历史背景使其成为世界艺术宝库中的重要一员，这些雕像曾经装饰着坐落在雅典卫城上的帕提侬神庙，成为古希腊宗教和文化的象征。但随着时间的流逝，原有的雕像遭受了严重的破坏。在19世纪初，一部分被称为"埃尔金大理石"的雕像被英国外交官埃尔金伯爵带到英国，并最终成为大英博物馆的馆藏品。

由于帕提侬神庙雕像的珍贵性和其不完整的保存状态，大英博物馆便开始考虑如何通过复刻式设计来使这些雕像得以重生。传统的复刻方法如石膏模型，虽然可以精确复制雕像的外观，但在细节和质感上仍然存在差距。因此，大英博物馆决定采用先进的三维扫描和打印技术，以实现对雕像的高度复原。

这个项目的首要任务是对原始雕像进行全方位、高精度的三维扫描，利用激光扫描仪，工作人员仔细地扫描雕像的表面，确保所有的细节都被完美捕捉，随后，数据被输入计算机，经过精确建模和修复，得到了一个完整的三维模型。

有了这个三维模型，复刻的工作便进入了实质性的阶段，采用先进的三维打印技术，工作人员逐层地打印出了雕像的复刻品，复刻品不仅在形态上与原雕像高度相似，更在质感、颜色上进行了精确的调校，确保其与原雕像的观感如出一辙。此外，为了增加复刻品的观赏价值和教育意义，大英博物馆还在复刻品上加入了增强现实（AR）技术。观众只需通过专用的 AR 眼镜，便可以看到关于雕像的详细解说、历史背景和制作过程等丰富的信息，使得观赏体验深入和生动。

3. 古埃及木乃伊

古埃及木乃伊历经数千年的沉淀，承载了深厚的历史和神秘的文化内涵，其复杂的制作工艺、精美的棺木绘画以及神秘的死后信仰，一直是学者和历史爱好者关注的焦点。然而，如何让广泛的群体特别是年轻人对这一古老的文物产生兴趣，成为大英博物馆面临的挑战。

为了应对这一挑战，大英博物馆的文创设计师们决定从古埃及木乃伊中提取元素，并结合现代设计理念，创作出既具有历史意义，又贴合现代审美的文创产品。经过多次尝试和改进，他们最终选择了书签作为载体，以木乃伊为灵感，创作出一款独特的卖萌风格书签。这款书签的设计，打破了传统木乃伊形象的严肃和神秘，采用卖萌的风格，使木乃伊形象变得可爱而亲近。设计师们巧妙地对木乃伊的形象进行了简化和抽象，留下了最具代表性的元素，如头饰、面罩和裹身布，同时去除了多余的细节，使整体造型简洁而富有现代感。颜色的选择也是这款书签设计的一大亮点，设计师们摒弃了古埃及木乃伊传统的暗金色调，而选择了安静而神秘的色彩，不仅与古埃及的沙漠、金字塔和夜晚的星空相呼应，还传达了对古埃及文明的敬畏和怀念。此外，为了增强书签的实用性和触感，设计师们还在材料选择和工艺上下了不少功夫。他们选用了高质感的纸质材料，并采用特殊的印刷和压纹工艺，使书签的表面呈现出独特的肌理，仿佛是古埃及木乃伊裹身布的纹理。这款卖萌风格的木乃伊书签，不仅在大英博物馆的文创店铺中备受欢迎，还在社交媒体上引发了热烈讨论和分享，成功地将古埃及木乃伊的文化内涵与现代设计理念相结合，为古老的文物赋予了新的生命力，也为大英博物馆吸引了大量的年轻观众。

第二节　提取式设计

一、提取式设计的概念和特点

（一）提取式设计的概念

在设计领域，无论是建筑、产品、平面还是互动设计，提取是一种关键的思维方式和操作方法，涉及对原始材料、文化、情境或已有设计的深入探究，从中识别出有价值的核心要素，并将其整合、变革和应用到新的设计情境中。元素提取式设计正是在这样的理念下诞生的，它不再满足于对整体造型的复制，而是选择文物造型上那些最具代表性、最能够触动人心的局部图案或元素，将其提取出来，然后创新性地运用到不同品类的文创产品中。这样每一个产品都可以成为历史与现代、传统与创新的完美结合，既有深厚的文化底蕴，又不失时尚和现代感。

为了更好地应用这种设计方法，提取过程中首先要求设计师具备敏锐的观察力和分析能力，设计师需要在大量的信息中迅速找到那些具有代表性和潜在价值的元素，并且这个过程还需要设计师具备跨界思维，能够将提取出来的元素融合到不同的设计背景和语境中。源头分析是提取过程的起点，设计师深入研究目标对象，对其背景、历史、文化和技术进行深入了解。

在充分了解源头后，设计师需要识别出其中最有代表性和创新潜力的元素，这可能是一个图案、一个形状、一个颜色或一个技术。识别出元素后，设计师会根据新的设计目标和语境，对这些元素进行必要的转化和整合，使其更适应新的设计背景。

根据空间形态是否发生改变，元素提取式设计可以进一步细分为形态转换和形态不变两种。形态转换是指在提取元素的过程中，对其进行一定程度的变形和重组，以适应新的设计环境和目标。这种方法灵活，可以为设计师提供更大的创作空间。形态不变则是指保持提取元素的原始形态，直接将其运用到新的设计中，忠实于原作，可以保留和传承文物的原始魅力。

（二）提取式设计的特点

1.灵活性与多变性

不同于传统的从零开始或完全原创的设计方式，提取式设计更多的是在已有的材料、文化、历史或艺术中，寻找并提取出具有创意潜力的元素，然后将这些元素融入新的设计。在此过程中，灵活性与多变性成为这种设计方法的两大显著特点。

灵活性在提取式设计中的体现，来源于其原材料的多样性。无论是古老的文化遗产、自然界的生物形态，还是日常生活中的常见物品，都可以成为设计者提取创意的对象，设计者可以根据不同的设计背景和目的，选择最合适的原材料进行提取。比如，为了设计一款与自然紧密相关的产品，设计者可以选择从自然界中提取元素；为了传递某种文化或历史信息，设计者则可以选择从相关的文化或历史中进行提取。

多变性则是提取式设计在应用阶段的体现，提取出的元素不是简单地被复制和粘贴到新的设计中，而是经过设计者的重新解读和创意加工，同一个元素在不同的设计师手中，可能会产生完全不同的设计效果。比如，同样是从古老的瓷器中提取的某种图案，一个设计师可能会将其用于现代的服饰设计，另一个设计师则可能会将其应用于建筑的外墙装饰，为设计带来无尽的创意空间。

此外，提取式设计中的灵活性与多变性还体现在设计的规模和领域上。不论是大型的建筑设计，还是小型的日常用品设计，都可以通过提取式设计来实现，并且这种设计方法并不局限于某一种特定的设计风格或趋势，设计者可以根据自己的审美和目标受众来决定如何应用提取出的元素。

2.适应性与广泛性

适应性描述了一种设计方法在不同应用场景中的适用程度。在提取式设计中，设计师根据不同的设计需求和目标，从各种元素中提取关键的、有意义的部分，然后将这部分重新组合和运用到新的设计中，该方法的核心优势在于其灵活性和多样性，无论是从自然界还是从人造物中提取元素，设计师都可以根据实际需求灵活地调整和运用这些元素。以日常生活中的包装设计为例，在包装设计中，提取式设计可能会对一种特定的食品、饮料或其他产品的关键特点或成分进行提取，并将其转化为一个视觉元素或一个设计语言。例如，一种以柠檬为主要成分的饮料，设计师可能会提取柠檬的清新、酸甜的特点，并将其转化为包装上的颜色、图案或文字，使得消费者一眼就可以感知到这个产品的主要特点和价值。

广泛性则描述了一种设计方法在不同的文化、背景和领域中的普适性。提取式设计由于其基于提取和重新组合的方法，使其能够轻松地跨越各种文化和地域界限。各种不同的文化、民族和地域都有其独特的设计元素、风格和特点，通过提取式设计，设计师可以跨越这些界限，从各种不同的背景和文化中提取有价值的设计元素，并将其重新组合和应用到新的设计中。以海报设计为例，全球化的今天，很多品牌和企业都希望其产品和活动能够在全球范围内得到推广和宣传。为此，设计师可能需要为不同的国家和地区设计不同的宣传海报。通过提取式设计，设计师可以从各个国家和地区的文化、历史和特点中提取关键元素，然后将这些元素与品牌或企业的核心价值和信息进行结合，创造出既具有地域特色又具有全球化特点的宣传海报。

3. 实用性与审美性

提取式设计通过对原有文化、艺术或物体的"提取"，为现代使用者带来了既具有审美价值又具有实际功能的设计。以下以一款提取自古老瓷器的现代茶具设计为例，探讨实用性与审美性的完美结合。

古老的瓷器以其独特的工艺和纹饰，长久以来被视为艺术品的代表。在提取式设计的过程中，设计师首先对古瓷的纹饰、色彩及造型进行深入的研究，经典的元素成为设计的灵感来源，但在实际设计过程中并不是简单的复制，而是对其进行现代化的转化。

实用性在此次设计中体现得尤为明显，古瓷虽美，但其脆弱和不耐磨损的特点使得其实际应用受到了限制，而现代提取式设计的茶具，在材质选择上采用坚固、耐用的材料，同时在设计上考虑到人们日常饮茶的习惯，如提梁的设计、壶嘴的流线形状等，都是从实用出发，为使用者提供更佳的体验。

而在审美性上，该茶具融合古瓷的经典纹饰和色彩，如蓝白相间的纹路、金边的点缀等，这些元素经过现代化的再设计，使其既保留古老的韵味，又符合现代人的审美观念。

4.深度性与广度性

深度性特点在于提取式设计并不是简单的模仿或复制，而是深入探究背后的意义。一个设计师在设计新的时尚饰品时，可能从古代佩饰的图案中获取灵感，不仅是为了图案的美观，更在于佩饰背后所蕴含的历史和文化，让佩戴者不仅仅欣赏到美的形式，更是能够感受到它所传达的文化信息和历史故事。

广度性表现为提取式设计的多样性和普遍性，因为这种设计并不局限于某一种形式或某一种材料，设计师可以从各种来源中汲取灵感，无论是自然界的形态、历史的文献，还是现代都市的元素，使得提取式设计可以应用于各种领域，从传统的工艺品到现代的产品设计，都可以看到它的影子。

例如，一个家具设计师，可能从古代的木制工艺中提取灵感，同时融合现代的设计元素，如金属或玻璃。这样的家具不仅仅有传统的美感，更具有现代的功能和实用性，传统与现代结合的设计方法可以使作品既具有古老的韵味，又不失现代感。此外，广度性还意味着提取式设计的国际化特色。因为设计师可以跨越文化和地域的界限，从世界的各个角落提取灵感，这种设计具有广泛的吸引力，可以吸引各种不同背景的人群。

二、提取式设计具体应用场景

（一）品牌形象设计

品牌形象设计作为现代企业与消费者互动的核心环节，重要性不言而喻。品牌形象设计往往需要为品牌构建一个独特且有辨识度的形象，需要设计师深入地了解品牌的核心价值和文化内涵。通过对品牌的深入研究和理解，设计师可以从中提取关键的元素或者符号，然后对这些元素进行再创造、演绎和组合，从而形成一个独特且有深度的品牌形象。例如，一个以传统手工艺为特色的品牌，设计师可能会从传统的工艺技法、图案或者材料中提取关键元素，然后将这些元素融合到品牌的标志、标识或者广告中，确保品牌形象的独特性和与品牌背景的连贯性，为消费者呈现一个充满传统美学和文化韵味的品牌形象。另外，提取式设计还可以帮助品牌有效地与目标受众沟通和互动。通过提取和再创造的过程，设计师可以将品牌的核心价值和信息转化为直观且容易理解的视觉语言，当消费者看到这样的品牌形象，迅速地识别品牌，并深入感受和理解品牌所传达的信息和价值。此外，提取式设计也为品牌形象设计带来了更大的创意空间。与直接复制或者模仿现有的设计元素不同，提取式设计鼓励设计师从各种资源中获取灵感，然后进行创造和组合，确保设计的原创性和独特性，为品牌创造出丰富和多元的形象。为了更好地应用提取式设计方法，品牌和设计师需要紧密合作，共同确定品牌的定位、目标受众和传达的核心信息，只有这样才能确保提取出来的设计元素与品牌的真实情况相一致，从而创造出真正有意义和价值的品牌形象。

（二）室内空间设计

室内空间设计是一个综合性极强的艺术和技术领域，涉及建筑学、艺术、心理学、人体工程学等多方面的知识。在现代都市中，许多居住空间和公共场所都希望展现出与众不同的风格与情调，而通过提取式设计，设计师可以为每个空间创造出独特的情感与故事。例如，在设计一家以海洋为主题的餐厅时，设计师不会直接摆放与海洋相关的物件，而是通过对海洋的深入理解，提取其核心元素——海浪的曲线、沙滩的色调、海洋生物的形态等，并将其融入餐厅的墙面设计、家具选择、光线设计中，顾客在进入餐厅时就能立即感受到浓厚的海洋氛围，仿佛身临其境。

提取式设计也能有效地为室内空间注入历史与文化内涵，例如，在对一座历史悠久的老建筑进行室内重新设计时，设计师可以从该建筑的历史背景、当地的文化传统中提取灵感。如果这是一个曾经的书屋或学堂，设计师可以从古老的文献中提取出字体、图案或色彩，将其巧妙地融入墙面、家具或装饰品中，新的空间既保留了历史的痕迹，又呈现出现代的审美。对于居家空间而言，在与业主的沟通中，设计师可以了解到业主的兴趣爱好、旅行经历或特别的记忆，然后从中提取关键元素，如某一地方的建筑风格、某一段记忆中的特定色彩或某一次旅行中的自然景观，再将这些元素融入家中的各个角落，使家成为真正反映业主个性和故事的空间。

（三）时尚服饰设计

时尚服饰设计中的提取式方法，旨在吸收、提炼、并转化传统或其他非传统元素，形成新的、独特的设计作品。例如，设计师可以从 19 世纪的维多利亚时代提取某些特定的服装元素，如蕾丝、泡泡袖或紧身腰身。然后将这些元素与现代的材料和裁剪技巧相结合，创造出一个完全不同的、现代的作品。在提取式设计的过程中，技术和传统经常会发生交融，例如，设计师从传统的手工艺如蜡染或刺绣中提取某些元素，然后利用现代的数字打印技术将这些元素转化为一种新的、独特的图案或设计，既保存了传统的手工艺精髓，又使其适应现代的生产和消费需求（如图 4-1 所示）。

图 4-1　传统手工艺蜡染衍生出的系列文创产品

蜡染是一种古老的手工艺技术，其独特的艺术魅力在历经数千年的发展后，仍受到现代人的喜爱。这种古老的工艺遇到现代设计思维，就衍生出一系列文创产品，让传统与现代相融合，既展现了蜡染的魅力，也满足现代人的审美和实用需求。帆布包因其轻便、耐用而广受欢迎。将蜡染技术应用到帆布包的制作中，可以使其在色彩、图案上都焕发出新的生命。蜡染的独特纹路和色彩搭配，赋予了帆布包独一无二的外观。扇子是东方文化中的传统工艺品，而蜡染技术为其带来了新的设计灵感。蜡染技术可以使扇面展现出丰富而多变的颜色和纹理。与传统的扇面画作不同，蜡染扇子在扇面上展现的是颜色和纹理的魅力，而非细致的画作。此外，随着文创市场的不断发展，蜡染技术也可能被应用到其他产品中，如围巾、帽子、家居饰品等。

除此之外，在越来越多的设计师和时尚品牌试图跨界融合的今天，提取式设计成为一个重要的策略。例如，一些设计师可能会从建筑、艺术或其他非时尚领域中提取某些元素，然后将其融入他们的作品，为设计师提供新的灵感和创意的同时，可以为消费者带来全新的视觉体验。提取式设计同样与市场的需求和趋势息息相关，对于那些希望迅速响应市场变化、并创造出与众不同的作品的设计师来说，从不同的文化、时代或风格中提取元素，然后将其融入自己的设计，成为一个有效的策略，这样他们不仅可以满足市场的需求，还可以在众多品牌和设计师中脱颖而出（如图4-2所示）。

图4-2　贵州地方特色服装市场考察

（四）数字媒体和动画设计

在当代数字媒体和动画设计领域，设计师们面对的是一个快速变化、技术驱动和创意为王的时代。在这样一个背景下，提取式设计成为一种独特且非常有价值的方法。考虑到这样的设计方法，数字媒体和动画设计的应用就显得非常自然。例如，为了制作一部令人印象深刻的动画电影，设计师会先到现实世界中寻找灵感，会去热带雨林仔细观察那里的动植物，感受那里的氛围和生态环境，从这些观察中，设计师可以提取动植物的运动方式、形态特点、光影效果等核心元素。接下来这些提取出来的元素会被置入一个全新的背景和故事情境，形成完全不同于真实世界的场景和情节，一个全新的、具有独特视觉语言和叙述方式的动画作品就这样诞生了。在这些新兴的技术领域中，用户被期望能够沉浸在一个虚构的环境中。为了达到这样的沉浸感，设计师需要从真实世界中提取大量的感官信息，如视觉、听觉、触觉等，然后将它们经过处理和再创造，融合到虚拟的环境中。此外，提取式设计也在许多现代电子游戏中得到了广泛应用。游戏设计师们经常从各种不同的文化、历史、神话等中提取故事情节、角色设定、视觉元素等，然后将它们经过深度的加工和整合，创建出一个独特的、有深度的游戏世界。

三、提取式设计典型案例介绍

（一）陕西历史博物馆的文创商店

陕西历史博物馆，简称"陕历博"，坐落在古都西安，是中国三大博物馆之一，博物馆馆藏丰富，涵盖了从远古时期到近代的各种珍贵文物。在今天，陕历博不仅仅是一个传统的文物展览场所，还以其文创商店赢得了大众的喜爱，其中提取式设计的运用可谓功不可没。

在文创商店中，人们可以看到各种与馆内文物相呼应的创意产品。从日常用品到装饰品，从衣物到饰品，众多的商品都带有浓厚的历史文化氛围，而这些产品的设计都离不开提取式设计的方法。以金鸾鼠标垫为例，这是陕历博文创商店中的热销商品。鼠标垫的图案来自唐四鸾衔绫金银平脱镜。这个金银镜是唐代的代表性工艺品，其上雕刻有四只飞翔的鸾鸟，鸾鸟在古代文化中被视为吉祥之物，象征着好运与平安，这一设计融合了古代工艺与现代审美，让人们在使用中能够感受到古文化的魅力。不止如此，陕历博的文创商店还有许多商品也采用了提取式设计的方法。例如，一款印有古代壁画图案的 T 恤，将长安城的古代壁画提取并融入现代的服装设计，让人们在穿着时既能够体验到古文化的魅力，又不失时尚感。此外，博物馆还推出了以古代铜器为灵感的茶具，将古代的铜瓶、铜壶的造型提取并用现代的材料和工艺重新制作，使其在保持古老造型的同时，又具有现代的实用功能。陕历博文创商店的成功，得益于其对提取式设计方法的妥善运用。它没有简单地复制古代文物，而是将古代文物的精髓提取出来，与现代的设计语言和工艺相结合，创造出既有文化内涵又具有实用价值的文创产品。这种方法不仅为博物馆带来了经济效益，也让更多的人对中国的传统文化产生了兴趣。

（二）台北故宫博物院文创——坠马髻颈枕

台北故宫博物院，是重要的中华文化艺术宝藏库，馆内珍藏了超过六十万件的古代中华艺术品，横跨了中国古代五千年的历史，从商周时期，经过汉、唐、宋、元、明直到清朝。在广阔的历史与艺术的背景下，台北故宫博物院积极推进文创事业，期望能更深入、更广泛地将中华文化的精髓传递给公众。坠马髻颈枕便是其中一件令人印象深刻的提取式设计产品。

坠马髻源于古代中国的发髻风格，这种风格以其独特的形态与精致的制作技巧闻名。在古代，坠马髻是女性身份与地位的象征，很多上层女性都会选择这种发型来展示其风范，发髻的名字来源于其形态，两撮长辫子从头顶垂下，就像是从马背上坠落的形态，故得名坠马髻。台北故宫博物院巧妙地将这一传统文化元素与现代设计手法相结合，创作出坠马髻颈枕。颈枕采用现代材料，如记忆棉等，确保使用的舒适性。而外观上则完美地再现了坠马髻的形态，两侧垂落的"发髻"成为颈枕的一部分，不仅具有装饰性，也为使用者提供了支撑，确保其颈部在使用过程中能够得到充分放松与支持。这种结合传统与现代的设计方法，使得坠马髻颈枕不仅是一件实用的生活用品，更是一件充满文化内涵的艺术品。它代表了台北故宫博物院对传统文化的尊重和传承，同时展现了其对现代设计理念的理解。

此外，坠马髻颈枕也为游客提供了一个独特的纪念品选择。游客在台北故宫博物院游览结束后，可以在文创商店选择这样一款充满文化氛围的颈枕作为此次旅行的纪念。每当他们使用这款颈枕时，都会想起博物馆中的那些珍藏以及背后丰富的文化历史。

第三节 诠释式设计

一、诠释式设计的概念和特点

（一）诠释式设计的概念

在当代设计领域，特别是在涉及与文化、历史和艺术相结合的领域中，诠释式设计正在逐渐受到关注和重视。诠释式设计，简而言之，就是一种深入文物背后的文化和历史深层，通过解读其内在的意蕴和象征意义，结合当下的生活需求和流行趋势，创造出既与原作有深厚联系，又具有创新性和独特性的新产品的设计方法，与传统的复制或提取设计方法有着本质的区别。

在传统的复制或提取设计中，设计师通常会直接借鉴文物的形态、纹饰或其他视觉元素。而在诠释式设计中，设计师需要对文物背后的文化、历史和象征意义进行深入的研究和解读，从而找到与之相对应的现代语境，并在此基础上进行创新性设计。这一设计方法的核心在于"解读"，要求设计师不能仅停留在文物的表面，还要深入其背后，探寻其内在的意义和价值，并基于这一深层次的理解来进行创作，需要设计师具备丰富的文化和历史背景知识以及出色的创新和设计能力。例如，在设计一个与某一古代文物相关的首饰或生活用品时，设计师不会直接复制这一文物的形态或纹饰，而是会对其背后的文化和历史背景进行深入的研究，找到与之相关的符号或象征意义，并结合当下的时尚元素和生活需求，创造出一个既具有历史价值又具有现代感的新产品。另外，诠释式设计也强调"意境"的重要性。这一设计方法要求设计师不能仅满足于表面的形式，还要追求更深层次的意蕴和趣味。在欣赏这一类设计产品时，观众往往需要细致地审视和体验，才能真正领略到其背后的文化意蕴和艺术趣味。

（二）诠释式设计的特点

1. 和谐性

和谐性，顾名思义，是一种平衡与协调，在文创设计语境中，意味着在创作的过程中，设计师需要确保新的创意与原始材料之间存在一种和谐的关系，这种关系既体现了对原材料的尊重，也体现了对新创意的独特性的追求，而要实现这样的和谐性，需要设计师在整个创作过程中不断地进行权衡。

诠释式设计的和谐性体现在多个层面。从内容的角度看，和谐性确保了新的创作内容能够与原材料产生共鸣，能够在某种程度上与原材料的核心价值观和哲学观点产生共振，从而产生新的、有深度的内容。从形式的角度看，和谐性体现在新的设计与原材料之间的形式关系。这种关系可以是直接的、明显的，也可以是隐晦的、深沉的。无论哪种方式，都需要设计师在整个创作过程中不断地思考与探索，确保新的设计形式能够与原材料产生有机的联系，从而达到和谐的效果。再从审美的角度看，和谐性也至关重要。设计作为一种艺术形式，其审美价值不言而喻，而和谐性在审美上的体现，是新的设计能够在审美上与原材料产生共鸣，能够给人带来美的享受与感受，需要设计师具有高超的审美眼光，更需要他们对原材料有深入地了解与研究，确保在审美上能够达到和谐的效果。然而，实现和谐性并不是一件容易的事情，需要设计师具有敏锐的观察力，能够准确地捕捉到原材料的精髓；需要设计师具有深厚的文化底蕴，能够对原材料进行深入的研究与解读；更需要设计师具有独特的创新思维，能够在尊重原材料的基础上进行创新与改进。

2.延续性

延续性，简而言之，指的是某一事物、观念或风格在时间线上的持续、扩展和进化，代表着一个流动性的、连续的过程，其中新的形态、概念或表达方式是基于既有的基础，加入了新的元素、思考或解读，而不是从零开始。

在诠释式设计中，延续性主要表现为以下几点：

（1）源于深度的尊重

设计的过程是建立在对原始材料或文化的深度尊重基础上的，是对其形态或可视化的元素的复制或提炼，更是对其背后所蕴藏的思想、历史、文化和情感的深入理解与体悟。延续性确保了在传递新的信息或创意时，不会丢失或扭曲原始材料的核心价值。

（2）精神与实质的结合

延续性不仅仅关注形式的传承，更重要的是对原材料的精神和实质的继承，但并不意味着简单地重复或模仿，而是在保持原始精神的基础上，加入新的元素或解读，使之既有历史的厚重感，又具有现代的创新性。

（3）连接历史与当下

诠释式设计中的延续性作为一个桥梁，连接了过去与现在，是对历史的回溯，更是对当下的反思和对未来的预见。通过这种连接，设计可以反映出时间的流逝、文化的变迁以及社会的进步，从而为观众提供丰富和多维度的体验。

（4）适应性与创新并存

延续性鼓励设计师在保持原始价值和风格的基础上，进行创新和探索，可以是形式的，也可以是内容的，要求设计师不仅仅满足于现有的知识和技能，还要敢于打破常规，追求新的表达方式和创意思维。

3.深度性

深度性是一个跨学科的概念，广泛应用于艺术、文学、哲学、心理学和社会学等领域，描述的是某一内容、思考或体验的深层次、核心和内在质感，不局限于物质或形式的表面，还要追求其背后深入、细致地探索与理解。诠释式设计在多个维度上体现其深度性，为其赋予了不同于其他设计方法的独特价值。首先，深度性体现在设计师对原始材料的理解程度上。在诠释式设计中，设计师并不满足于对原始材料的表面解读，而是尝试深入其背后，探索其深层次的意义和价值，可能涉及对原始材料的历史背景、创作者的意图、文化语境等方面进行深入研究，确保对其有一个全面而深入的理解。只有这样设计师才能在新的设计中真正体现出原始材料的核心价值。其次，深度性还体现在设计的过程中。诠释式设计鼓励设计师进行大量的研究和探索，是对原始材料的深入分析、与专家的交流、对相关文献的研读等，而不是仅仅依赖于个人的直觉或经验。通过这种深入的研究和探索，设计师可以确保自己对原始材料有一个全面而深入的理解，从而在新的设计中体现出其真正的价值。再次，深度性还体现在设计的内容上。诠释式设计注重对原始材料的深入解读，新的设计在某种程度上是对原始材料的延续，同时需要有自己的独特之处。设计师需要找到一种方法，既能够体现出原始材料的核心价值，又能够在新的设计中呈现出独特的创意和观点。最后，深度性还体现在设计的结果上。一个具有深度性的诠释式设计往往能够引起人们的深入思考，因为设计的内容本身具有深度，更多的是因为设计师对原始材料的深入理解和解读，使得新的设计能够在某种程度上触及人们的内心，引发他们的共鸣。

4.情境性

情境性通常指的是事物或现象在特定的背景、环境或场合中的特殊性质和意义，突出了环境、背景或上下文对某一事物或现象理解和解释的重要性。设计首先是为了满足人的需求和欲望，而这些需求和欲望都是在特定的情境中产生的，不同的文化、历史、社会和经济背景都会产生不同的设计需求和审美取向。因此，情境性要求设计师对这些背景有深入了解和理解，确保新的设计能够满足特定情境下的需求。情境性还体现在对原始材料的应用上，每一种原始材料都有其自身的历史、文化和社会背景，这些背景决定了材料的特定意义和价值。诠释式设计是要在特定的情境中对材料进行深入的解读和再现，要求设计师不仅仅是形式上的创作者，更是内容和意义上的解读者。此外，情境性还意味着设计需要考虑到其所处的时间和空间背景。同一个设计元素在不同的时间和空间背景下可能会有完全不同的意义和表现。因此，设计师需要对这种背景进行深入的研究和理解，确保新的设计在特定的时间和空间背景下得到恰当的表现。

二、诠释式设计具体应用场景

（一）现代艺术展览

在中国，诸多历史文化和传统艺术为现代艺术家和设计师提供了丰厚的创作土壤。中国的书法、绘画、陶瓷、建筑、戏剧等传统艺术，都为现代艺术展览提供了丰富的素材。诠释式设计则允许设计师在尊重传统的基础上，赋予它们全新的意义和形式。

以北京的一个现代艺术展览为例，该展览主题为"古与今"的碰撞。展览场地的设计灵感来源于古代的徽派建筑。原有的徽派元素如马头墙、青砖、小青瓦等都得到了保留，但通过现代材料和技术，这些建筑元素在形态和功能上都发生了变化。例如，马头墙使用了透明的玻璃材料，既保留了传统的形状，又使其具有了现代感；青砖则被重新解释为一个充满互动感的艺术装置，观众可以通过触摸砖块，感受其温度和纹理。

另外，展览中的艺术品也是诠释式设计的代表。有一件作品是对宋代瓷器的重新解读，艺术家选择了宋代特有的青瓷为素材，但在造型上进行了大胆的创新，将青瓷与现代金属材料结合，创作出一个既有古典韵味，又富有现代感的艺术品。

再如，一位艺术家以中国古代的山水画为灵感，利用现代的数字技术和多媒体材料，创作出一个全新的山水互动装置。观众可以通过移动和触摸，与这个数字山水产生互动，感受古典艺术与现代科技的完美结合。

这些例子只是冰山一角，中国现代艺术展览中充满了类似的诠释式设计实例。它们将传统艺术和文化与现代设计和技术完美结合，为观众提供了一种全新的艺术体验，同时证明了诠释式设计在中国现代艺术展览中的重要地位和价值。

（二）电影和戏剧改编

在电影和戏剧的领域中，文化创意产品并不限于影片或舞台剧的呈现，更多的是如何将传统文化元素转化为具有市场价值和文化价值的产品，包括原声带、周边商品、主题展览、演出、衍生小说等。以中国现代科幻大片《流浪地球》为例，这部电影改编自刘慈欣的同名小说，讲述了在太阳即将毁灭地球的未来，人类共同构建巨大的推进器，使地球离开太阳系，展开长达 2500 年的宇宙流浪之旅的故事。这部电影取得了巨大的成功，与其相关的文创产品也备受关注。例如，《流浪地球》推出的笨笨智能遥控车积木，是对影片中的角色"笨笨"进行了诠释式的设计，这款积木不仅让孩子们能够亲手搭建、玩耍，还能够深化他们对电影中角色和情节的印象。同样，《流浪地球》中的运兵车被设计成玩具摆件，凭借精细的工艺和设计，让观众可以实际拥有和触摸，增强了影片的观感体验。此外，行星发动机温感马克杯，提取电影中的关键元素——行星发动机，加入温感设计，使其在灌入热水后能呈现不同的颜色效果，既实用又具观赏性。电影中的经典角色和场景，如笨笨机械狗、550W 和门框机器人，都被设计成了钥匙扣和金属磁贴，笨笨/550W 金属钥匙扣采用高质量的金属制作，经过精心打磨与抛光，呈现出顺滑的触感。设计上，钥匙扣忠实再现了笨笨与 550W 的形态，无论是细节的雕刻还是整体的外观都与电影中的设备极为相似，作为钥匙扣，其主要功能是挂钥匙或作为挂饰，其精致的制作与独特的设计，使其在实用性上具有观赏性，成为粉丝们日常随身携带之物。对于《流浪地球》的粉丝来说，这款钥匙扣不仅仅是一个简单的日常用品，更是一种对电影的回忆与纪念。笨笨机械狗/550W/门框机器人金属磁贴同样采用高质量金属材料制作，经过细致的工艺处理，展现出极高的质感。其上细致地刻画了笨笨机械狗和 550W 的外观，每一个细节都与电影中的形象高度吻合，让影迷能够在日常生活中随时感受到电影带来的美好。

（三）品牌和产品设计

在当代社会中，品牌和产品设计愈发注重将传统文化、历史元素与现代审美相结合，以创造出富有深意且符合现代审美的设计。诠释式设计作为一种独特的设计手法，其在品牌和产品设计中的应用广泛，尤其是在中国航空航天领域。

中国航空航天技术近年来迅速发展，使得航天文化逐渐走进公众视野。航天元素不仅仅用于科技创新，更进一步融入了生活中，为大众带来了许多富有创意和艺术感的产品，其中诠释式设计的手法起到了不可忽视的作用，使得航天元素与日常生活产品完美结合，展现出独特的艺术魅力。以"征途·星辰大海"空间站纯银摆件为例，这是一个典型的诠释式设计应用在中国航空航天文创产品上的案例。此款摆件并不仅仅是一个简单的空间站模型，它巧妙地结合了中国空间站建设的历史背景与现代技术，使其既有历史感，又富有艺术氛围。首先，摆件的整体设计以 3D 立体浮雕工艺为主，细致展示了我国建造完成后的空间站，每一个细节都经过精心设计和雕琢，使人可以感受到航天员在空间站中工作的场景，展现了空间站的真实形态，更让人感受到航天工作者的职业精神和对航天事业的执着追求。再者，空间站模型镶嵌在星空背景中，大大小小的星辰，通过激光幻彩技术，呈现出流光溢彩的效果，这一设计手法将现代科技与古老的星空文化相结合，使得摆件在展现航天技术的同时，充满了浪漫和神秘的氛围。此外，火箭残骸更是为这款摆件增添了历史深度，让人们可以从中感受到中国航天事业的辉煌历程。

三、诠释式设计典型案例介绍

（一）中国小笼包笼屉——团圆凳

中国的小笼包源于南方的小吃文化，凭其独特的味道和形态，已成为广大人民心中的美味象征。其常见的承载方式，即蒸笼，不仅是烹饪工具，也成为小笼包这一传统美食的标志。蒸笼在视觉上展现出柔和、朴素、具有东方美学特色的线条，而当小笼包被摆放其中时，盖子轻轻盖上，如同家人团聚，温暖而踏实。"团圆"这个词在中国文化中承载着深厚的情感和期待，代表着家人的团聚、人们对和谐生活的向往。而团圆凳正是基于小笼包蒸笼的形态设计出来的，它巧妙地将蒸笼的结构和美学融入家具设计，呈现出一种新颖而富有创意的审美体验。设计者在团圆凳中巧妙地应用了蒸笼的竹制纹理和结构。凳子的外形与蒸笼高度相似，但在细节上有所突破。例如，多个凳子可以自由组合，形成不同的排列和组合，这种设计思路灵活而实用，能够满足不同场合和空间的需求。在颜色和高度上，凳子则采用了多样化的设计，既增加了产品的趣味性，又赋予每个凳子独特的个性。此外，团圆凳底部的储物空间设计更是巧妙，不仅增强了凳子的实用性，还与蒸笼的盖子形成了有趣呼应，使得整个设计和谐统一。

（二）曾侯乙编钟——智能音响

曾侯乙编钟是战国时期的音乐遗产，见证了中国古代音乐与工艺技术的巅峰。这套编钟由64口大小、形状、重量各异的青铜钟组成，可以演奏出五音十二律的完整音阶，它的出土不仅为我们提供了宝贵的音乐史料，更改写了世界音乐史，因为它证明了早在两千多年前，中国就已经拥有了复杂的十二音音乐体系。而现今，人们对传统文化的关注和尊重以及对古老与现代结合的追求，使得曾侯乙编钟以一种全新的方式被呈现——那便是智能音响的形式，这一设计思路并非简单地复制古老的形态，而是真正地融合了古今之间的技术与审美。将曾侯乙编钟转化为智能音响，首先就是对编钟的外观进行现代化的再造。青铜钟的光滑线条与古朴质感，在智能音响中得到了细致体现，保留了编钟原有的美学特质，为现代居住空间注入了一种独特的历史与文化氛围。但更为关键的是内部技术的结合，智能音响不仅是一个播放器，还融入了现代科技元素，如人工智能、物联网技术等。用户可以通过语音控制或移动应用程序来操控音响，选择想要听到的古代曲目或现代音乐。编钟的音乐响起，仿佛回到战国时期，那些古老的旋律，透过现代科技，被赋予了新的生命。此外，音响中融入了曾侯乙编钟的历史故事、文化背景等内容，为用户提供了一次全方位、沉浸式的历史文化体验。现如今，曾侯乙编钟变成了生活中的实用工具，一个与人们日常生活紧密相连的设备，也让更多的人有机会接触和了解到中国古代的音乐文化，为现代人的生活带来艺术与技术的双重享受。

（三）只此青绿——香薰加湿器

当谈及北宋王希孟的《千里江山图》，人们心中不禁浮现出那宏伟的山水，那曼妙的笔触，那深邃的意境，此画展现的不仅仅是大自然的形态，更蕴含了一种哲思，一种对天地、对人生的思考。在这样一幅历史悠久、艺术价值极高的画作面前，如何从中提炼出现代的设计灵感，进而创造出既符合当下审美又融合传统文化的实用品，无疑是对设计者极大的挑战。

"只此青绿"香薰加湿器的设计，正是在这样的背景下应运而生。其名"只此青绿"，即取自《千里江山图》中那青翠的山峦、碧波荡漾的江水，试图捕捉并传达画中的色彩与情感。在外形设计上，香薰加湿器模拟了山水画中峰峦起伏的群山，这种设计并不是简单地复制，而是进行了抽象和提炼，将群山的轮廓、结构与比例融入加湿器的外形，既维持了其实用性，也确保了美观度。当加湿器运作时，烟雾从这"山峰"中冉冉升起，仿佛是画中那朦胧的晨雾，或是高山之上的云海，无疑增加了加湿器的观赏性，也让用户仿佛置身于自然之中，感受到大自然的清新与宁静。除了外观设计，香薰加湿器可以为空间提供足够的湿度，还可以加入精油，为环境带来宜人的香气，结合香薰与加湿功能的设计，满足了现代生活的实用需求，为用户创造了一种身心愉悦的生活体验。然而，"只此青绿"的真正价值，并不仅仅在于其美观与实用，更重要的是其所承载的文化意义，每当用户目光落在这款加湿器上，都会被唤起对王希孟那幅《千里江山图》的回忆，那是一种深沉的历史感，一种对传统文化的尊重与怀念。而当加湿器运作，烟雾缭绕时，又仿佛能听到古人的笛声、诗歌，能感受到那古老而深邃的东方哲理。这种深入骨髓的文化体验，无疑为"只此青绿"增添了丰富的内涵，也让它成为一件真正的艺术品。

第五章　文创设计的基本流程

第一节　文化创意的调研

一、行业调研

行业调研是文化创意调研工作的基础。进行文化创意的目的在于通过文化创意成果的打造吸引消费者的关注，扩大产品的销售规模，取得市场的认可。因此在进行文化创意具体的策划工作之前，需要对自身所处行业、产品的需求特征、市场的竞争特征、外部的环境特征等因素进行基础性分析。通过行业调研的结果确定企业战略、产品、营销方面的定位与方向，从而明确文化创意的目标与策略。行业调研工作通常从时间纵向与空间横向两个角度开展，主要包括需求端调研、供给端调研和环境端调研。

（一）行业需求端调研

行业需求端调研在文化创意领域中是非常关键的一环，决定了创意产品是否能够在市场中获得成功。对于文化创意产业而言，行业需求端调研的第一步是深入了解消费者的偏好，不仅要了解他们现在所喜欢的产品或服务，还要洞悉他们的深层次需求以及这些需求是如何形成的。随着全球化和文化的交融，现代消费者的需求和偏好日趋多样化。他们对于不同文化元素的接受度、更喜欢的文化表达方式以及更能引起兴趣的文化创意产品或服务都在不断变化。因此，调研时必须对消费者的心理、文化背景、社会身份等进行深入分析，才能真正洞察他们的需求。

同时，行业需求端调研需要预测市场的未来趋势，这需要对各种经济、社会、技术和文化因素进行综合分析。例如，随着科技的进步，新技术如虚拟现实和增强现实为文化创意产业带来了全新的发展机会，但它们也带来了新的挑战，如技术的快速更新、消费者对于新技术的接受度等。除此之外，全球经济形势、政策法规、社会文化趋势等都会对市场需求产生深远的影响。因此，对于这些宏观趋势的准确预测，能帮助企业更好地制定策略，抓住机会，避免威胁。此外，行业需求端调研要深入分析市场的区域性和群体性特征。不同的地区、文化和消费者群体可能对相同的文化创意产品或服务有着完全不同的需求和反应，一个在欧美市场非常成功的文化创意产品，在亚洲市场可能完全不受欢迎，反之亦然。了解各个市场的特点和需求，将有助于企业制定更加有针对性的策略。在完成上述调研后，企业还需要进行深入的分析，总结出调研的核心发现，并根据这些发现制定相应的策略，包括调整产品或服务的设计、更改市场推广策略或寻找新的合作伙伴等。

举个例子，白酒在中国文化中有着深厚的历史和文化根基，是中国人餐桌上的主要饮品之一，尤其在重要的节日、庆典或商务宴请中。随着经济体制的改革和市场经济的发展，白酒行业逐渐实现了产量和品种的多样化，尤其是在 20 世纪 90 年代至 21 世纪初，中国白酒行业进入了一个高速增长的阶段。在这个时期，许多历史悠久、具有深厚品牌积累的白酒企业逐渐崭露头角。例如，茅台、五粮液、洋河、泸州老窖等品牌通过不断的技术创新和市场开发，逐渐在国内外市场树立了自己的品牌形象。但随着市场的发展和竞争的加剧，白酒行业面临一系列的挑战。首先，随着消费者需求的多样化，白酒企业需要不断地进行产品创新，不断地投入研发，提高技术含量，确保产品的质量和口感。同时，由于白酒行业竞争激烈，企业也需要在市场推广、品牌建设、渠道拓展等方面下足功夫。其次，随着国际化的趋势，中国白酒企业面临着与国际品牌的竞争，为了应对这一挑战，许多白酒企业纷纷开始加大在国际市场的投资，通过参加国际酒展、与国际知名酒商合作、开设海外分公司等方式，积极开拓国际市场。最后，随着社会的进步和消费者环保意识的增强，白酒企业也面临着环保和可持续发展的压力，要在生产过程中加强环保管理，确保产品的绿色、健康、安全，还需要加大对可持续发展的投入，确保企业的长远发展。

（二）行业供给端调研

行业供给端调研关注于行业内的供应情况，涵盖产品、服务、技术以及其他能够影响市场供应的各种因素。对供给端的深入了解可以确保企业在文化创意中获得独特的方向，并在市场中确立其位置和竞争优势。

供给端调研首先要了解行业内的主要供应者及其规模、产品线、服务范围、技术实力和市场份额。供应者的市场策略、行为模式，如合作伙伴关系、研发方向和市场布局也是研究的重点。其次，技术和创新在供给端调研中占有重要的地位。随着科技的快速进步，行业的技术发展和创新速度都在持续加快。因此，深入研究现有的技术、行业的创新动态和潜在的技术趋势变得尤为重要，包括对技术研发方向的分析、技术合作和交流的考察以及由技术推动的新业务模式的探索。然后，对行业内的产品和服务进行详细的了解也是不可或缺的部分，包括分析产品和服务的特性、分类、应用场景和目标消费者。再次，供给端调研需通过深入理解从原材料供应到生产、销售和终端用户的每一个环节，可以更好地找到可能的合作伙伴和业务机会，同时更准确地评估行业的竞争状态。最后，了解行业的成本结构和盈利模式是供给端调研的另一个核心部分，涉及对原材料成本、人工成本和运营成本的分析，并且从某种程度来看，研究行业的主要盈利模式和收入来源，对企业制定自己的商业模式和策略具有重要的指导意义。为了进行有效的供给端调研，通常采用的方法包括数据分析、实地访谈、市场观察和专家咨询等。利用这些工具和方法，企业可以获得关于市场现状、技术趋势、产品动态和竞争状况的全面和深入的了解，为其在文化创意市场中的发展奠定坚实的基础。

卫龙辣条作为中国著名零食品牌，曾在十年前凭借其低价和广泛的渠道分布，赢得了广大消费者的喜爱。但正如许多其他以价格为竞争核心的品牌所面临的问题，卫龙也曾面临着同样的困境：品牌形象不高端，产品被视为低端消费品，缺乏区分度和附加价值。

对于卫龙来说，这样的定位确实能迅速占领市场和获得销量，但随着消费者日益增长的品质追求和市场竞争的激烈化，单纯依靠低价和渠道竞争显然无法为品牌带来长久的竞争优势。要想从中低端市场跃升至高端市场，单纯地提高价格并不现实，品牌需要重新塑造自己，提升自己的价值。为此，卫龙食品做出了重要决策，那就是对自己的产品包装进行全新的文化创意设计。这不仅仅是为了美观，更是为了赋予产品更高的文化价值和品牌形象。在新的包装设计中，卫龙摒弃了传统的繁杂元素，选择了简约的设计风格，旨在传达一个现代、高端的品牌形象。新包装的设计不仅使产品在货架上醒目，还为消费者传递出清晰而一致的品牌信息：卫龙辣条不再是你记忆中的那个低端零食，而是一个时尚、高品质的选择。这样的改变不仅得到了消费者的积极响应，还成功摆脱了传统低价竞争的行业困境，证明了即使是传统的、被认为是低端的产品，只要通过创意和策略，也完全有可能重塑品牌形象，从而实现品牌的升级和转型。如今，卫龙辣条已经成为辣条食品中的高端典范，其成功的背后，是对文化创意重要性的深刻认识和对品牌价值的不断追求。

（三）外部环境端调研

1.政治环境

在文化创意行业，政治环境的稳定与变动不仅会影响行业整体的发展方向，还会影响到企业在市场中的定位与策略选择。稳定的政府政策、法律法规和行业标准有助于企业专注于产品与服务的研发，不必过度担忧政策不稳定带来的风险。同时，如果政府鼓励原创内容的生产，可能会提供资金支持、税收减免或者其他优惠政策，这会刺激更多的企业进入这一领域，推动原创内容的繁荣。相反，若政府对某些内容进行限制或禁止，那么相关的创意内容就需要在规划时进行调整，避免触碰红线。文化创意内容在产出和传播的过程中，必须遵守相关的法律法规，不论是内容的产权问题、内容的合法性还是广告的合规性，都需要在法律框架内进行操作。例如，某餐饮企业使用了不当标语，这不仅损害了其品牌形象，还会受到法律的处罚，这提醒企业在创意策划过程中，必须充分考虑法律风险，确保每一个创意都在法律允许的范围内。

2.经济环境

经济增长率、人均可支配收入和失业率都是反映一个国家或地区经济状况的关键指标，这些指标与消费者的购买能力和消费意愿密切相关。当国家或地区的经济状况良好、人均可支配收入高时，消费者通常愿意为文化创意产品和服务买单。相反，当经济增长放缓或衰退时，消费者往往会减少不必要的支出，这对文化创意行业来说意味着降低的销售额和利润。再者，经济环境中的不同因素可以影响文化创意产品的需求和供应。例如，利率、汇率和通货膨胀率都可以影响消费者和企业的购买决策。较低的利率可能鼓励消费者和企业进行更多的支出和投资，而高通货膨胀率可能会抑制购买力，导致对某些高价的文化创意产品的需求下降。此外，地区之间的经济差异也会影响文化创意产品和服务的市场策略，一二线城市和三四线城市、城镇和乡村之间的经济差异可能导致对文化创意产品和服务的需求和偏好存在显著差异，要求文化创意企业在市场策略、产品设计和推广活动上进行细分，以满足不同市场的特定需求。

以电影行业为例，一二线城市的观众可能更偏好国际化的、涉及现代都市生活的题材；而三四线城市或乡村地区的观众可能更喜欢与本地文化和生活方式相关的故事。因此，制片公司需要对不同市场的观众进行细分，制定相应的市场策略。

3.社会环境

社会环境是指社会中存在的各种非物质和物质因素，包括人口结构、文化习俗、价值观念、消费心态等。人口结构主要涉及年龄、性别、教育背景、职业等特征。不同的人口特征会导致消费者对文化创意内容的接受度和喜好存在差异。例如，针对年轻一代的创意内容，往往需要融入更多时尚、潮流元素；对于中老年人群，则需要考虑其价值观和生活经验。文化习俗是指某一社会或群体中长期形成并传承下来的行为模式、习惯和传统。这些习俗往往是基于该社会或群体的价值观念形成的。对于文化创意行业，需要深入了解目标市场的文化习俗和价值观念，确保其创意内容不仅能被接受，还能引起共鸣。例如，某些地区可能对某些颜色、图案、符号等有特定的文化含义和情感关联，文化创意企业在策划创意内容时，需要充分考虑这些因素，确保其内容能够与目标市场的文化习俗和价值观念相契合。消费心态是指消费者在面对购买决策时的思考和情感状态。这与消费者的个人特征、社会背景、经济状况等因素密切相关。对于文化创意行业，需要深入了解目标市场的消费心态，以便更好地满足其需求。例如，某些消费者可能更喜欢追求独特性和个性化，另一些消费者则更看重品质和实用性。文化创意企业在策划创意内容时，需要充分考虑消费者的消费心态，确保其内容既有创新性，又能满足市场需求。教育水平和健康状况是影响消费者需求和接受度的重要因素。教育水平高的消费者往往对文化创意内容有更高的鉴赏能力和要求；健康状况则会影响消费者对某些文化创意内容的接受度和喜好。例如，健康状况良好的消费者可能更喜欢充满活力和积极向上的内容，健康状况较差的消费者则可能更偏向于寻求安慰和激励。

4. 技术环境

在 21 世纪，技术发展日新月异，深刻地改变了多个行业的面貌，特别是文化创意行业。技术环境中，最为引人瞩目的当属数字化技术的快速崛起。数字技术的出现意味着创意内容可以在瞬间跨越国界，实现全球传播。而云计算技术使得数据存储和处理成本大大降低，为文化创意内容提供了便利的存储和分享平台。例如，云技术让设计师在进行项目合作时，可以轻松地共享工作文件，无须再因文件传输而头痛。人工智能与机器学习技术在文化创意产业中也扮演了不可或缺的角色，先进的技术为创意策划提供了数据支撑，帮助企业准确地把握市场动态，预测消费者需求。例如，通过机器学习技术分析消费者的在线行为，企业可以提前洞察到潜在的市场趋势，从而调整或创新其创意内容，确保其与市场需求相匹配。与此同时，虚拟现实（VR）和增强现实（AR）技术为文化创意带来了沉浸式的体验，使得消费者不再仅仅是创意内容的观众，而是成为其中的一部分。例如，通过 VR 技术，观众可以身临其境地体验电影、音乐会或艺术展览，这种沉浸式体验为文化创意产业开辟了新的市场机会。面对技术的快速变革，文化创意企业需要保持敏锐的市场洞察力，不断地学习和创新，确保其创意内容与市场需求相匹配，从而取得市场的认同和支持。

二、竞品调研

竞品调研是为文化创意调研提供参照。文化创意的目的在于通过文化创意成果的打造吸引消费者的关注，扩大产品的销售规模，取得市场的认可。若赢得市场，就能够在与竞争品牌的角逐中取得最终的胜利。因此，在进行文化创意时，需要详细调研所处行业的竞品发展情况，包括其整体战略、市场策略、核心产品、品牌定位，尤其是竞品采用了哪些文化创意手段、运用了哪些文化创意推广的方式、策划了哪些文化创意活动、研发了哪些文化创意产品，最终取得了怎样的效果。对竞品在文化创意方面的研究，不仅可以为自身进行文化创意工作提供借鉴与参考，还能发现与竞品的差异，从而选择符合自身的个性化主题与卖点。

（一）竞品的分类

1.直接竞品

直接竞品，顾名思义，是与某一特定产品或服务在功能、性能、目标市场等方面存在高度相似性或可替代性的其他产品或服务，这些竞品的存在意味着在市场上消费者可以在它们之间进行选择。例如，在智能手机市场中，苹果的 iPhone 与三星的 Galaxy 系列都是高端智能手机，它们在价格、性能和功能上都具有相似性，因此可以被视为直接竞品。

对于企业来说，直接竞品的存在意味着市场份额的直接竞争，因为消费者在选择时最可能在这些直接竞品之间进行权衡。因此，企业需要密切关注这些竞品的市场动态，如价格策略、产品更新、营销活动等，以确保自己的竞争力。

2.间接竞品

与直接竞品相对，间接竞品可能不与目标产品或服务在所有方面都完全匹配，但它们满足相同或部分相似的用户需求。虽然在形式、功能或用途上可能存在明显差异，但它们都在某种程度上与目标产品或服务争夺市场份额。例如，公交车和自行车都可以被视为小型轿车的间接竞品，因为它们都提供了从 A 地到 B 地的交通解决方案，尽管方式和效率有所不同。

3.潜在竞品

潜在竞品在当前不是直接竞争关系，但在未来可能会成为竞争对手的产品或服务，由于技术进步、市场趋势的变化或新的市场策略等因素，使它们逐渐与目标产品或服务形成竞争关系。例如，某一在线视频平台目前可能只提供电影和电视剧，但如果它决定进入在线教育市场，那么它可能会成为在线教育平台的潜在竞品。

（二）竞品的调研方法

在文化创意领域，竞品调研是企业了解市场环境、定位自身和制定市场策略的关键步骤。将深入探讨四种常见的竞品调研方法：

1.线上资料搜索

随着信息技术的迅速发展，线上资料成为竞品调研的重要来源。百度搜索作为国内最大的搜索引擎，能够提供大量关于竞品的资讯、评价和反馈。此外，社交媒体如微博和抖音等，能够及时捕捉到竞品的最新动态、用户评价和市场反应。公众号和官网则是获取竞品官方信息、品牌形象和产品特点的重要渠道。新闻报道能提供关于竞品的市场动态、经营状况和行业地位等客观信息。

2.线下资料搜集

线下环境中，各种户外媒体成为获取竞品信息的重要途径。例如，在机场、高铁站和电梯等地方，可以看到竞品的广告和宣传材料，从中了解其市场策略、品牌定位和目标用户。此外，参与线下的文化创意活动和展览，不仅可以深入了解竞品的产品特点和用户反馈，还可以直接与竞品的代表和用户进行交流，获取第一手的信息。

3. 竞品客户访谈

客户访谈是竞品调研中最直接的方法。通过与竞品的客户进行深入交流，可以了解其对竞品的认知、评价和需求。这些信息对于评估竞品的市场地位、用户满意度和市场机会等方面都非常有价值。为了获取真实、客观的信息，访谈过程中需要避免提出引导性的问题，应让受访者自由地表达自己的看法和感受。

4. 第三方数据平台分析

第三方数据平台提供了大量关于竞品的客观数据和分析报告。例如，百度指数可以查看关于竞品的搜索趋势、用户群体和地域分布等数据。微信指数则提供了关于竞品在微信平台上的热度、用户互动和传播效果等数据。此外，通过统计媒体报道的数量和内容，可以评估竞品的市场影响力、品牌知名度和公关效果，这些数据和分析报告为竞品调研提供了科学、客观的依据，有助于企业做出准确的市场判断和决策。

（三）竞品的调研内容

在文化创意研究中，竞品分析作为核心环节，其内容主要针对竞品在创意表现上的成果及呈现手法。为了全面评估各竞品在文化创意领域的表现，一般采用特性罗列与对比分析两种方法。在特性罗列中，研究者横向分类罗列出竞品的多种文化创意内容，并纵向分析其具体指标。在对比分析中，则通过对比不同竞品企业的文化创意内容与其评价指标，来综合概述每家企业在创意内容上的亮点、短板和特性。借此，我们可以为企业提供具有针对性的创意方向和策划主题建议。调研内容涵盖广告词汇、影像广告、产品外观设计、衍生品、网络海报、公共空间广告、多媒体内容、重要品牌活动等多个方面。这些内容涉及了企业文化创意的主要方向。以纳爱斯集团为例，其在筹划品牌文化创意之前，已对国内领先的化妆品品牌如"完美日记"和"御泥坊"进行了深入的竞品研究，涉及文创的各个维度，为纳爱斯集团在文化创意策划中提供了有力的指导和参考，使其有目的性地进行策划和执行。

三、消费者调研

消费者调研是文化创意调研工作中的核心。文化创意内容展现的对象是目标消费者，希望自己的文化创意内容能够吸引消费者，就必须对目标消费者的需求偏好以及个人特征进行充分的研究。通过对消费者个体特征的挖掘，发现能够激发消费者兴趣互动以及情感共鸣的文化创意主题与内容，是进行文化创意工作的出发点。消费者调研工作是一个有方法、有步骤、讲究科学性的研究流程，掌握消费者调研的基本流程，使文化创意结果更加有效。

（一）消费者调研的方法

1.问卷调查

问卷调查是一种量化研究方法，通过事先设计好的问卷，收集消费者的意见与反馈。问卷通常包括闭合式问题和开放式问题，用于评估消费者对某个产品或服务的认知、态度、行为以及满意度。问卷调查的主要特点是能够在相对短的时间内收集大量的数据。由于其结构化的特点，数据易于整理和分析，有助于对消费者进行统计分析，了解消费者的总体趋势和特点。但它也存在局限性，如不能深入探究消费者的内在动机和感受。

2.随机访谈

随机访谈是一种定性研究方法，主要是通过对随机选择的消费者进行面对面的访谈，了解其对产品或服务的看法和使用体验。随机访谈的优点在于能够获得消费者的及时反馈和真实感受，有助于发现消费者的潜在需求和问题。由于访谈对象的随机性，这种方法更有可能揭示消费者的多样性和个体差异。然而，由于它是一种定性方法，所收集的数据不易进行统计分析，也较难概括消费者的整体特征。

3.深度访谈

深度访谈是一种深入的定性研究方法，通常是与特定的消费者进行长时间的面对面访谈，以深入了解其对产品或服务的认知、态度、情感和体验。与随机访谈相比，深度访谈注重深入挖掘消费者的内在动机和感受，通过开放式提问，鼓励消费者自由地表达其看法和情感，有助于揭示消费者的深层次需求和期望，为文化创意产品和服务的设计提供有价值的启示。

（三）消费者调研的内容

1. 消费群体

消费群体是指某一产品或服务的目标用户。为了更好地满足消费者的需求，必须首先明确目标消费者是谁，包括消费者的年龄、性别、地域、教育背景、职业、文化背景等基本特征。例如，一款专为年轻人设计的潮流服饰和一款针对中老年人的健康食品在消费群体上就存在很大的差异。

2. 消费需求

消费需求是指消费者对某一产品或服务的期望和要求。这包括消费者对产品的功能、性能、外观、品质、价格等方面的期望。了解消费需求可以帮助设计师制定出符合市场需求的设计方案。例如，在家居设计中，对于拥有宠物的家庭，他们可能更希望家居设计中有与宠物相关的功能区域。

3. 消费能力

消费能力涉及消费者的购买力。这包括消费者的收入水平、消费预算、消费频率等，明确消费者的消费能力可以帮助企业更好地定价，避免产品价格过高或过低。例如，品牌在定价时，会考虑到其目标消费群体的消费水平，确保产品价格既能体现品牌价值，又不会超出消费者的承受范围。

4. 消费心理

消费者心理包括消费者的价值观、生活方式、个性特点等，这些因素会影响消费者的购买决策。对于文创产业来说，消费者可能倾向于购买能够展现个性、与自己价值观相符的产品。例如，一个环保主题的创意项目，可能更受到注重环保、追求绿色生活的消费者的欢迎。

5.消费行为

消费行为是指消费者在购买过程中的具体行为，包括消费者如何获得产品信息、如何评价产品、购买的过程等。了解消费者的购买行为，可以帮助企业优化产品设计、提高营销效果。例如，对于一个线上创意商店，消费者可能首先在社交媒体上看到产品信息，然后访问官方网站，最后决定购买。

（四）消费者调研的结果

在进行文化创意设计之前，深入了解消费者至关重要。为此，采用包括问卷调查、随机访谈和深度访谈在内的一系列调研手段，目的是深入探讨消费者的五大关键要素：消费群体的特性、消费者的具体需求、他们的消费能力、消费心理以及实际的消费行为。调研完成后，一个关键步骤是对所得结果进行系统的分析与总结。

针对消费者调研的结果，可借助三种主要分析方法来深化理解：

首先，采用客观总结法。要求对在调研过程中收集到的有意义的信息进行归纳和整合，除了整合文字描述，还可以利用图表、图像等多种形式来更直观、更具客观性地展现调研结果，以方便后续的策略制定。

其次，交叉分析法在此起到核心作用。主要是对不同消费群体在消费需求、消费能力、消费心理以及消费行为等方面进行细致的交叉对比。通过这种分析，可以发现，即使面对相同的问题，不同的消费群体也可能存在显著的信息差异。这种差异化的深入理解使得企业能够针对特定的消费群体进行更为精细化的产品定位，并针对性地设计和策划文化创意内容。

最后，进行因果分析。因果分析不局限于表面的数据或信息，更着重于探究这些数据背后的原因和内在逻辑关系。通过深入挖掘消费者的心理和行为背后的驱动机制，可以准确地找到消费者选择某一产品的核心原因。这种深度的理解为企业在后续的文化创意内容设计中提供了导向，使之能够精准地满足消费者的需求。

综上，为了确保文化创意设计的成功，要深入地了解消费者，对调研结果进行深入的、多角度的分析，这样才能确保设计方案更贴近市场和消费者的真实需求。

四、企业调研

企业调研是文化创意调研工作的落脚点。文化创意工作需要对自身进行深入了解，对自身的客观条件、希望文化创意工作达到的目标等进行详细调研，以此确定文化创意的工作目标、主题方向、策划内容、制作成本等因素。文化创意工作需要从企业自身实际出发，综合考虑资金预算、支持条件以及企业优势劣势等情况。

（一）企业调研的方法

企业调研是一项高度系统化的任务，其具体流程涵盖了问题识别、问题构建、资料搜集、初步评估、模型优化、分析评估以及可行性方案的提出。一般情况下，企业调研常常采用内部访谈的方式。对于涉及文化创意领域的企业调研而言，典型的对象包括企业高层管理人员，如公司负责人、产品总监、市场总监、品牌总监和广告总监等核心决策者。通过与这些关键人员的交流，可以深入了解他们对于文化创意工作的期望目标、呈现方式、主题倾向、推广渠道以及项目预算等重要需求。

（二）企业调研的内容

企业调研是文化创意项目的基石，包括六个核心方面，有助于确立项目的方向和目标，为文化创意的成功实施提供支持。这六个方面分别是：

1. 工作目标

着重于明确企业在文化创意项目中的目标和预期成果，有助于制订详细的实施计划和策略，确保项目的成功，明确的工作目标是确保文化创意工作朝着正确方向前进的关键。

2. 条件支持

此方面的调研旨在确定企业可以提供的支持条件，包括资金、人力资源、技术支持、媒体合作等关键要素，明晰的条件支持将为文化创意工作提供必要的资源和保障。

3.内部优势

这一环节关注企业相对于竞争对手的内部优势，通过分析企业在产品、市场、品牌等方面的独特优势，可以更好地选择文化创意内容中的亮点和特色，从而提升竞争力。

4.内部劣势

企业需要认真审视自身存在的不足之处和劣势，了解这些问题有助于文化创意中针对劣势进行合理化处理，减少潜在风险。

5.外部机遇

分析外部环境，确定文化创意项目可以利用的机遇，包括市场趋势、受众需求、新兴趋势等，充分把握外部机遇将有助于确定项目的主题和方向。

6.外部威胁

此方面的调研有助于识别外部环境中可能对文化创意项目构成威胁的因素。这有助于项目规划过程中采取预防措施，降低潜在风险。

通过深入研究和明确这六个关键要素，企业可以更好地规划和实施文化创意项目，不仅有助于企业理解自己，还有助于适应市场变化，更好地满足受众需求。

第二节　文化创意的策划

一、选择目标市场

在文化创意领域，选择目标市场不是凭空决定，而是基于深入的市场研究和数据支持的精确决策。这一选择过程包括对多个要素的全面分析，如行业状况、竞争对手情况、目标消费者特征以及企业内部条件等。这些要素的综合考量将指导文化创意工作的方向与策略。在开展文化创意工作时，选择的目标市场必须同时具备三个关键特点，即"他需、我有、人无"。

首先，"他需"指的是市场的需求。选择的目标市场必须拥有庞大的消费需求，并且这种需求具备巨大的增长潜力。市场需求是企业制定产品开发和市场拓展策略的出发点，需求规模直接决定了企业的发展上限。只有在行业市场拥有足够大的需求规模和快速增长的趋势下，企业才能够借助市场的助力，逐渐加速自身发展。

其次，"我有"是指企业自身必须拥有能够满足目标市场需求的技术和产品。所选择的目标市场必须与企业的技术和产品具有高度契合性，以确保企业能够提供符合市场需求的产品、服务和品牌。在一个需求庞大且快速增长的市场中，只要企业能够提供满足市场需求的产品和服务，就有机会在竞争中占据一席之地，逐渐扩大市场份额。因此对供给端的分析更加关注企业自身的客观条件，包括技术、研发、生产等方面条件是否可以满足市场的供给。

最后，"人无"即从竞争端出发，选择参与竞争对手较少或竞争激烈程度较低的目标市场，只有在这样的市场竞争环境中，企业才能获得竞争优势。

在极端的情况下，可以实现"人无"的状态，即垄断类市场环境。在这种市场条件下，市场上只有一个企业提供产品或服务，该企业具有对市场的定价权。然而，在绝大多数行业中，要达到完全的垄断状态是非常困难的。因此，从竞争的角度来看，通常情况下虽然存在其他竞争对手，但企业自身在与竞品竞争的过程中可能具备显著的优势，如技术能力、产品品质、渠道、品牌知名度等方面。这种相对的竞争优势也可以被称为"人无"。对于企业来说，重要的目标市场同时满足以下三个特征：竞争对手较少或竞争激烈度较低、企业在竞争中具备显著优势、市场具有发展潜力。这样的市场被视为潜在的发展机遇，值得企业加以关注和投入资源。

二、确定目标人群

确定文化创意品牌的目标受众具有重要的战略意义，因为有助于精确地定位文化创意品牌的方向，使其更贴近目标受众的需求和追求，从而促使品牌迅速传播和深入人心。这不是单纯了解企业产品适用于哪一群人，而是需要深入了解该群体的兴趣、特征、习惯以及他们在选择类似产品时的购买动机等有价值的详细信息，将为文化创意品牌的建设提供更加准确有效的依据，只有选定精准的目标受众，品牌才能更好地塑造其形象，选择适宜的传播渠道和展示方式，实现品牌体验，确定营销策略并成功开拓市场。确定目标受众需要进行需求、心理和行为三个方面的综合分析。研究目标市场中的消费者还有哪些需求未被满足或者哪些需求已被满足但不尽如人意，有助于从消费者的角度审视目标受众的需求重点和偏好。在文化创意领域，文化创意内容必须与目标受众的需求紧密结合。文化创意的主题、风格以及呈现方式都应当以满足消费者的产品或服务需求为出发点，因此目标受众的需求特征与文化创意工作密切相关。

目标人群的行为分析涵盖两个主要方面。一方面，需分析目标受众的购买行为的时间模式。众多产品的消费在时间上呈现出一定的规律性，例如，烟花爆竹的销售高峰通常出现在春节期间；月饼的需求则在中秋节前达到巅峰；旅游景点的客流量在旅游旺季迎来高峰。因此，企业可以根据产品的时间敏感性，在适当的时机推出促销活动，制定具有竞争力的价格策略，以促进产品的销售。例如，航空公司和旅行社通常会在寒暑假期间加大市场宣传力度，推出优惠票价等营销策略，吸引学生和教职员工选择乘坐飞机出行。而空调制造商往往会在炎热的夏季推出促销活动。此外，不同的文化创意内容和投放时机也需与特定产品的购买时间相协调。另一方面，需分析目标受众的消费频率。消费频率通常与消费者对商品的消耗速度相关，确定了消费者的消耗速度后，企业可以更合理地制定市场营销策略的频次。不同人群对于同类商品的消耗速度存在显著差异。例如，儿童牙膏和成人牙膏的消耗速度有所不同；冬季服装更替频率与夏季服装更替频率不同；男装和女装的消费频率也存在差异。以男性购物频次较低为例，海澜之家的广告口号"一年逛两次海澜之家"凸显了男性购物的特征，这一广告语不仅突出了品牌的多元服装选择，使顾客认为仅需两次购物即可找到满意的服装，还能深刻反映男性消费者的购物心态，即希望购物过程简洁高效，节省时间。

三、选准整体定位

"定位理论"的诞生可以追溯到 20 世纪 70 年代，由杰克·特劳特和艾·里斯等营销专家提出，定位应该以一个产品为起点，该产品可以是商品、服务、机构甚至是个人，定位并不仅仅是企业对产品的设想，更是企业对潜在客户所做的一项重要工作。换句话说，企业需要将其产品在潜在客户心中找到一个真正有价值的位置，确保产品在客户心中有一席之地。定位理论的核心理念可以概括为将"打造品牌"置于核心位置、涵盖"竞争导向"和"消费者心智"两个关键要素。这一理论奠定了创意工作的主题和方向，将文化创意与企业的定位相结合，有助于精准地为用户提供富有创意的内容，同时能有效地赋予企业市场竞争力。需要强调的是，文化创意工作必须紧密围绕企业的定位展开，只有在这一基础上，结合主题和方向的选择，文化创意才能更有效地为用户创造内容，为企业的市场营销提供有力支持。如果脱离了企业的定位，文化创意将无法对用户产生有效的引导作用，甚至可能传递错误的产品信息和品牌认知。因此，文化创意不仅仅是技术层面的问题，更需要与企业整体发展方向和顶层设计相协调的战略思考。从定位的角度来看，可以分为不同层次的定位，包括企业的战略定位、产品的定位、品牌的定位以及品牌的 DNA 元素。

（一）战略定位

企业战略定位，作为战略管理的核心，不仅仅是在行业结构中找到合适位置的问题，更是一个与内外部环境动态演化相互交织的过程。战略定位旨在达成三大关键要素的协同融合，即确定正确的方向、实现高效运营、精准投入主体。其基本构架由"做什么""如何做""谁来做"三个独立而互为补充的维度组成，贯穿于整个战略定位理论体系。

在这三维构架中，"做什么"涵盖了经营目标的选择，涉及企业的方向性命题；"如何做"聚焦于运营流程的有效控制，关注策略的执行；"谁来做"则牵涉到行为主体的明确定义，涉及企业的人员配置和资源调配。

这三个维度相互交织，共同构成了完整的战略定位体系。

战略定位不仅包括企业的方向、基础设施、人员组成等重要方面，还具有动态性和过程性的特征。正是依托于这个三维构架的企业特性化战略定位，使企业具备了与其他竞争者的差异化，从而获得和维持竞争优势。企业战略定位不仅决定了公司的顶层发展目标，还规定了实施路径和重点市场等方向性命题。因此，文化创意工作必须与企业的战略定位紧密结合，以确保其在正确性和有效性上的充分体现。

（二）产品定位

产品定位是企业为满足目标消费者或目标市场需求而制定的产品策略。这一策略通常将产品的特性与目标市场相融合，它也是市场定位战略的具体体现。产品定位可依据两大原则：一是适应性原则，这包括确保产品满足消费者需求，同时考虑企业自身的资源和能力；二是差异性原则，即在产品定位中寻求与竞争对手的差异，以降低竞争风险。

在实践中，有多种产品定位方法可供选择：

①产品差异定位法：基于产品与市场的显著差异进行定位，突出产品的特色。

②利益定位法：通过关注产品的品质、价格和选择性等特点，追求价值最大化。

③使用者定位法：从特定的产品使用者和购买场景出发，打造突出的产品形象。

④使用定位法：根据消费者使用产品的时间和方式来定位产品。

⑤分类定位法：在与同类产品的竞争中，选择细分领域和概念进行定位。

⑥针对特定竞争者定位法：这种方法侧重于对特定竞争者的竞争定位，而非对整个产品类别进行定位。

⑦关系定位法：当企业产品缺乏明显差异时，可以与典型品牌定位产生关联，以在市场中建立特殊关系。

企业的产品定位决定了公司针对目标市场和消费者所强调的产品卖点和特征。此外，产品定位应与企业的文化创意工作紧密结合，以确保文化创意工作的主题和方向与产品策略一致，进而更准确地传达企业的价值观念。

（三）品牌定位

品牌定位作为企业在产品定位基础上的延伸，涵盖了企业品牌的个性差异与文化方向的战略决策。这一过程旨在塑造与目标市场相契合的品牌形象，具体呈现在企业的商业行为和最终效果中。一旦某品牌成功确立了适当的市场地位，使其产品在消费者心中占据独特位置，当消费者产生需求时，便会自然而然地将该品牌与需求联系起来，激发购买欲望。品牌定位的重要性不仅体现在创造品牌的核心价值方面，它还能在消费者心目中建立个性化和差异化的优势。品牌定位还有助于建立企业与消费者之间长期稳定的关系。一旦消费者在特定品类产生需求，已建立品牌关系的产品往往成为首选。品牌定位也能为企业的市场拓展和营销策略提供指导。可见，品牌定位紧密关联着消费者需求。然而，由于消费者的特征、行为和心理存在差异，企业在品牌定位时必须考虑多方面因素，包括自身条件、市场需求以及竞争对手特点，以找到市场中的细分空间，细化品牌定位，精确地满足消费者需求。企业的品牌定位确定了公司在目标市场和目标消费者中的核心品牌目标和品牌方向。此外，企业的文化创意工作需要与品牌定位密切结合，以确保文化创意工作的内容和呈现方式与品牌定位一致，从而准确地传达品牌形象。

品牌的 DNA，即品牌的本质遗传信息。品牌的 DNA 被认为是品牌定位的核心要素，同时也承载了品牌的价值和特性。不同品牌之间的差异正是由于其品牌 DNA 的不同而产生的。品牌 DNA 有助于消费者对特定品牌形成明确的认知，感知到其独特的个性和识别特征。品牌的 DNA 具备一些重要特征，如辨识性、延续性和稳定性。

首先，品牌的 DNA 在于其辨识性，使消费者能够清晰地区分该品牌与其他品牌之间的个性差异，将特定的品牌形象与之关联，从而建立起品牌的认知。

其次，品牌的 DNA 具有延续性，有助于品牌在市场上建立稳固的地位，并使其个性在长时间内保持不变，对于品牌的持续发展至关重要。

最后，品牌的 DNA 还具备稳定性，一旦消费者形成了对特定品牌的认知，这种认知将持续保持下去。

企业的品牌 DNA 决定了其在目标市场和目标消费者心中的独特品牌特性和特征。因此，企业的文化创意工作需要与品牌的 DNA 密切结合，以确保文化创意工作的创意风格和表现形式与品牌的本质相一致。品牌的 DNA 是与文化创意工作密切相关的要素之一，它直接引导着文化创意的方向和主题，但又需要根据战略定位、产品定位和品牌定位进行衍生。

举例来说，农夫山泉的品牌 DNA 以"健康"和"天然"为核心，贯穿了其所有活动。公司坚持在水源地建立工厂，将水源地的纯净水灌装成产品。这一行为赋予了农夫山泉脍炙人口的品牌创意口号，如"我们不生产水，只做大自然的搬运工"以及"农夫山泉有点甜"的品牌体验。这些口号和体验直接反映了品牌的 DNA，使消费者能够将之与农夫山泉品牌联系在一起。

四、开展文化创意

（一）视觉与文案创意

在文化创意领域中，视觉设计起到核心与基石的作用。无论涉及产品构想、广告策略、新媒体内容塑造，还是品牌活动的策划，其背后都少不了深入而精致的视觉设计构思。

从专业角度来看，视觉设计的创意过程可以分为四个主要阶段：明确情感核心词；制定情绪板；进行头脑风暴；用户反馈验证。在这一系列步骤中，确立情感核心词显得尤为关键。这些核心词，实际上是视觉设计旨在传达的情感体验，代表了从无到有的视觉设计初步构想。当确定这些关键词时，设计者需深入反思三大问题：品牌及产品意欲解决的主要问题是什么？面向的主要受众具有怎样的特征？我们希望受众在接触产品或品牌时能体验到何种情感？以针对年轻人的视频社交产品为例，设计团队可能初步列出的情感词如"趣味盎然""激情四溢""多彩可爱""二次元"等，这些都反映了团队对产品的期望定位。然而，在视觉设计过程中，目标的设定需尽量聚焦。因此，不太核心的词应被剔除，而相似的情感体验则需整合。综合后，最终确定的情感核心词可能为"阳光""温暖""年轻"。这意味着后续的视觉设计应紧密围绕这些核心词，呈现出明亮、暖心及年轻活力的设计感觉。

然后是情绪板。在进行关键词定位之后，仍然面临诸多挑战，因为对于同一种情感，不同的人会有各异的认知。例如，某人可能将"阳光"与"蓝天白云"相联系，另一个人则可能联想到"绿树草地"，这样的差异性在后续的视觉设计中可能导致颜色偏好的争议。因此，利用情绪板来将人们对情感的抽象理解转化为具体可定义的元素是至关重要的。接下来，提到了"头脑风暴"的环节。进行头脑风暴的主要目的并不仅仅是快速确定一个设计方案，而是为了最大限度地收集各种创意和构思。如果设计师过早地深陷于某一个细节，很可能会遗漏许多有创意的设计观点。在项目的后续阶段，团队成员及其他相关人员也可能会对已有的设计方案产生质疑或反对意见，导致设计师需要不断地验证和修改其构思。因此，一开始的时候，开放思维，广纳各方意见至关重要。最后，不可忽视的环节是"用户验证"。其中，定量研究是一个关键部分，可以通过在问卷中列出多套方案，然后随机选择部分目标受众进行反馈。同时，定性研究也同样重要，通过与不同用户进行实质性交流，可以深入了解他们的主观反馈，并据此对设计方案进行确认或调整。

在文案策划的专业领域中，写作过程可以细分为以下几个核心阶段。第一，深入分析产品，了解其核心属性以及与之相关的利益点；第二，针对目标用户进行研究，进而明确产品的卖点；第三，基于公司的整体战略和预定的文案推广路径，确立文案的具体目标和定位；第四，选择恰当的文案推广渠道；第五，整合相关信息，采用思维导图的方式绘制文案的结构和逻辑框架；第六，精心编写文案的标题以及核心内容；第七，通过一个问题自检清单对所撰写的文案进行细致审查，确保其质量和目的符合预期。

（二）广告创意

结合整体广告策划流程，策划者须遵从以下七大原则：信息化原则、利益共享原则、整体系统原则、实践性原则、革新性原则、心理认知原则以及伦理道德原则。遵循这些原则的目的在于：在保障质量与数量的基础上，顺利实施策划。

值得注意的是，尽管因文化、时间、地理和情境的差异，广告创意的表现形式各异，但无论哪个国家和地区，其背后的广告创意原则都是相似的。在广告内容的创新设计中，以下三大基本原则应始终被考虑：

真实性原则：广告创意需基于事实进行说服，以实现深入人心的效果。要真正理解消费者的需求，利用他们熟悉的例子进行类比，并使用消费者可以理解的语言进行描述，从而确保广告创意的核心信息能够被准确把握。

易于理解原则：广告内容旨在清晰、简洁地传达信息。复杂、晦涩的广告语句或视觉效果可能会引起消费者的反感。广告信息应当简明易懂，避免烦琐。

创新独特性原则：基于目标受众的关注焦点、需求分析、利益关系及兴趣倾向来加强广告内容的吸引力。一般策略是提高刺激的强度和明确刺激的目标。

在现代广告传播领域中，广告片作为众多广告类型的核心载体，对于传递产品和品牌的核心信息，始终占据重要的地位。这是因为它是大众获取相关信息最直接也是最高效的方式。因此，在广告片的制作过程中，遵守一些关键原则显得尤为关键。以下四大原则对于广告片制作的专业性和完整性都具有深远的影响：

第一，视觉中心化原则。这一原则强调广告片的视觉表现力。要知道，图像在广告中占据核心地位。优质的画面不仅可以吸引观众的注意，更可以深刻地印在他们的心中，从而激发其对产品或品牌的兴趣。

第二，简明扼要与真实性原则。考虑到广告片通常时长较短，无法为观众展现全部的信息，所以应优选重要的内容，以简洁明了的方式展现，确保信息真实、准确，避免误导消费者。

第三，创新与艺术性原则。这一原则突出了广告片中艺术与创新的融合。要知道，广告不仅仅是商品和服务的推介，它更是一种艺术的体现。通过巧妙地利用声音、光线和颜色等多种元素，以创新和独特的手法表达广告的核心信息，才能真正触动消费者的心灵。

第四，整体和谐原则。广告片作为一个完整的艺术品，其每一个元素都必须相互协调，共同合作。无论是广告语、背景音乐，还是广告的视觉表现，都应该和其他部分完美融合，相得益彰，既可以增强广告的感染力，又能确保其信息传递的准确性和有效性。

综上所述，当涉及广告片的制作时，应深入理解并应用这四大原则，将之融入每一个创意和细节中，从而创作出既专业又有深度的广告艺术品。

（三）新媒体内容创意

随着新媒体时代的兴起，文化创意有了更为多元的表达手段。在此背景下，品牌建构通常紧扣"三新主义"理念："新定义"旨在塑造刷新的品牌叙事，进而指引新时代的消费动向；"新话语"着眼于对年轻群体的深入了解，按照其独特性格重建话语结构；"新传播"强调创意、内容、技术与媒介之间的融合，以确保文化创意的传播力和市场渗透度。

面对新媒体时代的文化创意，以下几个原则值得重视：

第一，互动为核心。新媒体的一个显著特点是其高度的互动性和广泛的传播范围。尤为重要的是，用户有能力自主地传播和分享企业的文化创意内容。因此，企业在创意形式和内容选择时，必须充分考虑到这一互动特性，以引导和鼓励消费者进行互动传播。

第二，情感沟通。情感作为连接的桥梁，能够直观地打动用户的内心。当品牌的文化创意内容与情感因素紧密结合时，品牌和消费者之间的联系会更加紧密，从而更容易激发消费者对品牌的深厚情感。

第三，利用反差。创意内容的独特性和出奇制胜的策略，能有效地增强消费者的初次印象。如果使用的画面、文本、音效等各种媒体形式过于乏味，很可能难以引起消费者的兴趣。然而，与消费者传统看法形成鲜明对比的内容，往往能在其心中留下深刻的印象。

第四，塑造积极形象。在追求反差效果时，企业不应忽视品牌形象的正面塑造，避免损害品牌形象或触碰社会道德观念的红线。应在充分表达品牌核心优势的基础上，强化其表现，以传达品牌的核心价值，塑造品牌的正面形象。

第五，虚实之间的互转。文化创意与核心产品在虚实方面的交融和转化有助于吸引消费者注意。以"将实际内容呈现为虚构，将虚构内容具体化"为原则，例如，网易云音乐成功地将其产品界面投影至地铁车厢，从而实现从虚拟到现实的转化；正山堂茶业则巧妙地采用 VR 全景技术，将其茶园的风光展示于线上，从实体转为虚拟。

第六，注重内容质量。内容的独特创意始终是不变的核心。只有通过文案、视觉等各种创意手段的革新，并整合有趣、交互和易于传播的特性，才能真正抓住消费者的兴趣所在。以江小白酒品的文案为例，它正是依靠高质量的内容创意获得了广大用户的关注与喜爱。

第七，简洁而有力。复杂的内容容易增加消费者的理解难度。采用简明、直观的呈现方式和轻量级的传播策略，可以帮助用户快速地认知和理解品牌文化创意，提高其传播的效率。

（四）品牌活动创意

品牌活动是一个企业开展文化创意工作的重要形式。企业通过品牌活动的执行向消费者传递品牌个性、曝光产品特征、培育品牌形象。活动策划是一项具备随机性与灵活性的创造性工作。因此活动并没有固定的执行模板，而是在头脑风暴与形式创新中结合不同品牌和企业的特征和条件进行创造性的策划。从整体活动的策划内容来看，可以参考以下原则：

1.创意创新原则

活动策划的核心症结在于模仿和照搬已存在的模式，尤其是当这些模式与其他知名品牌相关时。借鉴现有的形式并未错，但若希望再次激发消费者的兴趣，必须基于创新与原创性的原则，对活动形式、内容和传播途径进行重新构想，仅当策划内容能引起消费者的新奇感时，活动才能真正发挥其潜能。

2.客观现实原则

虽然策划活动时需要有远大的愿景，但同时必须与现实相结合。策划时要全面考虑企业的实际情况、执行能力和实施可能性。一个过于超前或超脱的策划，虽然理论上可能很美好，但对于企业来说可能无法执行，从而使策划失去实际价值。

3.目标主导原则

活动策划应与公司的整体品牌策略相协调，确定明确的目标。这不仅可以确保活动增强品牌知名度，而且有助于品牌形象塑造、产品销售推广等，避免仅仅为了吸引注意而陷入"高调宣传、低效回报"的困境。

4.系统规则原则

有效的活动策划需要一个清晰的流程、明确的规则和有序的组织结构，确保活动按照既定的程序和流程，逐步、系统地展开，从而达到预期的效果。

5.简单易行原则

在确保达到策划目标的前提下，应尽量简化活动的执行过程。这不仅可以减轻执行团队的负担，确保活动高效、流畅地进行，还能减少企业在资源和资金上的不必要开销。

从宏观的策划流程来看，活动策划可以分为以下阶段：首先明确问题和目标，然后进行环境分析，接着是创新思考和构想，之后制定具体的实施计划和时间表，最后完成全面的策划书。

第三节　文化创意的实施

一、前期实施准备

在文化创意工作实施之前，需要对文化创意工作的客观条件与资源基础进行梳理，根据客观支持力度并结合文化创意工作的目标进行可行性方案设计。在实施条件的准备中，主要关注团队、资金与时间安排三个方面内容。

（一）建立团队

文化创意工作的实施离不开其背后的核心驱动力——文化创意团队。

此团队的组成不仅要注重总体的完备性，也要考虑团队成员间的协同互补、思维的创新性和每个成员的专业能力。

完备性指为了实现文化创意的具体目标，团队应具备所有必要的能力和条件，不仅涉及技能和知识的广度，更关乎深度和细节。换言之，当面对一个文化创意项目时，团队应当有能力从多角度和层面进行应对。他们能够在相互协作的过程中发挥各自的强项，达到优势互补，整体团队的效果将远超单打独斗。此外，创造性和专业性是对团队成员的双重要求。创造性主要强调在文化创意策划过程中，团队成员应有出奇制胜的创新思路；专业性则要求成员对其行业领域内有深入了解和高超技能。

在文化创意项目的实施过程中，团队构建是重要的一环。从专业的角度出发，构建一个高效、协同的创意团队需要具备以下核心角色：

项目领队作为团队的核心和灵魂，他们不仅需要为团队明确整体的文化创意目标、策略方向，还应对主题选择、内容框架以及执行的详细步骤进行深度规划和精准控制，以确保团队的协同效应最大化；文案策划专家是负责针对文化创意项目的文本内容进行深度挖掘和创意构建，他们的工作领域涉及但不限于广告标语、推广语句、营销文章等营销相关的文字创意输出；视觉策划师专注于平面视觉内容的设计与创意，无论是广告摄影、宣传海报、图像设计还是产品的视觉包装，他们的专业能力都能为文化创意项目增添独特的色彩；特效策划与制作人员主要致力于视频和动画等动态内容的创意表达，包括但不限于摄像、剪辑以及特效制作等环节；对于一些技术要求较高的文化创意项目，还需引入技术开发团队，这些技术人员通常擅于小程序开发、网页设计等技术领域，若项目的技术需求超出团队的核心能力范围，也可以考虑对特定部分进行外部专业化的外包；协作与沟通团队则扮演着沟通的桥梁角色，他们确保团队内外的高效沟通，负责协调各部门、确保文化创意内容的顺利实施和广泛传播。

（二）准备资金

在文化创意领域中，预算作为客观条件中的重要元素，其在策划与实施的全程中都起到决定性的作用。古人言"巧妇难为无米之炊"，这意味着预算的多少直接影响文化创意项目的内容设计与传播效益。充足且合理的预算能为创意工作的成功打下坚实基础。

从预算分配的视角出发，首先，要关注人力资源成本，即人员预算。这部分预算主要集中于策划团队，在计算时需综合考虑策划周期的长度、团队的规模，以及当前市场上的人力成本。其次，物料预算也不可或缺，它关乎策划内容从概念到实际执行的全过程。例如，拍摄视频、设计海报和组织活动时所需的各种物资费用，都应纳入物料预算。最后，投放预算涉及文化创意项目在市场上的推广费用，主要包括为确保创意内容与消费者的成功接触所产生的媒体支出。不难看出，投放预算的多少直接决定创意内容的市场曝光度及其传播效果。投放预算在一定程度上也会反作用于策划阶段，决定着内容的类型和展现形式。

（三）制定时间表

在具体的文化创意策划与实施之初，有必要为即将开展的任务制定清晰的工作流程和时间安排，并以日程表形式进行展现。在时间安排中，先是将总体目标细化，之后分解为各策划团队内部目标，进而明确团队成员的个人职责。目标设定后，为达成文化创意的既定目的，需分步骤执行及设定关键时间节点，涵盖整个团队、策划团队以及团队成员的时间规划。

二、文化创意营销实施

企业在营销方面关注产品、渠道和品牌。"成功的品牌"让消费者产生购买产品的欲望；"便捷的渠道"让有购买欲望的消费者更容易购买；"优质的产品"会让购买过产品的消费者持续进行购买。因此，这三个方面的内容是消费者能直接接触并产生认知的。

（一）产品的创意营销

在产品实践中，文化创意主要涉及产品的实际使用、外部包装以及衍生品的设计。

首先，从产品的使用层面来讲，文化创意往往是对传统的使用模式进行重新构思和创新，同时融入产品的基本属性、功能特点与使用习惯中。这样的融入增强了产品的吸引力，赋予其更多的创意特色。以星巴克推出的"猫爪杯"为例，其对杯子内部结构的创新设计，使普通的饮料杯呈现出立体的猫爪图案，这一变革不仅改变了其基本使用特性，更在市场上引起了广泛关注和好评，对于星巴克的品牌形象亦带来了积极推动作用。

其次，对于产品的外部包装，文化创意的融入主要针对其外观设计，这也是文化创意在市场营销中的常见策略。例如，农夫山泉歌词瓶、可口可乐的歌词设计罐、卫龙食品独特的苹果风格包装以及百事可乐利用虚拟现实技术的 AR 罐和茶颜悦色奶茶的古风设计，这些都是在包装上融入文化创意的成功案例。通过这样的设计，不仅为产品增加了辨识度，更对品牌形象和市场推广起到积极的作用。

最后，当讨论文化创意在产品衍生品中的应用时，其实就是基于核心产品主题，进行周边产品的创意设计和拓展，这种方式已经成为当下营销策略中的普遍做法。故宫博物院所推出的文创周边产品正是此类策略的典型代表。这些以故宫文化为背景的创意产品，在线上和线下都获得了极大关注和喜爱，使得故宫在众多的博物馆之中脱颖而出，确立了其在中国文化创意领域中的领先地位。

（二）渠道的创意营销

文化创意的实施渠道是要将文化创意导入消费者的购买场景中。其中，为了将文化和创意有效地融入消费者的购买体验，实施渠道成为关键。按照场景分类，这些渠道可大致划分为线上和线下两大类。线上渠道主要涵盖了如天猫、京东、小程序商城和品牌官方网站等电子商务平台的文化和创意设计。线下渠道则囊括了形象店、品牌专卖店以及专柜等传统购买场所的创意设计。

随着数字化的深入发展，线上渠道已逐步成为众多品牌的优先选择。尤其对于那些依赖官方网站进行直销的品牌，其网站的文化与创意整合不仅是渠道实施的一个核心环节，更是品牌形象传递的主要路径。而在进行线上渠道的文化和创意整合时，大多数品牌倾向于融入其独特的设计元素和文案创意，而非单一地采用电子商务平台提供的模板。例如，"三只松鼠"便巧妙地将其松鼠形象IP运用在线上商城的形象设计上。

线下渠道的文化与创意实施则更具多样性。品牌可以对其自营的专卖店进行文化与创意的全方位设计，使其转变为一个能有效吸引流量的形象店。品牌还可以为其加盟的专卖店设定一套统一的装修和设计风格标准。以苹果公司为例，其线下自营店成功地融入了苹果独特的设计理念，展现出科技、高端和简约的品牌形象，为线下文化与创意的实施提供了参考标杆。

（三）品牌的创意营销

在品牌策略的实施过程中，文化与创意起到核心的作用。这不仅体现在对消费者的传播策略中，还需要通过独特的广告语、广告片、品牌文案、品牌海报以及公关活动的策略性设计与实践，对其进行精确的媒体定位和市场推广。

三、文化创意传播实施

在文化创意营销策略执行完毕之后，其后续步骤是将该策略透过多元的媒体渠道推向市场，确保目标受众广泛地接触和感知到品牌的核心价值。在进行媒体渠道的筛选时，主要涵盖两大维度：一是通过数字化的线上新媒体实现品牌信息的传播；二是依赖传统媒体来构筑品牌传播的场景脉络。仅当这两种媒体协同工作并有效融合时，品牌内容的传播力度才能达到最佳。

在传统媒体领域，央视媒体渠道历来被视为高效的宣传手段。特别是在移动互联网尚处于发展初期阶段时，央视广告的影响力与覆盖面极为广泛。2013年之前，大众对于电视媒体的依赖深重，央视的各大频道受到广大家庭的青睐。例如，家庭成员齐聚一堂，共同观看央视新闻或电视剧，每年的央视春晚成为家庭的重要娱乐活动。因此，在这些受众关注度较高的央视频道进行品牌信息投放，能确保大部分目标消费者都能接触到。在这个历史时段内，品牌的传播策略并非致力于追求"精准营销"的高到达率，而是倾向于通过"全覆盖"策略，涵盖绝大部分潜在的消费群体。

自 2013 年起，随着移动互联网和其他新兴媒体的崛起，传统的广告投放策略的效能开始逐步下降。这背后有两大原因：首先，由于一些主流媒体的广告竞标价格上涨，导致企业在广告投放上的成本压力增大。其次，不同的受众群体基于年龄、性别、职业等因素，对媒体渠道的选择已出现显著的细分和偏好。具体而言，某些传统的媒体渠道，如传统电视已经不再是所有人群的主要关注点。观众群体已经从一个广泛的全类型人群逐渐缩小为中老年妇女群体。18 至 22 岁的大学生群体已基本上不再接触传统电视，而转向在线视频网站。年轻女性趋向于使用如"小红书""爱奇艺"这类社交和视频平台。技术爱好者和宅男则偏爱"知乎""果壳"这些知识分享平台，而对于那些热爱运动的男性来说，"腾讯视频"中的体育节目更具吸引力。95 后主要集中在"QQ 空间"这一社交平台，而在职场中的男性倾向于关注"今日头条"和"凤凰新闻"等资讯类平台。然而，要说到真正能够涵盖广泛人群的平台，必须提到"朋友圈""抖音""微博"。举例来说，"力士"这一洗发水品牌，近些年已主要将其广告投放集中在"腾讯视频"的 NBA 节目中。这一策略的背后逻辑在于："力士"品牌希望传达的品牌形象和价值观——"年轻、男性、运动、新潮"——与 NBA 的主流观众群体高度一致。因此，这样的品牌投放策略能达到出色效果。

在如今多种媒体类型浸润与细分的受众结构中，企业在品牌传播的策略制定过程中首要步骤是深入理解其目标消费者的行为习惯和心理倾向。基于这些特征，企业应制定相应的品牌内容与营销文案。通过数据分析，明确该群体偏好的媒体平台，进而实施精准的内容推广。值得注意的是，新媒体的作用已经超越了其最初作为传统媒体辅助的定位，日益显示出其在品牌营销领域的主导地位。这类新媒体主要依赖智能移动设备进行传播，展示内容主要集中在各种移动应用中。与传统媒体相比，新媒体不仅展示手段多元，在用户互动、内容自传播和用户黏着度等方面也具有显著的优势。

在新媒体领域的品牌传播策略中，有两大核心手段值得探讨。首先，企业需要对自家品牌的公众号进行持续性的维护与运营，以累积和维护目标受众流量。其次，企业可以借助 KOL（Key Opinion Leader，即关键意见领袖）的影响力进行品牌推广与带货活动。借助新媒体的传播特点，多数曾经默默无闻的品牌得以崭露头角。

对于初入市场的新品牌，由于其尚未在消费者心中建立品牌形象与定位，新媒体传播策略便为其提供了一个宝贵的机会。通过新媒体渠道，企业能够在较短的时间内建立并传播其品牌的定位和形象，这是一个彻底的颠覆与创新过程，可以形容为"推陈出新"。然而，对于那些在市场上已有深厚品牌积累的传统品牌而言，新媒体不仅可以为其带来新的受众，还能巩固并提升其已有的品牌价值，强化其在消费者心中的地位。

第四节　文化创意的评估

一、评估的指标确定

在评估工作中，通常以知名度、美誉度、忠诚度等定性指标和到达率、转化率、留存率等定量指标为评价指标。

（一）定性指标：知名度、美誉度、忠诚度

品牌不仅仅是一个名字或标志，还是一个多层面、系统化的概念，融合了企业在质量、技术、服务以及公关宣传等多个维度的核心竞争力。因此，执行一个高效的品牌战略不只是提高品牌知名度或美誉度，还要求企业从整体上优化运营，实现从品牌的初级阶段的知名度到中级阶段的美誉度，再到高级的忠诚度的全面提升。而要在这个过程中成功，企业必须能够识别并吸引目标受众，同时确保他们的持续忠诚。

品牌知名度，从学术角度理解，代表一个组织在公众心中存在的程度。它的测量侧重于"量"，可以视为组织对公众的影响力的广泛程度

和深度。具体而言，品牌知名度可以细分为公众对品牌的初步了解、记忆和深度认知，进一步拓展，涵盖了对品牌内涵的深入理解、品牌的识别能力及其记忆留存。当谈及品牌知名度时，实际上是在探讨一个品牌在特定产品类别中的代表性以及消费者对其熟知程度和产生的积极情感反应。

相对于知名度的"量"性特点，品牌美誉度侧重于"质"。它描述了公众对某个组织的信赖程度、赞誉和接受度。从社会学角度看，美誉度是评估组织社会声誉的一个关键指标，反映了公众对该组织的信任程度和赞赏程度。在消费者心中，品牌的美誉度是他们对品牌的正面评价的集合，这在很大程度上揭示了品牌在他们心目中的位置和信赖度。

品牌忠诚度是消费者购买决策中对特定品牌的持续偏好，不仅是一个简单的购买行为，还是一个心理上的决策和评价过程。品牌忠诚度的生成并非完全基于产品质量、知名度或品牌的公众形象，它与消费者的个性、他们与产品的互动经历紧密相关。

（二）定量指标：到达率、转化率、留存率

在考察品牌传播的有效性时，通常关注三项核心指标：到达率、转化率和留存率。

到达率计算公式为："到达率＝品牌实际接触的目标人群总数／企业所识别的全部潜在目标人群总数"。值得注意的是，在众多消费者中，只有部分属于企业的实际目标人群。以专门为中年女性设计的产品为例，若品牌信息主要传递给儿童，那么该投放的收益就相当有限。尽管如此，企业仍需为这种不精准的投放付出费用。因此，到达率影响品牌传播的投入产出比。精准的目标投放不仅可以提高到达效率，还有助于降低单位传播成本。决定到达率的一个关键变量便是品牌针对目标人群的投放精度。

转化率即品牌信息如何促使目标人群产生实际购买行为。转化率的计算公式为："转化率＝接收品牌信息并实际进行消费的人群数量／品牌实际接触的目标人群总数"。当目标受众接触到品牌传播内容后，若该内容具有足够的吸引和感召力，便可能诱导他们产生购买意愿。因此，

转化率的高低依赖于企业所制定的营销内容是否足够引人瞩目和打动人心。

留存率则关注已经转化为消费者的目标群体中多少人会再次购买。其计算公式为："留存率 = 再度购买的消费者数量 / 首次因品牌投放而进行购买的消费者数量"。这一指标受企业提供的产品或服务品质影响，消费者的满意度越高，他们再次购买的意愿也越强。持续留存的消费者往往能为企业带来稳定的长期价值，他们构成了品牌的忠诚拥趸。

二、评估后的优化调整

（一）评估后的优化调整

在文化创意设计中，评估是一个重要的环节。评估的真正意义并不在于得出一个成果的好坏判断，而在于为后续的优化和调整提供方向和依据。只有当文创产品或活动的效果被真实、客观地分析后，才能明确其存在的问题与不足，进行有针对性的优化调整。

（二）评估数据的深度分析

评估数据不应仅停留在表面的统计数字。深度分析评估数据意味着从多个角度、多个维度去解读数据背后隐含的信息。例如，当一个文创产品的转化率不达标时，除了关注这一数字，还应该探寻其背后的原因：是目标受众定位不准确，还是设计内容与文化元素的结合不够深入，又或者是推广策略存在缺陷？

（三）针对性的策略调整

基于深度分析后的结论，策略调整应该是有针对性的。如果定位不准确，需要重新定义目标受众，重新考虑他们的喜好、文化背景和消费习惯；如果是设计内容的问题，可能需要重新审视设计概念、风格和执行方式；若是推广策略的问题，则要根据实际情况考虑是否需要更换推广渠道、调整推广内容或者优化推广时机。

（四）用户反馈的重要性

除了通过数据进行分析，用户反馈也是一种非常宝贵的评估资源。用户反馈可以更直接、更真实地反映出文创产品或活动的受欢迎程度、存在的问题以及改进方向。通过用户访谈、在线调查、社交媒体互动等方式收集用户反馈，并结合评估数据进行分析，可以得到全面和深入地理解。

（五）持续的迭代与优化

评估后的优化调整不应是一次性的，而应是一个持续的过程。随着市场环境的变化、受众需求的演变和技术的更新，文创产品和活动都需要进行不断的迭代与优化，以保持其竞争力和吸引力，要求设计团队持续关注市场动态，定期进行评估，根据评估结果调整策略，并依次循环，逐步完善。

（六）考虑长远发展

在进行评估后的优化调整时，除了要关注眼前的问题和需求，还应该考虑长远的发展，要从整体和战略的角度去思考如何使文创产品或活动在未来仍然具有竞争力和市场价值，涉及对产品或活动的定位、目标受众、技术应用等进行深入的思考和规划。

第六章 文创设计与项目实训

第一节 项目训练——衣

一、课程概述

（一）课程内容

在人类社会中，衣不仅是遮羞和保暖的工具，更是文化、历史、艺术、经济和社会地位的反映。自古至今，衣都是人们身份的标志、性格的展现以及情感的表达。从古代皇帝的金冠玉带，到现代的设计品牌，衣都承载着无数的故事和文化信息，凝结了人类的智慧，反映了时代的变迁，也是现代社会中人们塑造自我和他人形象的重要组成部分。

在这样的背景下，衣的设计与文创显得尤为重要。设计不再仅仅是造型和颜色的选择，还是对文化、历史、艺术、技术、市场等多个方面的综合考虑和创新。每一件成功的衣物设计，都是设计师深入挖掘人类文明、考虑消费者心理、掌握市场趋势后的结晶。

本章重点探讨衣的设计与文创。内容广泛涵盖了从基础知识到实践操作的各个环节。核心内容为衣的形、色、质、神四个方面，这四个方面既是服饰设计的基础，也是其创新和特色的来源。

（二）训练目的

1.传统思路

传统上，设计师们在面对衣物设计时，更多的是基于功能、材质和款式进行创作，这种思路的核心在于满足基本的穿着需求，如保暖、舒适、实用等。同时，传统设计中会融入一定的审美观点，如某一时期的流行色彩、版型等，从而使衣符合当时的审美标准。此外，传统的训练目的注重基础技能的培训，如裁缝技术、纺织材料的了解、款式的绘制等，确保学生掌握基本的设计技巧。

2. 拓展思路

与传统思路相比，拓展思路在设计中注入了更多的创新和跨界思维。在现代社会，已不再仅仅是遮羞和保暖的工具，还要满足人们日益增长的审美需求、个性化需求以及与其他领域的结合，如科技、艺术等。

拓展思路主张注重市场的敏感性和创新意识的培养，需要学生深入了解当下的社会趋势，从中捕捉到新的设计灵感。例如，随着科技的进步，智能穿戴设备日益普及，如何将科技与传统衣物结合，创造出既实用又时尚的新款式，成为新的挑战。此外，拓展思路鼓励学生从不同的文化、历史和社会背景中汲取灵感，将其融入衣物设计。例如，可以研究不同国家和地区的传统服饰，了解其背后的文化和历史，从中获得新的设计思路。

（三）重点和难点

在文创设计与项目实训课程中，衣物设计作为一个核心领域，被赋予极高的研究价值和实践意义。而在这一领域中，不同的特质如何在服饰中起到作用以及如何深入分析并提升对服饰的理解，是本书要探讨的核心内容。

1. 重点

对于衣物设计，主要是服饰的四大特质——形、色、质、神。每一种特质都为服饰赋予了独特的生命力和表现形式。形态涉及衣物的结构、版型和裁剪，它直接影响到服饰的外观和穿着者的形象。颜色则关乎色彩的搭配、流行趋势及其背后的色彩心理，决定了服饰给人的第一印象。而质地是关于材质的选择、纺织工艺及其功能性，它直接关系到穿着的舒适度和实用性。神则是对服饰背后的文化、历史和心理因素的探讨，它让每一件服饰都蕴含了丰富的故事和情感。

2.难点

面对这些特质，学生不仅需要掌握理论，更重要的是在实践中进行体验和运用。如何使不同的设计手法为服饰带来独特的表现，是学生需要努力攻克的一大难题。特别是在文创领域，创意的无限可能性往往要求学生拥有更高的敏感性和创新意识。

例如，在形态设计中，如何打破传统的框架，创造出新颖且实用的版型？在颜色选择上，如何把握流行的脉搏，同时能反映出个性和情感？在质地的选取上，如何平衡材料的舒适度、实用性和环保性？而在探讨"神"的时候，如何深入挖掘文化背景，使设计更具深度和意义？

另外，设计不仅仅是一门艺术，更是一种与市场、消费者密切相关的实践。因此，如何结合市场需求进行创新设计，如何将理念转化为实际的产品，也是学生在学习过程中需要面对的挑战。

（四）作业要求

文化与历史背景中，少数民族文化所包含的丰富元素与创意概念为现代设计师提供了无穷的灵感源泉。少数民族的文化、风俗、信仰和传统与其独特的艺术形式相结合，形成了与众不同的设计元素。对于服装设计，这意味着有机会创造出既有历史深度又具有现代感的作品。

对于此次的作业，学生需要选择任意少数民族元素作为设计的灵感来源，并针对现代流行趋势设计一款服饰类文化创意产品。这款产品不仅要弘扬民族文化，更要符合现代审美和实用性要求。

具体来说，学生需要注意以下几点：

1.设计灵感来源与产品选择

首先要明确设计灵感来源于哪个少数民族以及选择的这一民族元素是什么，如图案、颜色、材质或结构。接着，明确要设计的产品是日常衣物、礼服、饰品或其他衍生品。

2.造型、色彩与材质的选择

考虑产品的整体造型，使其既体现出民族特色，又具有现代感。色彩选择要能够反映出民族的风格，同时与现代流行趋势相结合。材质的选择也十分关键，它不仅要体现出民族的传统工艺，还要考虑产品的实用性和耐用性。

3. 设计理念与思想表达

每一个设计都应该有其背后的理念。此次设计，学生应明确自己想要传达的是什么样的思想或情感。是对少数民族文化的尊重和传承，还是对现代与传统结合的探索，或是其他。

为了使学生能更好地展示其设计思路和成果，要求学生制作PPT，并在课堂上进行展示与分享。学生需要提交一份详细的产品报告书，报告书应详细记录从设计构思到最终成品的整个过程，同时附上相关的图文资料，为评价提供充分的依据。

（五）时间要求

文创设计与项目实训以衣物为主题的课程内容广泛，涉及理论知识的学习和实际操作的结合。针对这种课程特性，建议安排8课时进行教学活动。每一课时都有特定的目标和关键活动，以下是各课时的内容规划：

1. 主讲理论（2课时）

（1）课程导入，明确课程的目标、内容和要求，为学生提供一个大致的框架。

（2）对文创设计与项目实训的基本理论进行详细的讲解，确保学生清晰理解基础知识。

（3）强调文创设计的原则和方法，让学生了解从理论到实践的过程。

2. 安排设计主题，课下搜集资料及设计思路（2课时）

（1）根据课程内容选择合适的设计主题，并进行初步讨论。

（2）指导学生如何进行资料搜集，如何找到灵感，并开始初步的设计思路。

（3）鼓励学生在课下深入思考、搜集相关资料并草拟设计方案。

3.设计草图讨论、修订细化（2课时）

（1）学生展示自己的设计草图，与同学和教师进行交流和讨论。

（2）对设计方案进行评价，找出存在的问题，并提出修订建议。

（3）学生对自己的设计进行细化，确保方案的可行性和完整性。

4.完成课题PPT（调研报告、设计思路、设计过程、设计成果展示）（课下活动）

（1）学生整理自己的设计成果，制作PPT进行展示。

（2）PPT内容包括但不限于调研报告、设计思路、设计过程和设计成果展示，确保内容完整且有条理。

5.最终设计作品汇报分享、评述（2课时）

（1）学生进行最终的设计作品展示，与同学分享自己的设计思路和过程。

（2）教师和同学对作品进行评价，提供反馈意见。

（3）通过这一环节，学生可以了解自己在设计过程中的优点和不足，为今后的学习提供指导。

二、设计案例

（一）服饰及其周边衍生品设计作品

1.礼服类

礼服代表了一种特殊的场合的着装，通常与庄重、正式、经典等词语紧密联系。在设计中，礼服类常常追求一种精致与完美。丝绸、天鹅绒、蕾丝等材质常被用于礼服设计中，其质感显得尤为高贵。同时，这类服装的剪裁和结构设计往往需要精确，因为不仅要展现穿着者的气质，还要考虑到穿着的舒适度。此外，礼服的设计中还常常融入某种历史或文化元素，使其更具深意。

2.休闲类

休闲类服饰注重舒适度和日常实用性。常用的材质有棉、麻、牛仔等，它们都具有良好的透气性和舒适感。设计中，休闲服饰往往简约，但这并不意味着缺乏创意。设计师可以通过不同的图案、印花或是结构变化来赋予这类服饰新的活力。例如，一件基础的 T 恤可以通过特殊的印花技术或是剪裁方式变得与众不同。

3.个性化

个性化设计是近年来越来越受到青少年和年轻人喜欢的一种趋势，不再局限于传统的设计框架，更加注重用户的个性化需求。许多品牌推出了可以根据用户的喜好进行印花或绣制的服饰，或是根据用户的身材推出定制的版型。在周边衍生品上，个性化常常与定制的饰品、鞋履、包袋等进行搭配，使得整体造型更具特色。例如，路易·威登（Louis Vuitton）作为全球知名的奢侈品品牌，也在个性化设计领域有所布局。路易·威登的 "Mon Monogram" 服务允许客户为其标志性的皮质商品，如 Speedy 手提包、Keepall 旅行包等，添加个性化的初始字母和条纹设计。客户可以选择自己喜欢的颜色、字体及排列方式，并将其印在选定的产品上，为客户提供了一个独特、私人化的购物体验，并确保他们拥有的产品与众不同。

4.DIY 定制类

DIY 定制类是一个结合手工艺和服饰设计的领域，让用户参与整个设计过程，不仅能选择款式和颜色，更可以亲手制作。一些品牌推出了可以自己缝制的 T 恤或是裙子，用户可以根据自己的喜好选择材质、颜色、印花等，然后按照指导手册进行制作。

（二）服饰元素的文创设计

1.家具

家具作为生活中不可或缺的存在，反映了时代、文化和生活方式的变迁。近年来，文创设计进一步与家具相结合，尤其将服饰元素引入家具设计中，使家具不仅是实用品，也是文化和艺术的载体。以云南白族传统服饰为例，它们的白色长裙搭配丰富的蓝色刺绣，这种颜色和纹样被用于现代家具上，如书柜、沙发和椅子。可以想象一个白色的木质书柜，门板上饰有白族特有的蓝色刺绣图案，这不仅仅是一件实用的家具，更是一个充满故事和文化的艺术品。家具首先要满足功能性，但当文创设计被引入其中，审美也变得尤为重要。例如，客家的围裙图案可能被应用在餐椅的坐垫上，使得餐椅不再单调，成为餐厅的一个亮点，提升了家具的审美价值，也为日常生活增添了乐趣。

2.家居摆件

服饰元素同样也是家居摆件设计中的热门元素。例如，云南的彝族银饰经过创新被制作成独特的灯具，苗族的绣品被用作枕套、壁挂等家居摆设，既体现了民族风格，又展示了现代审美。

3.生活用品

在设计领域，生活用品的设计很大程度上反映了社会的审美和文化倾向。近年来，融合传统服饰元素的文创设计在生活用品中日渐流行，将传统文化和现代审美完美结合，使得这些生活用品不仅具有实用性，还成为一种文化和艺术的传递。例如，汉族的旗袍，以其经典的缎面和细腻的花纹为人们所熟知。在生活用品设计中，旗袍的这些元素被广泛应用。雨伞是最具代表性的一个例子。雨伞上运用旗袍的缎面质感，搭配细腻的花纹，既具有一种古典之美，也呈现出现代的时尚感。苗族银饰因其精美的工艺和独特的图案而闻名。在生活用品中，苗族银饰的图案经常被用于各类物品的装饰。如水杯、餐具等，这些银饰图案赋予了普通的生活用品一种特殊的文化意义和审美价值。蒙古族的腰带因其鲜艳的颜色和精美的纹样而受到人们的喜爱。如今，这种元素也被引入生活用品的设计。例如，一些高档的手提包或背包，融合了蒙古族腰带的纹样和颜色，既具有民族特色，又不失时尚感。

4.文具

中国的文具设计已经不再满足于单一功能，开始追求设计与文化的完美结合。彝族是我国的一个古老民族，其独特的铜鼓文化备受瞩目。铜鼓上的几何图案和图腾不仅具有深厚的历史和文化背景，而且极富艺术感。近年来，这些图案被设计师们应用到笔记本的封面设计中，使得简单的笔记本闪耀着文化光芒。苗族的刺绣技艺历史悠久，被誉为"活的文化遗产"。精美的苗族刺绣经常出现在苗族的服饰上，是苗族文化的一个重要标志。当这种传统的刺绣技艺遇到书签，一个看似平常的文具产品，变得与众不同。

三、知识点

（一）衣之形

"形"包括服装款式的外观形态、服饰的设计造型以及图案艺术，这构成了服饰设计的核心。服装的造型分为外在轮廓和内部款式，前者决定了服装的外观特征，后者为设计提供了基本构思。造型决定了服装传达给人们的首要印象，无论大小、线条明晰与否，无论直线的简洁还是曲线的优美。图案则代表着服装的纹样，这些纹样按照形式美学规则，形成了一种有秩序感的图形装饰，可以是仿真的、抽象的、对称的、均衡的，也可以是独立的、组合的。图案的创作需要艺术技巧，要遵循形式美学的原则，通过巧妙的构思、布局和造型，使其具有一定的表现力和装饰性，并且能够融入服装的整体设计。毫无疑问，形式是不断变化的，因为变化是生命的体现。形态本身源自人们对美的追求和渴望变化的内在需求，各种形式要素的组合创造了多种整体效果，只有合理运用点、线、面等造型元素和基本原理，才能实现形式与整体的完美融合，设计出富有个性、时尚前卫、多彩多样、充满当代特色的服装，以满足消费者对美的不懈追求。万事万物皆有形，变化之道永流传。形是一切事物的基础，其不断的演化是生命的象征，服饰设计亦如此。在这个不断变化的时代，形与图案巧妙融合，创造出独特的时尚语言，不仅满足了审美需求，也反映了时代精神。

（二）衣之色

"色"在服装设计中是色彩的表现。科学研究表明，人对色彩的感知远远超过对形状的感知，因此在服装设计中，色彩的地位至关重要。虽然人们对色彩的反应强烈，但不同的人对同一种色彩的感受可能各不相同。因此，在服装设计中，必须充分考虑到受众的年龄、性格、气质等因素，以及社会、经济、文化、风俗和生活习惯等多方面因素对色彩的影响。同时，同样的色彩组合在不同类型的服装中可能产生截然不同的效果。因此，服装的色彩设计必须有针对性地进行定位。

在服装设计中，色彩组合的形式直接影响着服装整体风格的呈现。设计师可以选择高饱和度的色彩来传达热情外向的感觉，也可以通过低饱和度的色彩来展现出典雅朴实的风格。服装色彩的合理运用既是设计师的追求，又为设计师提供了广泛的创意空间。

在服装设计中，常用的色彩配合方法包括同色系配合、邻近色系配合、对比色系配合、互补色系配合、中度差异色系配合等。

（三）衣之质

"质"为服饰的材质，在服装设计中具有至关重要的地位。为了达到卓越的设计效果，设计师需充分发挥材质的性能和特性，以实现与服装造型和风格的完美融合，使二者相辅相成。因此，对不同材质的外观和性能有着基本的认识，如肌理、织纹、图案、塑性、垂坠度以及保温性等，乃是从事服饰设计的前提。尽管在当代服装行业中，卓越的材质已不再是唯一的竞争优势，但实现创新、独特和别具一格的设计仍然离不开材质的固有特性。

材质所呈现的特性是设计师倚重的重要依据。以晚礼服为例，这种在特殊晚宴场合穿着的服装，必须选用高贵奢华的材质，方能凸显着装者的身份与品位。相比之下，工作车间中工人穿着的工作服则需具备抗污、抗磨损的特性，以满足长时间工作所需的舒适性和吸汗性等要求。

此外，材质的特性在一定程度上会对服装设计的表现产生限制。一种材质所能承载的设计表达方式有限，若材质本身受到较大限制，则会增加服装设计的难度。这一情况被称为"材质表达的有限性"。不同材质还代表着不同的服饰风格，如蕾丝材质代表着柔美与妩媚，而牛仔材质象征着休闲与舒适。因此，在以材质为创作基础的服饰设计中，必须提高对材质的重视程度，以发挥更大的创新潜力。

（四）衣之神

"神"指的是服饰的品质和风格。不同的服饰赋予人不同的气质，如旗袍赋予人温婉恬静之气，西装营造稳重干练之风，运动装则带来朝气蓬勃之感……

服饰本身所承载的品质和风格已在人们心中根深蒂固，随着社会文明的演进，人们越来越认识到服饰设计在个人形象塑造中的重要性，尤其在日常着装中。人们常将服饰视为一种装饰性标志，用以传达个人信息。初次相见时，人们通常会根据对方的着装来确定交往话题，并留下一定的印象。不仅如此，着装还需要与场合相符，无论是正式场合还是家居日常，都有其独特的着装要求。此外，不同风格、不同地域、不同职业的服饰也具有独特的象征意义，能够直接传达信息。因此，服饰在展现人物特点上扮演着传递信息的重要角色。

四、实践程序——以"格格杯"为例

（一）理解课题

在进行任何创意项目之前，首先必须深入理解课题，明确项目的背景、目的和范围。以格格杯为例，这是一个与衣物相关的文创设计项目。理解课题的关键是明确项目的主要内容和要求。

格格杯项目的主要内容是设计和制作一款独特的茶杯，以中国传统格格服饰元素为灵感。这个项目的目的是将传统文化元素与现代生活相结合，创造出富有创意和文化内涵的茶杯，同时通过销售这些茶杯来推广中国传统文化。

为了深入理解这一课题，需要对格格杯的设计灵感、材质、形状等进行研究。同时，要了解中国茶文化的背景和格格在中国历史中的地位，以便更好地融入传统元素。此外，还需要明确项目的时间和预算，以确保项目的可行性。

（二）市场调研

在理解课题的基础上，进行市场调研是必不可少的一步。市场调研旨在了解当前市场上类似产品的情况，消费者的需求和喜好，竞争对手的情况以及市场的发展趋势。

对于格格杯项目，市场调研应包括以下内容：

①茶具市场的规模和增长趋势。

②类似茶杯产品的销售情况和价格水平。

③潜在消费者群体的特征和购买习惯。

④消费者对传统文化元素的接受程度。

通过市场调研，可以确定项目的市场定位和目标消费者群体，为后续设计和推广提供重要信息。

（三）市场针对性分析

市场调研后，需要进行市场针对性分析，以确定项目的独特卖点和竞争优势。这一步可以帮助项目团队更好地定位格格杯，并确定如何在市场中脱颖而出。

在分析中，需要考虑以下因素：

①格格杯的设计与传统文化元素的融合程度。

②价格定位是否合理，是否能够满足目标消费者的预算。

③茶杯的材质和制作工艺是否具有竞争力。

④推广和销售渠道的选择。

市场针对性分析的目的是为项目提供明确的战略方向，确保项目在市场上具有竞争力。

（四）概念方案

在理解市场需求和竞争环境后，可以开始构思概念方案。概念方案是初步的设计思路和理念，它们包括茶杯的外观、图案、材质、大小等方面的初步想法。

在格格杯项目中，概念方案包括以下元素：

①设计灵感：基于格格服饰元素的设计灵感，如衣褶、花纹等。

②材质选择：选择与传统文化相符的材质，如瓷器或陶瓷。

③外观设计：初步草图或概念图，展示茶杯的外观特点。

④包装设计：考虑茶杯的包装方式，以增加产品的吸引力。

概念方案的目的是为后续设计提供一个创意起点，团队可以在此基础上进行更深入的设计和开发。

（五）发散想象

发散想象是一个创意项目的关键步骤，它要求团队放飞想象，不受限制地探索各种可能的设计方案。在格格杯项目中，可以尝试各种不同的设计理念，不同的图案和装饰以及各种颜色和材质的组合。

这个阶段的目标是挖掘潜在的创意，不受传统思维的束缚，寻找出与格格杯项目主题和目标相契合的独特设计元素。

（六）绘制草图

在发散想象的基础上，绘制草图是将具体的设计想法转化为可视化的草图或初步设计图。这些草图可以是手绘的，也可以是电脑生成的，它们有助于更清晰地表达设计的外观和特点。

在格格杯项目中，绘制草图阶段可以包括以下工作：

①绘制格格杯的不同外观设计。

②设计茶杯的图案和装饰元素。

③确定茶杯的尺寸和比例。

绘制草图的目的是将创意想法具体化，为下一步的设计深化提供基础。

（七）设计深化

设计深化阶段是将草图和初步概念细化和完善的过程。在这个阶段，需要考虑更多的细节，包括材质的选择、工艺的优化、实际制作过程等。

对于格格杯项目，设计深化可能包括以下工作：

①选择最合适的陶瓷或瓷器材质。

②确定茶杯的尺寸和比例，以确保使用舒适性。

③完善茶杯的图案和装饰细节。

④确定生产工艺和制作流程。

设计深化的目的是使设计方案更加切实可行，为后续的生产和推广做好准备。

（八）方案评估

项目团队需要对设计方案进行全面的评估，以确保它们符合市场需求和项目目标。评估可以包括内部评审和消费者反馈。

在格格杯项目中，方案评估应考虑以下因素：

①设计的独特性和创意性。

②材质和制作工艺的可行性和质量。

③价格定位是否合理。

④包装和推广策略的有效性。

评估的结果将指导设计的改进，以确保格格杯项目成功进入市场。

通过以上实践程序，可以确保文创设计项目的全面规划和有效执行，从而达到创造独特、有市场竞争力的文创产品的目标。

第二节　项目训练——食

一、课程概述

（一）课程内容

在漫长的历史长河中，饮食文化一直在不断演化，反映着人类社会的发展。进入 21 世纪，餐具设计师英杰格·赫曼深刻地表达了"美食即生活态度"的观点。无论是不同国度、民族，还是各个家庭，都孕育着独特的饮食文化。饮食设计已不仅仅是满足生存需求，它还与艺术与文化深度融合。

例如，"鱼悦之境"餐具的设计灵感源自鱼在水中嬉戏时所激起的涟漪。果盘选用透明的玻璃材料，赋予人一种清澈愉悦之感。果盘边缘凸起，便于提取，而在其表面放置的鱼形装饰以简洁实用的金属材质展现，既可作为筷子支架，又透过优美的水纹玻璃和精致的金属鱼，呈现出一幅愉悦如鱼入水的画面。

（二）训练目的

"饮食文化"被视为饮食的系统概念，囊括了人类饮食需求和实践所涉及的物质和精神层面。这一领域与国家政策、公众生活以及科技进步密切相连。饮食文化的不断更新与演进反映了人类生活的发展历程，不同时期，人们的生活方式和审美趣味都呈现出多样化和独特的形态。

因此，饮食文化的核心在于以人为中心。这意味着我们不仅要注重功能性，还要在精神层面追求卓越。充分满足人们的需求需要从四个方面考虑：视觉上的"色"、嗅觉上的"香"、味觉上的"味"、情感上的"意"。这种全面满足有助于提高设计师对人性的理解，加深其对餐具和食品包装的色彩感知、形状把握以及情感认知的领悟。

在进行饮食文化设计培训时，我们应当着重追求以下目的：

1.传统思路

探索不同的饮食文化设计所带来的文化创意设计体验，训练和培养学生在餐具及其相关衍生品领域的创新设计能力，同时拓宽学生的设计思维和创意设计的新路径。追求创造美感，并通过此过程激发设计的联想力。我们希望通过扩展设计领域，将创作灵感转化为更多不同风格和充满多样饮食元素的相关衍生产品。从艺术设计的角度来理解和掌握餐具设计的创意文化，最终的目标是培养学生独立思考的习惯，运用多种表达方式和设计技巧，创造出适应不同年龄、不同外形、功能、材质的饮食文化产品，以满足市场和消费者的需求。

2.拓展思路

在"食"基本概念范畴的基础上，在设计实践中发掘"食"元素的美感，并探索以"食"为灵感源泉的创意设计思路。我们将"食"概念中的色彩、香气、口味、情感、形态、质感等元素抽象出来，并将它们与相关产品进行融合和重新设计，力求创造出充满"食"元素的产品，以适应时代审美观念，引领时尚潮流，并传承人类优秀传统文化。我们追求跨界融合，嫁接创新，以创造文化创意产品为己任。

（三）重点和难点

1.重点

课程的重点之一是培养学生的发散性思维，这种思维方式能够帮助他们看到事物的多个方面，将看似无关的元素联系在一起，从而创造出新颖、有创意的设计。在食品领域，这意味着学生需要思考如何将不同的食材、口味、文化元素以及设计理念相结合，以创造出令人印象深刻的食品产品或体验，需要他们具备观察力、创造力和联想力，以从传统的食品概念中脱颖而出。

发散性思维的培养还需要学生能够以开放心态接受来自不同文化、背景和经验的观点，以拓宽他们的设计视野。因此，重点在于培养学生思考创意，并将这些创意付诸实践。

2.难点

在项目训练中的难点之一是如何在追求创意和独特性的同时，保持食品的基本使用性能。食品产品必须满足消费者的口味和营养需求，同时要考虑食品安全和持久性，要求学生在发散设计过程中谨慎处理食材的选择、烹饪技巧、保存方法等，以确保产品不仅在视觉上有吸引力，还在口感和品质上令人满意。

难点还包括如何将设计理念与实际制作过程相结合，学生需要学会将他们的创意落实为可行的食品制作步骤，考虑生产工艺、成本和可持续性等因素。

（四）作业要求

在本章的项目训练中，将探讨如何以家乡美食文化元素或特色小吃为灵感来源，设计一款具有创意的饮食类文化产品，以适应现代流行趋势并具备实用功能。本课程的作业要求如下：

①设计灵感来源和产品。学生需要选择家乡美食文化元素或特色小吃作为设计的灵感来源，并明确设计的产品。这一部分是设计构思的基础，要求学生充分挖掘家乡文化，找到与饮食相关的创意元素。

②造型、色彩、材质等方案。学生需要提供详细的设计方案，包括

产品的造型、色彩、材质等要素，这些要素应与家乡文化元素相呼应，同时具备现代审美和实用性，要求学生精确描述每个方面的设计，以清晰传达他们的构思。

③设计理念和思想表达。这部分是设计的核心，学生应明确说明他们的设计背后的故事、意义和目标受众。这有助于理解产品的情感价值和文化内涵。

④PPT宣讲分享。学生需要准备一份PPT，以清晰、有吸引力的方式分享他们的产品设计过程和成果。演示应包括灵感来源、设计要素、理念表达和设计演变过程，演讲要能够吸引观众，使他们能够深入了解学生的设计思路和决策。

⑤产品报告书。这个报告书将是学生设计成果的正式呈现，要求内容清晰、有条理。

（五）时间要求

1. 主讲理论（2课时）

在这两个课时中，学生将获得必要的理论基础，以了解文创设计的核心概念和原则。课程内容包括文创设计的历史背景、设计思维方法、市场调研技巧等。学生在课下安排设计主题，并搜集相关资料和构思设计思路。

2. 设计草图讨论与修订细化（2课时）

这两个课时用于学生展示他们的设计草图，并进行讨论，有助于反馈和改进，确保设计方向正确。学生需要在这个阶段修订和细化他们的设计概念，以便在后续步骤中更好地实施。

3. 课题PPT制作（2课时）

在这两个课时中，学生将利用调研报告、设计思路、设计过程和设计成果展示，制作课题PPT。这是他们最终设计作品的汇报材料，用于分享和评述。

二、设计案例

（一）餐具及其周边衍生品设计作品

1. 餐具类

餐具及其周边衍生品的设计作品涵盖多个领域，其中餐具类的设计作品呈现出独特的魅力和创新。两个杰出的例子分别为吴冠中系列纹样餐具和深蓝色窑变釉日居仕设计，其中吴冠中系列纹样餐具由 Z-Inhouse 设计，展现了传统与现代的巧妙融合，设计灵感源自中国传统的纹样艺术，通过现代设计的手法重新演绎，创造出具有独特韵味的餐具，纹样的精细线条和独特的色彩选择使餐具成为餐桌上的艺术品。深蓝色窑变釉日居仕设计是另一个引人注目的案例，作品以深蓝色的釉彩为特点，与传统的日本饭店日居仕文化相呼应，每个餐具都经过精心制作，具有独特的纹理和质感。

2. 茶具类

茶文化在亚洲乃至全球都有着深远的影响，茶具的设计不仅有功能性的考量，更是文化和艺术的交融。茶具设计作品常常通过精妙的工艺和独特的造型，传达出深厚的文化内涵。其中一款令人印象深刻的茶具设计是"竹之语"，这款茶具的设计灵感来源于竹子。竹子在中国文化中有着特殊的地位，象征着节制、坚韧和纯洁。设计师将竹子的线条和纹理融入茶壶、茶杯等茶具中，以独特的方式展现了竹的美感，这款茶具不仅注重实用性，还将文化元素巧妙地融入设计，使品茶更具仪式感和文化内涵。

3. 咖啡具类

咖啡作为一种全球流行的饮品，已经成为生活中不可或缺的一部分，因此咖啡具的设计变得至关重要。在这一领域，可以看到许多令人印象深刻的设计作品，其中包括太湖窑系列窑变咖啡杯、雪花釉咖啡杯。太湖窑系列窑变咖啡杯的制作过程充满了艺术性，每个杯子都独一无二，呈现出独特的纹理和颜色，个性化的设计使每杯咖啡都成为一次独特的体验，吸引了追求品位和品质的消费者。雪花釉咖啡杯的设计突出了精致与实用的平衡。采用精湛的陶瓷工艺，咖啡杯的外观充满质感，釉面上的雪花纹理使其看起来更加引人注目。与此同时，杯子的设计考虑了咖啡的温度，保温性能出色，让咖啡保持理想的温度、让消费者享受到完美的口感。

（二）餐饮元素的文创设计

1.食品包装袋

在超市货架上，食品包装袋是产品首先呈现给消费者的元素之一。因此，食品包装设计不仅需要满足实际的物质功能，还需要具备吸引力，以吸引消费者的眼球。一个出色的食品包装设计能够为产品树立优质的形象，提高产品的竞争力，促进销售。有时候，食品包装甚至比食品本身更具吸引力。这种包装的设计不仅要传达食品的信息，还要通过视觉和触感传达食品的品质和特点。例如，水果造型饮料包装设计以其生动的外观吸引了消费者的注意，同时让人联想到新鲜和天然的味道。另一个例子是保龄球瓶样的饮料瓶，其独特的形状使得产品在市场上脱颖而出，吸引了保龄球爱好者和其他消费者的兴趣。

2.食物造型应用设计

在设计领域中，食物造型应用设计是一种具有趣味性和创意性的方法，通过模拟食物的形态，将食物元素引入各种产品，从而为日常生活带来更多乐趣，这种设计方法的核心思想是通过模仿和模拟食物的外观，激发人们的联想和兴趣，将普通的产品变得吸引人。

两个典型的例子是水果卫生纸和台湾小吃冰箱贴。

水果卫生纸：这是一个巧妙的设计，将卫生纸的外观模拟成各种水果的形状。例如，卫生纸可以被设计成香蕉、苹果、草莓等水果的形态，甚至可以在纸上印上相应水果的图案，增加产品的趣味性，还通过视觉上的模拟让人们联想到清新和水果的味道，从而提醒人们保持卫生。

台湾小吃冰箱贴：这些冰箱贴采用台湾小吃的形状和图案，如小笼包、珍珠奶茶、鸡排等，将台湾食品文化引入日常生活，可以用于装饰冰箱或其他家居用品，让人们在日常生活中感受到台湾小吃的魅力。

三、知识点

（一）食之色

色彩与人类的视觉系统直接关联，进而影响到味觉、情感甚至购买决策。但是，为什么色彩如此重要？在食物与文创设计的结合中，色彩的应用如何发挥其关键作用？

人们在选择食物时，通常是通过其外观来初步判断这款食物是否值得一试。食物的色彩，正是外观显著的标志之一。不同的色彩可以给人们带来不同的视觉体验，从而引导人们的选择。食物的颜色还直接关联到其新鲜度和健康属性。例如，深绿色的蔬菜往往被视为新鲜并且充满营养；红色的水果如草莓和樱桃，常常代表其甜美的味道。这种对颜色和食物属性之间的关联，源于人们长期的生活经验和习惯。但在文创设计中，色彩不仅是为了展现食物的新鲜度或味道，它更多的是一个传递情感、故事和品牌价值的媒介。设计师会通过色彩来传达一种情感或者概念，使得食物不仅仅是食物，更是一个充满情感和故事的作品。例如，在某些特定的节日或场合中，特定的颜色可能会成为主题，如中秋节的金黄色月饼、情人节的红色巧克力等，这些色彩不仅仅代表食物本身，更代表与这个节日或场合相关的情感和意义。再者，色彩在食品安全和识别中也发挥着关键作用。当某种食物的颜色与其常规的颜色不符时，人们会本能地认为这款食物可能有问题，从而避免选择。此外，色彩还可以用于品牌识别和营销，许多知名的食品品牌都有其标志性的颜色，如可口可乐的红色、星巴克的绿色等，这些颜色已经深入人心，成为品牌的一个重要标志。

（二）食之香

香气作为食物的一个核心元素，影响人类对食物的认知和情感体验。当烤面包的香味弥漫在空中，当清晨的咖啡香气拂过鼻尖时，这些独特的香味往往能唤醒人们的食欲，甚至勾起与之相关的美好回忆。因此，探讨香气在食品设计中的作用及其重要性显得尤为必要。

香气与人类的情感有着密切的关系，食物的香气能够触动人们的感官，激发情感。研究表明，某些香气能够带给人们愉悦的情感，使人感到放松和舒适。例如，薰衣草的香味具有安神的作用，香草和巧克力的香味则可以提振人的精神。在食品设计中，不同的食材和调料产生的香气各不相同，如何将它们巧妙地结合，创造出令人难忘的食物体验，是设计师所追求的目标。例如，在制作甜点时，可以尝试将柠檬和薄荷的香味结合，创造出清新而又带有一丝酸甜的食物体验。食物的香气不仅来源于其原料，烤、炸、蒸、炒等不同的烹饪方法也会给食物带来不同的香味。例如，烤制的食物通常带有一种焦糖化的香味，蒸制的食物则突出其原材料的鲜美。因此，了解不同烹饪方法对食物香气的影响，对于设计师来说至关重要。

例如，乌龙茶原产于中国的福建和广东，以其半发酵的特性和独特的香气著称。这种茶的香气介于绿茶的清香和红茶的醇厚之间，拥有花香、果香和焙火香的复合体验。以乌龙茶的香气为灵感，设计一款香熏蜡烛。蜡烛的外观采用陶瓷材料，模仿中国传统茶杯的形态，简约而古朴。蜡烛的蜡体中混合了乌龙茶的提取精油，确保在燃烧时能释放出与真实乌龙茶相近的香气。该产品的亮点在于，蜡烛燃烧时释放出的香气让人仿佛置身于茶园之中，可以感受到乌龙茶那宛如山林、花果与微微的焙火交织的独特香气。当蜡烛燃烧完毕后，用户可以将茶杯作为一个香薰容器，放入乌龙茶叶，点燃蜡烛底部的香薰灯，继续享受乌龙茶的香气。蜡烛的包装模仿传统的茶叶包装，采用天然的竹制或棉麻材料，结合古典的中式书法和插画，增添了浓厚的文化氛围，适用于家居、办公室、茶室或书房等场所，为空间增添一抹清雅的茶香，同时是传统与现代、文化与设计完美融合的代表。

（三）食之味

1.色彩载体

在探讨食物的口感和味道时，经常忽视的一个关键因素是色彩。人们常常将色彩与某种特定的味道联系起来，尽管这种联系在很大程度上基于文化背景和个人经验。例如，红色可能与甜味或辣味相关，而绿色可能与清新或酸味相联系。在食物的设计和制作过程中，色彩选择可以增强食物的味道和口感，某种色彩可能会让食物看起来更加诱人，增强人们的食欲。在一些特定的文化背景下，某些颜色可能会引发特定的味觉期望，这加深了食物的口感体验。当谈到色彩载体时，应考虑如何将色彩融入食物的制作和设计，使其既能够反映食物的味道和口感，又能够增强视觉的吸引力。例如，某些食物添加剂可以改变食物的颜色，从而产生不同的味觉效果。然而，选择天然的色彩来源更为理想，因为不仅更加健康，还可以更真实地反映食物的原始味道。

2. 造型载体

造型载体作为食物的外观设计，常常是顾客首先接触到的部分，其重要性不言而喻。对于食物来说，造型载体不只是单纯地展现其外观，还反映食物的内在品质、文化背景、制作工艺以及与食客的互动体验。

在设计食物的造型载体时，需要考虑以下几个关键因素：

①原材料的选择。选择合适的食材是确保设计成功的关键。不同的食材具有不同的颜色、纹理和形状，因此需要根据设计目标来选择合适的食材。

②工艺技巧。烹饪和制作食物的技巧对于造型载体的成功至关重要。合理的工艺技巧可以确保食物的形状、颜色和纹理都能够得到最佳展现。

③文化和情感的融入。食物常常承载着某种文化或情感，通过对食物的造型载体进行设计，可以将这些文化和情感表达得淋漓尽致。

④与环境的结合。食物的造型载体还需要考虑与其所在环境的结合。例如，一个以海洋为主题的餐厅，其食物的造型载体可能会采用与海洋相关的元素，如贝壳、珊瑚或水草。

⑤顾客的互动体验。食物的造型载体不仅仅是为了视觉上的欣赏，更重要的是为顾客提供一个与食物互动的体验。

设计食物的造型载体是一个复杂而富有挑战性的过程，需要设计师具备广泛的知识、丰富的经验以及敏锐的洞察力，只有这样设计师才能够为顾客提供一个既美观又美味的食物体验。

（四）食之意

1.自然化意境

当今时代，人们的生活节奏越来越快，导致与大自然的关系逐渐疏远。为了缓解这种现象，饮食领域的文化产品设计中纳入了丰富的自然元素，目的是增强设计的美感，让人们在日常饮食过程中也能与大自然产生互动与连接。诸如各类树叶、花朵、水果等自然意象被融入餐具的文化设计，这样，人们进食时，不仅能品味食物的美味，还能体验到大自然那难以言状的意境之美。

2.功能优化

产品设计不断追求细节的完善，从人性出发，融合众多视觉元素，使之既富有感染力又富有情感表达，不但优化了功能布局，而且为人类生活注入了便捷和趣味性。

以玛格瑞尼设计的"鹦鹉开瓶器"为例，这一工具背后蕴藏着诸多巧妙的设计思路。鹦鹉的嘴部不仅具有形象性，还可以作为开瓶器，轻松扭开各式瓶盖；其腹部隐匿的螺丝起子则适用于红酒开瓶，此时鹦鹉的翅膀与金属足成为支撑使用的关键结构；而其头部之冠更隐藏了小刀，便于开启塑料包装。这种设计既考虑实用性，又注重形式与功能的完美结合，可谓是形与意的完美融合。

3.意义演绎

在人类的生活历程中，存在着某些关键时刻，他们倾向于对某些事物赋予深厚的情感价值。这些事物，或是父母赠予的玉佩，或是自身努力获得的荣誉奖牌，其寓意和情感价值常常超越其物质价值。例如，旅行者在遥远的异地往往会挑选旅游纪念品，这不仅仅是出于对当地文化的敬重与热爱，还是为这段旅程留下独特的印记。旅游纪念品往往是地域文化的具象代表，转变为一种象征。有人比喻旅游纪念品犹如一个城市的独特名片，这种"名片"不仅充满文化底蕴，更是饱含了艺术和历史的鉴赏价值。

四、实践程序——以"西湖盛宴"餐具设计为例

（一）理解课题

在设计过程的起点，关键在于深刻地理解课题的核心需求。G20 杭州峰会作为国际级别的会议，其"西湖盛宴"餐具不仅需表现出杭州的文化韵味，还要体现国际化的审美。因此，餐具的设计必须融合传统与现代，同时考虑实用性与艺术性的统一。

（二）市场调研

为确保餐具的设计符合目标受众的期望，市场调研至关重要。可以收集近年来各大国际峰会的餐具设计，分析其风格、材质与工艺，并结合杭州的文化背景与西湖的景色特点，整合这些数据为设计提供有力的支撑。

（三）市场针对性分析

基于前面的市场调研，接下来进行细致的分析。需要明确目标受众的喜好、文化背景和审美趋势。对于 G20 峰会的受众，即各国领导人与代表，餐具设计应注重国际化元素，同时保留中华传统文化的魅力。

（四）概念方案

融合已有的资料和分析，初步构思出多种概念方案。如，可以考虑将西湖的十景与桥的形象结合，或者利用工笔山水与现代极简风结合等。每一个方案都要确保既有中华文化特点，又不失国际化的气质。

（五）发散想象

在此阶段，让思维尽量自由发散，创新和拓展概念方案。考虑餐具的多功能性、环保性或者与现代技术的结合，如智能餐具、可降解餐具等，从而满足更多的实用需求。

（六）绘制草图

将前面的方案和想象转化为实际的草图，这是将理念具象化的关键步骤。画出各种餐具的形态、纹饰和结构，同时注重其实用性，如保温、易清洗等功能。

（七）设计深化

在草图的基础上，优化设计。可以考虑与手工艺人或工厂技术人员进行沟通，了解制作的可行性和成本，确保设计既美观又实用。

（八）方案评估

在所有设计方案完成后，进行全面的评估。可以邀请专家和潜在的使用者进行评价，听取他们的意见和建议，完善设计。同时，要对设计的实施周期、成本和市场接受度进行预测和分析。

第三节　项目训练——住

一、课程概述

（一）课程内容

"住"揭示了人类的居住形态，更体现了社会在经历时间沉淀后，如何在住所的布局与内部设施上融合传统与创新。在不同的社会结构背景下，人的居住行为模式亦有所差异。笔者深入探索了"住"的维度，从居住空间的内部到外部，进一步划分为四大主题，并结合多样化的设计案例，探索各自风格的源起。在探讨中，笔者鼓励读者用一个充满人性、轻松的角度，去理解和审视设计的真谛。

（二）训练目的

住有两个层面含义，即居住空间的内部、外部，因而可以理解为：一个是"住"——居住内空间，另一个是"筑"——建筑外空间、本体形象及外围环境，需要从这两大方向进行思考。虽然在"住"的思考中，多关注于物质基础及空间载体，但是关于住的精神元素及象征意义、引申意义也不可或缺，因此在我们进行相关文创产品设计时，应全方位思考。通常可以考虑以下两个方面：

1.传统思路

本课程旨在深入探讨与培养学生在内外空间设计领域的综合能力。针对居住内部空间及建筑的外部环境，研究人类生活实际和潜在需求的产品设计，并考察这些产品如何与其功能属性以及相应的文化背景相结合。笔者重点关注具备文化内涵的家居用品的基础造型技巧以及其在平面和三维空间中的表现特性。

从"形色""式""境"三个维度进行深入剖析，探索与这些概念相关的文创产品设计思路。从艺术设计的视角，学生将全面理解并掌握居家用品的创意文化元素。课程的最终目标是培养学生具备独立的设计思维，使其能够灵活运用各种创意表达和设计技术，创作出适应不同人群、具有各种形态和功能的家居产品，使这些产品不仅能够满足市场需求，而且受到消费者的喜爱。

对于居住内部空间而言，所有展示和摆放的物品，例如家具、装饰品、墙挂以及其他陈设，均是设计和创新的潜在领域。相对地，建筑的外部空间不仅涵盖了公共设施如公共座椅和草坪灯，还包括与建筑元素关联的文创产品。这些建筑元素在设计过程中经过提炼、整合和创新，与产品设计特色相结合。设计的风格受到多种自然条件和地方文化环境的影响，展现出独特的气质与特色，设计师需在设计中实现有机融合，保证产品与环境之间达到和谐共生。此外，构建绿色生态环境，将优化人们的居住体验。

2.拓展思路

在文化创意设计中，特别是围绕"住"这一核心概念，学者们致力于探索富有创新性的设计理念和多维的表达方法。进一步研究以"住"作为启示的"原点发散设计思维"，为我们提供了深入的视角，从中可以提炼出与"住"相关的造型、色调、工艺技巧、历史文化背景以及传统风尚等多种元素。这些元素被巧妙地与各类衍生产品相结合，形成"跨界"和"嫁接"的创新策略，旨在设计出既包含"住"的特质、又能与当下审美趋势和潮流相匹配，乃至领导和传播优秀的人类传统文化的创意产品。

（三）重点和难点

重点：训练和培养对居住内空间、建筑外空间中人类生活所需要或具有潜在需求的产品，根据产品自身的功能特点与相关文化元素相融合。

难点：在"住"的基本概念范畴基础上寻求创新的思维设计观念和多角度的探讨新设计的表达方式，探究以"住"为创意启发"原点"的发散型设计思路。

（四）作业要求

中国传统建筑元素呈现出一种特殊的文化符号，是传统文化的一种载体，也是传达民族文化的一种纽带，其文化意蕴和价值渗透在人们生活的各个领域。在这一建筑演进历程中，家具设计与制造技艺并非孤立地存在，而是与之同步发展，积累了丰富的历史与文化内涵。其中，家具的艺术形态和图像设计无处不在地反映了其深厚的意象与哲学思考。请基于某一特定的传统建筑元素，如"斗拱"或"榫卯"，设计一款融合现代流行元素的家具或电子产品。这款产品不仅要体现传统文化的韵味和深度，还需要具备现代的实用性。设计构思内容需包括：

①设计灵感来源，设计的产品；②图形、造型、色彩等各种要素的具体方案；③设计理念、所要表达的思想。以 PPT 形式上台宣讲分享产品设计过程及成果，汇报分享产品报告书，打印纸质版提交最终作业。

（五）时间要求

建议 6 课时。其中：主讲理论 2 课时，安排设计主题，课下搜集资料及设计思路。设计草图讨论、修订细化 2 课时，课下完成课题 PPT（调研报告、设计思路、设计过程、设计成果展示）。最终设计作品汇报分享、评述 2 课时。

二、设计案例

（一）居住空间及其周边衍生品设计作品

1. 中国盆景艺术

盆景艺术作为中国的文化遗产和传统美学，体现了对大自然景观的微观再现与浓缩。该艺术利用植物与山石为素材，经过巧妙的艺术处理，不仅能在有限的空间内展现自然之美，如茂盛的草木、层峦叠嶂的山景，而且将自然的真实与人工的巧思完美结合，真正实现了顺应自然与超越自然的和谐。其中，杰出的盆景作品更是以"小中见大"的理念，综合文学、美学及各种艺术手法，完美呈现中华丰富的文化和艺术内涵。当观者面对这些作品时，仿佛被引导进入一个充满古典韵味的深远意境，感受到时间与空间的交融。

2. 家具设计

家具设计涉及对家具的造型、功能、尺度、色彩、材料及其结构的图形化和文字描述。与通常的消费品显著不同，家具在家居空间中占据核心地位，其文化内涵深度反映一个家庭的文化素养和审美水平。因此，在进行家居环境的设计过程中，除了充分考虑建筑结构和客户的实际需求外，还要挖掘并推广家居环境中的人文精神。

3. 灯具设计

电灯的出现标志着人类在光明与黑暗之间的斗争中取得了重大突破，它使得夜晚得以被光明点亮。所谓的灯具，实际上是一种能够传递、分散并调整光源光分布的装置。它集成了除光源之外，为稳定和维护光源所必要的各种零部件以及与电源配套的线路和配件。而在现代社会，灯饰已经超越了其基础的照明功能。精美的灯饰能够在夜间创造出细腻的光影效果，为空间增添浪漫之感，将文化与创意融入灯饰设计，便为日常生活带来了不同寻常的体验与乐趣。

（二）居住空间外的建筑元素及其周边衍生品设计

1.公共设施设计

随着城市化进程的加速，公共设施的建设显得尤为关键。其设计不仅应当注重对外部环境因素如人们在户外的活动特性和气象、自然条件的适应性，还需确保满足人类的安全、健康、舒适和高效需求，在美化城市景观的同时，要满足社会日益增长的生活需求。

2.建筑元素文具设计

当建筑的意蕴融入文具设计中，桌面上便呈现出一种"小千世界"的建筑群落。此举不仅颠覆了大众对文具刻板、单调的认知，还将建筑艺术巧妙地引入日常用品，呈现出一种介于碰撞与和谐之间的独特美学，不仅是一种形式的重塑，还带来一种沉浸于微缩都市景观的感受。

3.个性化家居饰品

家居装饰元素作为家中的流动装饰元素，对于构建室内环境来说颇为关键。该元素超越了传统装饰领域的约束，整合工艺品、纺织制品、珍藏品、照明设备、花艺设计与植物等各种元素，提出了一种创新的装饰观念。在普及性的基础之上，其追求的不仅是独特性，还需要具备独立性与特定的风格特质。将传统的生活小物与新颖设计融合，使这些日常物件焕发出新的活力和魅力，从而为生活带来更多的艺术感和活跃度。

三、知识点

（一）住之形

"形"在建筑领域中特指与"住"这一广泛的概念所关联的室内外空间的图形、造型及形态。其实，"形"是产品设计的根基，同时是设计师灵感的源泉。在产品的设计过程中，设计师不只可以在其外部融入图形艺术元素，还有能力使产品本身的造型反映出某一特定的形态或图形。尽管在文化创意产品中形态的呈现手法繁多，每一种都与众不同，但它们的共同目的是强调产品的独特性，创造出新颖的视觉效果和意象，传达出新的信息和社会含义，赋予产品深厚的审美和文化价值。图形通过其特有的形态来呈现独到的创意，从而将设计理念具象化，转变为传递信息的有力媒介。其中包括两点：

1.图形具有结构美

图形既有自然的美，又有艺术的美。图形的不同组合形式有着广泛的切入点。其结构的精致构成可以被视为抽象美学的巅峰，通过点、线、面的科学配置及各组成部分的均衡比例，呈现出一种既严格又富有审美的特质。特别值得关注的是，中国古典图形设计给予近现代西方设计师深刻的艺术启示与理论依托。

2.图形具有意象美

在中华传统艺术体系中，形与意的结合往往成为其独特的艺术表现方式。家具设计中的图案，例如富有象征意义的"牡丹"和寓意"福"的"蝙蝠"，都是这一原则的具体体现。这种所谓的意象美，实则源于民族文化的深层认知，往往超越了普通语言的表达能力，能够以图像的形式清晰地呈现在观者的视野中，这些图像并非简单对现实对象的模仿，而是通过"写意"的方式，传达一种深厚的文化和思想内涵。

在家具的图形造型中，可以看到古人对于艺术之美的深入理解，将对实际世界的观感、情感经验以及道德准则融入日常所见之物，例如家居中，选择以图案形式进行呈现，其中的"梅、兰、竹、菊"等图案设计，不仅是视觉的美感体现，更是一种深刻的隐喻，通过植物的特定生态属性，赞扬人的高尚品质和崇高品行。

（二）住之色

在文化创意产品设计领域中，色彩对于传达设计意图和构建视觉印象具有重要的作用。"色"一词代表的是色彩，而色彩能够为设计者提供一个重要的手段，通过其细致的选择、搭配以及组合，来充实和深化设计的内容，以此来传达他们的创作思维和对于设计作品的内在灵魂的解读。例如，柔和温暖的色调能为室内空间带来舒适、家的感觉；高对比度的色彩则能够轻易吸引儿童对玩具的兴趣；那些能够触动人们深藏记忆中情感的色彩组合，使用在旅游纪念品上，不仅能够促进销售，还能唤起对旅行的美好回忆。

为了准确地表达色彩的深度和广度，设计者需理解色彩的基本组成要素：色相、纯度和明度。正是基于这三个核心要素，通过相对对比和协和，形成了多种多样的色彩组合。这样的组合不只是为了展现出特定的情感和心理状态，还能传达文化的精细内涵，从而提升文化创意产品的吸引力。

在产品或设计的描述中，色彩经常被视为其核心的特征，此现象揭示了色彩与对象间深厚的联系。以旅游纪念品为例，故宫往往被人们视为代表庄严的深红色；国家游泳馆"水立方"则象征着纯净的蓝色。

色彩本身蕴含独特的语义特质。针对各种色彩所呈现的意象及其所隐含的情感与文化价值，确实为文化创意产品设计的核心因素。在这一设计过程中，色彩与情感的互动显得尤为重要。研究在文化创意产品中，不同色彩及其组合所引发的情感差异，可以使产品通过色彩深刻地传达各种情绪。例如，高纯度的色彩组合传递生机与活力，低纯度的色彩组合则呈现出内敛及和谐；高明度的色彩组合描绘细致与柔美，低明度的色彩组合则代表着冷静与稳健；暖色系代表着热烈与欢庆，冷色系则彰显出理智与沉着。值得强调的是，情感需要基于色彩来展现，同时，当色彩被赋予情感后，其价值和意义也随之得到提升。

（三）住之式

中国家具制造历史可追溯至河姆渡文化时期。唐、宋、元、明、清五代，为家具艺术的黄金时代。唐代中式风格室内设计已开始兴盛，由此可见，当时家具不只是实用品，更是审美观念与社会地位的外显标志。这种独特的设计语言对当时以及后续的文化领域产生了深远的影响。诸多西方家具和居室设计在局部细节上都能察觉到中式的痕迹。然而，西方的工业革命给予了材料及制作技术上的革新，这种创新对于传统的材料选取和手工技艺形成了不小的挑战。对于现代室内设计师而言，融合中华文化元素于室内设计，并将其持续融入现代生活，成为一种使命，使得中华文化得以持续繁荣。经历了长时间的发展和过滤，如今所看到的中式家具，实际上经受了时间的考验，成为真正的经典。这也意味着它具有高度的整合和融合能力。研究中式家具，除了观察其材质，更为重要的是深入理解它所蕴含的中国家居文化智慧。新中式设计并非简单地叠加古老元素，它更是在中国传统古典文化背景下，结合现代审美观念，来塑造家居空间。这一点，不仅仅是表面的形式，还融合古典与现代，打造出真正符合现代人审美需求的居住空间。

（四）住之境

1. 物境

文化的创意起源可以追溯到人类的原始艺术活动。在史前时期，洞穴居住的先民已经掌握了利用动物骨骼和石材进行生活用品的创造。随着时间的推进，人们不断追求更为优质和便捷的日常物品。生产力的进步塑造了生产关系的框架。伴随着生产力的持续增长，人们手中的创作资源及其形式日益丰富。从单一的物质审美，人类的视野逐渐拓展到更为宏大的经济领域，这一转变使得人们开始"寄情于物"，从而物的审美意境开始崭露头角。

2. 情境

中国古典园林之所以显得宏伟并不仅仅因为其空间规模，还由于其景观内涵的深厚，能够映射出自然的雄奇壮观——千丘万壑、清溪碧泽、风花雪月之美景。置身其中，参观者不仅能够深感其空灵的意境，还能体验到设计师巧妙地采用了虚中实，实中虚的借景技巧，精心将各种景物相互融合，营造出一个幽深静逸的氛围。老子曾经指出："大方无隅，大器晚成，大音希声，大象无形。"这种传统艺术哲学不仅仅是对整体美学的朴素理解，更是对精神境界、人类的创造性与主动性的强调。从设计哲学的角度看，真正的园林设计不仅仅是技术的应用，更是对于事物本质的敏锐洞察和感受能力的体现。

3. 意境

意境作为中国古典美学的核心概念，具有深厚的文化根基。这一范畴的起源可以追溯到庄子的哲学思想："天地与我并生，万物与我为一"，为现代意境论的"物我与共"与"情景交融"的探讨提供了坚实的理论支撑。而意境并不局限于传统的诗歌与绘画领域，当代的平面设计和产品设计同样在追求这一美学效果。从美学的视角出发，意境揭示了人们从设计中所洞察和感受到的深邃情感。

为了深入探讨意境在设计中的价值，可以先从分析中国传统文化的意境美学出发，延伸至产品设计，这种角度为我们提供了一个全新的视野，以意境为核心，洞察和评析当下的设计现状。例如，某些具有鲜明中华特色的家具，如环形靠背椅，常常激发出设计师的创作灵感，椅子的弧线设计，意味着各种设计的可能性：在不同的审美观点下，它既可以展现古典韵味，又可以焕发现代风采，更可以凸显个性或展现包容。某些具有传统造型的工艺品，则透露出宁静与和谐的审赏氛围。

四、实践程序——以"祈福年丰"陶瓷茶具设计为例

中国的传统建筑文化拥有深厚的历史积淀，从皇宫大殿到乡村茅舍，一砖一瓦都蕴含着中华民族的智慧和艺术创意。而"祈福年丰"陶瓷茶具的设计，正是将这样的文化融入日常生活，旨在将中国的传统美学与当代生活方式完美结合。

（一）理解课题

中国的宫宇文化，千百年来以其独特的建筑艺术、工艺技巧和寓意深远的文化内涵吸引无数人的目光。对于设计"祈福年丰"茶具，如何将这些元素巧妙融入，是首要挑战。该项目的核心是如何平衡实用性与艺术性，同时确保文化的准确传达。

（二）市场调研

在进行设计前，对市场进行深入调研，发现消费者对于文化元素的接纳度逐渐增强，尤其是那些具有深厚文化背景的商品。在茶具市场中，具有传统元素的产品更容易得到消费者的青睐，尤其是在一些高端消费场所。这为"祈福年丰"提供了巨大的市场潜力。

（三）概念方案

以中国宫宇为灵感，结合茶具的形态，"祈福年丰"提出了初步的设计方案。茶杯的外形模仿古代宫殿的屋顶线条，杯盖上则细腻地刻画了

龙凤图案，象征着祥瑞与吉祥。整套茶具的配色采用了金黄与宝蓝的结合，展现出皇家宫殿的气势与尊贵。

（四）发散想象

为了使"祈福年丰"更加与众不同，进行了一系列的想象。如何在传统与现代之间找到一个平衡点？是否可以加入现代科技元素，如智能恒温功能或者为茶具增加与宫宇相关的互动功能，如音乐、光影等？

（五）绘制草图

在众多的发散想象中，提取一些具有可行性的点，开始绘制草图。在形态上，茶具的线条更加流畅，凸显古代宫殿的优美线条；而在功能上，决定为茶具加入一些现代元素，如智能感应盖杯功能，既实用又具有趣味性。

（六）设计深化

草图经过多次修改完善，最终形成了"祈福年丰"的设计稿。茶具的每一个细节，都力求完美，确保既能传达出宫宇文化，又不失实用性。在材料选择上，采用了高档的白瓷与金箔，确保产品的高质感。

（七）方案评估

完成设计后，进行了多次内部与外部的评估。在多次反馈中，对"祈福年丰"的设计进行了细微的调整，确保其既满足市场需求，又能够真实传达出中国传统宫宇文化。

第四节 项目训练——行

一、课程概述

（一）课程内容

文化创意元素在出行产品中的融合可归纳为"安""休""道"三大领域。值得注意的是，文化创意的融合不仅仅体现在产品的功能性上，还深入用户及其周边人群的心理层面。当我们从心理的层次扩展到功能实用性，这对于文化创意的具体呈现形式提出了更高的要求，然而这种提升不仅仅增强了产品的使用体验，还加深了产品的内在价值。无论对于设计者还是消费者，这样的进步都代表了一种精神的满足。

我们首先针对日常生活中常见的出行工具进行探索。然后，进入满足大众审美诉求的产品的第二层次。最后，探讨那些既获得设计师认同，又受到消费者欢迎的理想状态的产品，展示从基础需求、体验至产品的高度个体实现的完整过程。此过程意味着产品发展的脉络：从人们对产品的适应，到产品为人们服务，再到设计的前瞻性导引，推动我们走向更为理想的生活模式。

（二）训练目的

1.传统思路

在出行产品设计领域中，深入研究文化创意设计所带来的独特体验是至关重要的。通过艺术设计视角，可以更为深入地理解并把握出行产品背后的创意文化。为此，不仅要培训学生掌握和应用各种设计方法和表达技巧，还需要引导他们在出行相关的产品及其延伸品中进行设计创新。通过这种方式，扩展学生的设计思维，更是探索创意设计的新路径。最终，学生应当具备独立构思的能力，并能设计出造型各异、功能齐全的出行文化产品，这些产品不仅能满足市场需求，还能得到消费者的广泛认同。

2.拓展思路

在基于"行"这一基本概念的研究背景下，学生需要深入挖掘该概念所蕴含的表现形态、途径与方法。进一步研究如何从"行"这一核心思想中启发创新，并洞悉其中蕴含的社会文化和传统风俗特质。目标在于设计出既包含"行"元素，又能够应对时代发展、适配人类生活模式的创意文化产品，这些产品甚至有潜力引领时尚趋势，承载并传递人类卓越的传统文化。

（三）重点和难点

在文化创意产品的设计与研发中，用户的体验显得尤为关键，涉及其实际使用时的感受，还涉及在使用过程中所带来的愉悦度。为此，产品需在造型与功能上均呈现出独特性，令消费者对其产生深刻印象。以旅游文化纪念品和出行相关物品为例，其成功之处在于能在众多同类产品中独树一帜，既表现出鲜明的新颖度，又展现出不同寻常的功能特质。

（四）作业要求

在人类日常生活中，移动或出行起到核心的作用，为我们的社交互动、学术探索和个人经验积累提供了关键的支撑。与此同时，出行和"衣""食""住"的元素一同构成了独特的文化语境。我国古代的经典文献亦有"三人行，必有我师焉""千里之行，始于足下"和"三思而后行"之精辟见解。这些并不仅仅描述物理移动，还涉及人生的深度经验和对待事物的哲理。可以进一步从"行"的文化中挖掘出与"安""休"和"道"相关的引申元素，它们分别代表了安全与舒适、休息与娱乐以及道德与行为的内涵。

在进行设计时，需考虑以下几个方面：①设计灵感的来源和目标产品；②涉及造型、色调、质地等细节的策略；③设计的核心思想和所要传达的理念。为了分享产品设计的过程和最终成果，我们将利用PPT进行演示，并为之编写详尽的产品报告，最终以打印版提交作业总结。

（五）时间要求

课程安排总计6课时。首先，分配2课时于理论主讲，其间需布置设计主题任务，鼓励学生课外搜集相关资料和形成初步设计思路。接下来，安排2课时进行设计草图的讨论及修订，并详细完善设计方案。在此期间，学生应课外制作课题PPT，其中包含"调研报告""设计思路""设计过程"以及"设计成果展示"。最后，用2课时让学生汇报和分享他们的设计作品，并进行评价和点评。

二、设计案例

（一）行元素的文创设计

1. 出行方式及周边

（1）自行车、自行车道

在曾为"自行车王国"的我国，自行车不仅是主要的出行方式，而且也被视为现代"绿色出行"手段。为确保骑行者的夜间安全，TPA Sp.z o.o. 设计的自行车道充分采用了智能照明技术，选用了名为"luminophores"的特殊材料。这材料实际上是一种磷光体晶体颗粒，能在日间通过太阳光充能，而夜间它能维持发光高达 10 小时。这种创新照明策略不仅为夜行者提供了安全保障，还使创新设计与先进技术卓越合一。

（2）儿童沙滩木鞋

海边的夏季，漫步于沙滩上，是孩子们渴望的休闲活动，对于他们而言，能在细软的沙子上留下鲜明的脚印更是一种美妙的体验。众多孩子戏水于海滩，而脚下的鞋印成了一个独特的标识。面对这种情境，日本 Kiko＋工作室的设计师 Kaz Shiomi 汲取灵感，富有创意地设计出了一款名为"Ashiato"的儿童沙滩木鞋。

在日语中，"Ashiato"意味着"脚印"。而这款 Ashiato 木鞋最具特色的地方就是其鞋底精心雕刻的各种动物脚印图案。当孩子们穿着这种木制的 Ashiato 鞋在沙滩上行走时，他们留下的不再是单调的鞋印，而是形态各异、栩栩如生的卡通动物脚印，充满了童真和乐趣。这样的创新设计不仅可以为海滩带来新的视觉体验，还必定能够吸引众多孩子的喜爱。

（3）滑板

滑板被视为当代年轻人喜爱的交通工具之一，更是他们表达自我独特个性的方式。众多滑板爱好者致力于个性化定制，期望在大众中呈现独树一帜的风格。以一组灌木文化为主题的滑板设计为例，该设计中共含有五组图画，每组图画都基于特定的灌木文化，灌木文化通常指的是生长在某一地区自然环境中的灌木植物对当地文化的影响，尤其是在艺术和设计中的体现。

从滑板的设计来看，每块滑板都呈现出独特的艺术风格。可以看到，设计师通过将自然元素，如植物、动物和地理特征融入设计，表达了对自然和环境的尊重和欣赏。此外，设计中还融入了特定地区的文化特征，如当地的传统图案、颜色或符号。虽然这些滑板是实用的运动器材，但也可以作为展示个性和艺术品位的媒介。

2. 出行收纳及周边

（1）箱包设计

随着时代的进步，行李箱已经成为当代人们日常生活的重要伴随品。特别是在近些年，其无论是实用功能还是审美外观，都经历了深刻的变革。融入文化元素的行李箱的造型和配色所展现出的魅力，成了消费者选择的关键因素。例如，获 2022 年红点设计概念奖的作品——内置婴儿车的旅行箱设计。该行李箱是一款集旅行箱和婴儿车于一身的户外旅行产品，可根据需要伸缩以增加存储空间，看起来就像一个传统的行李箱，但打开后可以看到一个内置的婴儿车，适用于 24 个月以下的儿童。

（2）儿童旅行用品设计

伴随着旅游行业的兴盛，当代家庭在休闲时段越发偏好外出游玩。少年儿童这一特殊的消费者群体对产品的趣味性有着执着的追求，专为他们量身定做的旅行物品，往往与孩子们纯真的想象世界相契合，同时注重了产品的娱乐与实用性。Trunki 儿童趣味行李箱是世界上第一款坐骑式的旅行箱，荣获 2007IF 设计大奖，可为亲子旅行增添更多乐趣，预防儿童外出时的无聊。具有 18 公升大容量，有足够的空间放置小朋友心爱的玩具和物品。还可以当书包使用，可有背、拖、提多种方式。

3. 出行防护及周边

（1）头盔

我们在运动或利用交通工具时经常会使用头盔，它不仅可以起到防护效果，而且对头盔进行创意性的设计也可以增加美观性。俄罗斯设计事务所"good"决定设计一系列非常搞怪的头盔，围绕我们身边左右圆滚滚的物体尝试找到共同点进行设计。从西瓜到光头，每种效果相信都能给人带来与众不同的感觉。

（2）雨伞

雨伞在人们的日常生活中是必备的，伴随着生活水平的提升，雨伞也不再只是满足人们的基本需求，而是融入了更加富有创意和人性关怀的设计理念。例如，剑伞的设计像一把把宝剑，伞架与传统的伞设计是一样的，但手柄使人们感觉充满乐趣，感觉突然变成了一个剑客。虽然你不能用它们作为真正的武器，但这些剑伞当然看起来真的很酷。

（二）出行优化设计作品

1. 工具类

工具作为实现某项任务所必需的辅助设备，是人类生活中不可或缺的存在。当我们整合出行相关的元素至这些工具时，不仅需要确保其功能实用性，还需要赋予其特定的趣味属性。近年来，"喵星人"与"汪星人"受到广泛欢迎。但当涉及夜间遛狗，特别是那些善于漫游、行为多变的汪星人，安全因素不容忽视。例如，配备 LED 的狗背带，在增强辨识度上展现了其安全性的实用价值，从而使狗主、行人和车辆能够迅速识别，避免发生危险。

2. 家具类

在广泛的意义上，家具被认为是支持人类日常生活、生产实践以及进行社会互动的关键工具。更为具体地说，家具可以描述为在各种生活、工作和社会实践场合中，为人们提供坐、卧、支撑以及储存功能的设备。各个历史时期的家具均蕴含了当时文化的精髓，反映了相应文化特征，如果能够为家具注入出行的设计元素，不但可以强化其文化内涵，更能彰显当代的设计理念。

3. 服饰类

服饰是装饰人体的物品总称，包括鞋、包、帽、手套、围巾、发饰等。对于新事物认识的不断进步，服饰的材质，样式也变得多种多样。将出行元素融入样式丰富的服装产品当中，为产品增加了趣味性，还有一些美好的寓意。

三、知识点

（一）行之安

在研究"行"的概念时，"安"呈现出多重解读。首先，其代表着"安全"。在交通领域，安全无疑是最为关键的元素，这种安全涵盖了乘客的生命健康，同时指向他们的财产权益的保障。此外，传统文化中的信仰与美好期望，在出行中亦有所体现。例如，驾驶员在其驾驶室的后视镜上挂有护身符或念珠，这可以视为文化对行驶习惯的直接映射。此外，"安"在"行"的概念中还有"安静"与"安逸"的内涵，它们都是衡量社会文明程度的关键指标。在众多公共空间中，人们可能会受到"噪音"或"混乱"这两大困境的困扰。尤其是在行进中，对于那些心急如焚、步履匆忙的旅客来说，如何在周遭喧嚣中维持一颗宁静、愉悦的心，成了重要的议题。

在文化创意领域，其核心价值不仅是增强乘客的安全意识，还需要通过设计和引导来培养出行者的正确驾驶和行为习惯。针对安全法规与注意事项，创意设计可使其变得人性化，从而更易于为公众所接受并内化为自身的行为规范。此外，文创产品同样可以作为关键工具，确保其在安全提示、保障以及紧急状况处理中发挥其应有作用。以头盔护具为例，尽管中国的自行车保有量居世界之首，伴随电动车的快速发展，道路上的非机动车数量日益增多。但遗憾的是，仍有大量驾驶者忽视佩戴头盔的重要性，这无疑给道路交通安全带来了巨大隐患。因此，如何在设计中融入文化创意元素，以增强公众的道路安全意识，鼓励他们主动佩戴头盔，显得尤为关键。在创意设计中融合安全因素，才能在出行工具领域取得真正的创新。

（二）行之休

在人类的长途旅行中，为了缓解生理和心理上的疲惫，休憩是不可或缺的环节。对于旅行者而言，考虑休憩的方式和时机是至关重要的。休憩行为可以划分为两大类：一是在旅途中进行的短暂休息；二是日常所需的固定休息时段。交通工具为旅行者提供了相对独立的休息空间，但鉴于外部环境可能存在的杂音与干扰，如何确保一个良好的休憩环境就显得尤为重要。为了增进各旅行者之间的相互尊重，降低休憩时的干扰，某些设计巧妙的休息用品融入了文创元素。如仙人掌形状的耳罩，这种设计使得他人产生敬畏之感，从而避免打扰使用者；又如带有柔和可爱设计的眼罩，能够唤起他人的怜悯之情，使他们不愿意干扰休憩者。

必要的休息场所是出行在外的人必要的考虑因素。当前，各式休憩场所不仅体现出丰富的文化融合，还呈现出多样化的发展趋势。基于游客的个体需求，可以为其提供价格和形态各异的休息环境。例如，为途中司机量身定制的汽车旅馆、面向年轻群体的青年旅社和太空舱，以及那些定价上乘、体验卓越，且针对景区特色而构建的民宿设计，民宿文化创意设计正如一座连接传统文化与当代设计的桥梁。旅游行业近几年呈现的激增态势，为旅游文化市场注入了快速增长的压力和驱动力。国内卓越的设计团队纷纷涌入，深入挖掘与吸纳适合开发的文化元素，将传统文化精髓和民族风貌融入现代设计，从而践行传统艺术与现代生活文化创意的融合观念。

（三）行之道

优雅的设计能够为用户创造出卓越的使用体验，触动用户的情感并引导他们培养正向的行为模式。以"出行"为例，同样能体现此种理念。马斯洛的需求层次理论揭示了消费者对于生活质量的期待远远超越了基本的生理需求。精神层面的满足和自我价值的体现对于人们来说都显得尤为重要。因此，伴随精致生活的必然是那些能与用户在精神层面产生互动的高品质产品。这些产品不仅要与消费者无缝沟通和交流，更要达到设计的根本目标，即深刻地影响和改变人们的生活方式。

四、实践程序——以"向前进"出行用品为例

"向前进"系列作品的独特之处在于它成功地将红色革命精神融入日常生活用品中，如紧身衣、短裤、臂包、护臂、帐篷、运动包等，让使用者在日常生活中感受到革命历史的力量，从而铭记历史，传承革命先烈的冲劲，激励自己"向前进"。

（一）理解课题

融入红色革命精神到设计中，不是简单的图案贴合或是色彩运用，而是要真正将这种精神与现代生活的需求相结合，形成一种情感共鸣。对于"向前进"系列，这意味着理解和铭记革命历史，同时将其与现代人的日常需求和情感结合起来。

（二）市场调研

在现代社会，越来越多的人追求有意义的产品，不仅满足实用需求，还能激发情感共鸣。通过调研发现现在的人们对红色革命文化存在着重新认识和追求，尤其在年轻人中，他们希望在尊重历史的基础上，找到与之相关的现代表达方式。

（三）市场针对性分析

对于那些希望在日常生活中体验革命精神的人，尤其是年轻人，他们不满足于仅了解历史知识，更希望能够真正地感受和体验。因此，"向前进"系列的目标市场应该是追求文化和情感共鸣的年轻人，他们对于这种结合历史与现代的产品会有很大的兴趣。

（四）概念方案

基于上述的市场分析，可以确定"向前进"系列的设计概念是：融合红色革命精神与现代日常用品，创造出既有文化内涵又具有现代感的产品。每一个产品都应该在设计中体现这种融合，如臂包的设计可以取材于红军时期的背包，而紧身衣的颜色可以选择红色革命时期的典型色彩。

（五）发散想象

从红色革命精神出发，可以想象出各种与之相关的元素和形象，如红星、五角星、红旗等。同时，考虑到现代人的日常需求和情感，可以设计出与之相关的现代元素，如现代都市、高楼大厦、现代交通工具等。这些元素可以被巧妙地融入产品设计，形成一个既有历史感又有现代感的完美结合。

（六）绘制草图

在初步设计思考后，开始进行草图绘制。考虑到"向前进"的主题，每一个产品的设计都应该体现出一种向前、积极向上的态度。例如，运动包的设计可以考虑加入红星或五角星的元素，紧身衣的设计则可以考虑使用红色为主色调，再结合其他与革命相关的图案。

（七）设计深化

在草图的基础上，深化每一个产品的设计，确保每一个细节都与"向前进"的主题相符。例如，运动手环的设计可以考虑加入红军时期的典型标志，如五星红旗或长征的图案，水壶的设计则可以考虑使用红色并加入与红色革命相关的图案。

（八）方案评估

完成初步设计后，进行方案评估。考虑每一个产品的实用性、设计的合理性以及与"向前进"主题的契合度，确保每一个产品都能够在实用性和设计感上达到平衡，同时确保每一个产品都能够体现出"向前进"的主题。

第七章 "非遗"与文创设计

第一节 "非遗"与文化创意产品的关系

在全球化进程中，强调文化的独特性与多样性显得尤为关键。结合"非遗"研究、精湛的工艺技术及前沿的设计创新，构成了中国文化创意产业发展的核心路径。笔者将所阐述的"非遗文创"定义为：依托"非遗"资源，进行深度设计与创新的文化产品。在广泛的"非遗文创"领域，某些产品从"非遗"中汲取独特的造型和图案，某些则深挖其文化价值和内涵，还有些强调其手工技艺的传承。某些文创产品能够综合这三者的特点，也有部分仅聚焦其一或二。设计师在构思文创产品时，可能倾向于融合造型与文化内涵，因为在摒弃某些传统材质与技艺后，这样的产品适于规模化生产。然而，这也意味着其更容易受到仿制与侵权。值得注意的是，知识产权的保护存在诸多不足之处，简化的造型和容易获取的材料常常没有充分的技术防护，这类文创产品主要价值在于对"非遗"的普及和宣传，但对于"非遗"的传承者来说，其经济收益并不显著。但传承人亦担任设计师时，这种情境便呈现出特殊性。与此同时，当设计师与手工艺专家联手，深化合作，确保文化创意产品中融入手工制造的元素，并且让传承人及手工艺专家成为产品制作的核心，这不仅有助于抵制仿冒，还能增强手工艺人的经济和社会地位。每件产品因此都带有手工艺的特色，这种特色源自手工艺人的独特标记，证明了他们的卓越技艺，为产品注入了高附加值。从这个角度来看，通过手工制造，传承人和手工艺人都能从中获得经济回报。

一方面是物质回报，另一方面是精神尊重，这对于"非遗"的传承与文创产品的发展，都有着相当重要的意义。

"非遗"表现为一种活态，并且持续地经历变化。这使得"非遗"不应被视为不变的实体，而应当被看作具有动态流变特性的文化象征。在生产性保护策略下，如何在保障传统技艺的动态流变性的同时，确保不会丧失其核心技术与深厚的人文内涵，防止其技术实质与形态的退化与异化？在生产性保护实践中，我们如何依据文化和手工艺的基本规律，有针对性地运用这种流变性进行技艺的创新与发展？这一议题正是我们在生产性方式保护中，需持续深究的理论与应用难题。

"非遗"本身蕴含流变性，不仅体现在其在空间尺度上的传播，如由某地区扩散至另一地区，可能借助学术交流、商贸往来等方式，并在这一进程中呈现某种演变；还表现在时间轴上的递延。随着时代的不同，"非遗"可能因某位技艺出众、思维创新的传承者而得以蓬勃发展，也可能受到生活习惯、生产模式的改变或其他外部冲击而转趋低落。但值得注意的是，"非遗"的传递并非僵化的，而是一种活态的流动，融汇继承与变异，保持一致与差异的协调共生。尽管经历演变与成长，"非遗"始终维系着基础的一致性，凸显"非遗"的核心价值和文化深意，更成为非遗与其文创产品相互补益、共同进展的核心所在。传统的观念中，"非遗"的传承主要依赖传承者，"再设计"之产品则由设计师所创。然而，"非遗"的演变与"再设计"的界定并不总是清晰的。特别是在与工艺美术有关的项目中，传承者可能同时肩负设计师的任务。诸多工艺美术从业者不仅担任企业家、艺术家的角色，更是跨界资本的操作者。随着"非遗"成为产品的创新源泉，部分由企业家和艺术家创作的产品融入"非遗"体系，获得学术界及公众的认可。文化创意产业崭露头角之时，众多设计师纷纷转向"非遗"领域，力图融合其丰富的元素，创设独特的文化产品设计。

在深入探讨"非遗"研究、工艺技术及设计创新之间的联系时，笔者致力于揭示它们之间的内在联系与交融。若欲设计出既展现民族特色、又融合功能与文化内涵的文化创意产品，便需对上述三大领域进行深度整合。如图 7-1 展示的关系图表明，"非遗"研究、工艺技术与设计创新之间并非孤立存在，而是在某种程度上相互依赖和影响，共同构筑具有特定意义的文化产品。

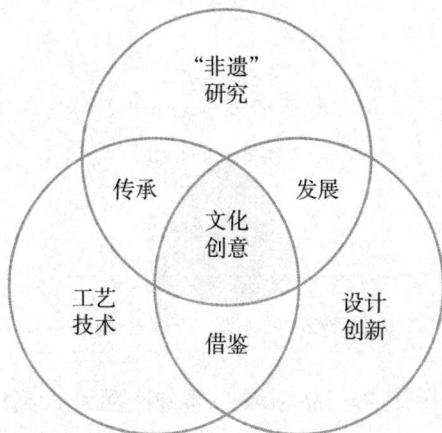

图 7-1　"非遗"研究—工艺技术—设计创新关联图

在研究"非遗"与工艺技术的关联时，发现两者之间存在一个活态的传承与延续机制，具体体现在传统工艺所积淀的文化底蕴和祖先的深邃智慧上，反映在当代技术的进步与"非遗"文化的相互滋养中。工艺技术与设计创新之间存在相互借鉴的空间：一方面可以"古为今用"，继承和发扬传统的技艺；另一方面需要借助创新的方法、材料和工艺来确保"非遗"文化在新时代中的持续适应与发展。对非遗进行深入研究并将其与设计创新紧密结合，实际上是对未来发展路径的深思熟虑。"非遗"不应僵化于传统，而应与时俱进。将"非遗"作为核心，推动设计创新，可以构建更为广泛的"非遗"传播渠道，对于促进中国本土设计的革新具有里程碑式的意义。并且根据产品所针对的目标受众，传统技艺类"非遗"衍生的产品及其与"非遗"相关的文创可以被划分为多个层次，构建成一个正金字塔状的分布结构（如图 7-2 所示）。

图 7-2 "非遗"产品梯度图

在传统技艺类手工艺产品领域，部分产品进入高级定制范畴。这类产品多沿奢华、独特的推广路线，因其昂贵的价格与生产难度，这意味着它们并不适合大规模量产。适应的场合往往为大型展览、拍卖会等。另外，有的产品已经逐步转型，成为"数字藏品"（NFT）并进行限量推广，其中，如刺绣的大型作品、唐卡和贵金属工艺制品等都是该类的代表。接下来是小规模生产的手工艺品。此类产品的价格同样不低，但能够在一定程度上进行小批量的制造。众多设计师与手艺传承者之间的合作催生了这类产品，一些集成了贵金属、大漆、缂丝和手工雕刻技艺的产品，如手工装饰包，都在小范围内受到市场的欢迎。大规模生产的手工艺品紧随其后，在这类产品的生产中，品控显得尤为关键。尽管真正的手工制品难以达到完美无瑕，但当其进入大规模生产阶段，对产品质量的误差仍应维持在可接受的水平。例如，"王的手创"与贵州地区的绣娘合作，实现了如"艾虎""青龙""钟馗"等布艺香包的大规模手工刺绣。而基于"非遗"概念设计的文创产品数量最为庞大，这类产品在工厂内可以实现规模化生产，并在质量上达到一致性，与传统手工技艺在生产工艺上或许并无直接关系，但将扎染、蜡染、刺绣等古老纹饰融入现代设计，用于印制衣物、手提包、杯子和碗等生活日用品。

第二节 "非遗"创意产品的设计方法

一、改进工艺及扩展功能

　　文化遗产和传统技艺背后蕴藏着深沉的文化积淀。这类"非遗"的文创产品设计，其复杂度远超一般人的预想。纵然有设计师天赋异禀，仅凭想象力和创意也难以将这些设计理念实现为成品。更何况，单纯的样品设计与其成功地产业化之间仍存在一定距离，针对那些技艺难度较大的传统制作方式，设计师常常会遇到诸多难题。设计时，面对技艺门槛高的传统手艺，设计师很可能会遇到一系列复杂问题。在以传统手工艺为基础进行形态与功能的创新设计时，所面临的挑战并不止于外观造型。因为伴随着造型和功能的演进，其所需的材料和制作工艺也必须相应地进行调整与适配，而某些传统的材质与工艺，或许难以完全适应这些新的要求。为了应对这些挑战，设计师需在熟知传统技艺的前提下进行探索。此时，主要有两种策略可供选择：一方面，设计师可以与手工艺师紧密合作，这种合作基于设计师对手工技艺的基本认知，尽管他们可能并不如传统手工艺的传承者那般精湛；另一方面，设计师在深度掌握传统技艺后，应拥有强烈的创新意志，并配备充足的知识和资源以支撑这种探索。显然，后者代表了一个更为理想的状态。然而，在这一切之前，最关键的是传统技艺的继承与传承，只有确保这一点，才能探讨如何在此基础上进行创新与超越。

　　马宁作为北京雕漆技艺的区级代表性传承者，深度挖掘并创新了传统雕漆工艺与大漆材质，赋予现代文创产品新的生命，其设计与制作的"雕漆茶壶"结合传统与现代，不仅融入了深厚的文化底蕴，更具有较高的收藏价值和日常实用性。在该产品制作过程中，紫砂壶的胎体需预先处理，形成特定的起伏肌理，以确保大漆可以稳固附着。另外，"雕漆摩托"与"红运当头·雕漆头盔"是马宁基于雕漆技艺所呈现的概念性设计实验，选择摩托车头盔作为作品胎体，马宁巧妙地在其上施以红漆，并细致雕刻，使得整件作品充满中国传统元素的祥云纹样，这种纹样寄寓了吉祥、如意的深厚意蕴。而作品的主要色调选择朱红，形成了与"鸿运"谐音的红云，进而使头盔带有"鸿运当头"的寓意，彰显其内涵，也展现了一种巧妙的语言与视觉双关。

再如，在探讨蜡染文化时，贵州丹寨无疑是关键地域，在该地众多的蜡染工坊及从业人员仍持守传统的制作与销售模式。令人感叹的是，工坊的主要市场并不局限于贵州，而是延伸至其他省份如北京、上海和广州等一线城市，乃至国际市场。在订单模式上，可概括为两种：其一，根据客户所提供的样品进行定制；其二，由客户提出主题，随后由工坊进行艺术创作与设计。如某案例中，甲方提供长袍设计思路，乙方负责蜡染艺术呈现，最终产品由甲方销售。又如，一批专为某摩托车品牌订制的方形蜡染头巾，该订单共计五百条，而图案的设计灵感来自宁航蜡染的传统技法，但客户特定需求中还融入了该摩托品牌的标志性 Logo。

苗族的蜡染不仅是一种工艺，更是一种文化的传承，刻画的是苗族的日常生活，更是苗族深沉的历史与文化，让蜡染师傅们描绘非传统元素，如现代卡通图案，无疑是对原有文化的偏离。大多数蜡染师傅是在浓郁的传统文化氛围中长大的，他们从家中的长辈那里学到了蜡染的技艺，而传统的图案对于她们来说已经根深蒂固，无须参考任何模板。令人遗憾的是，对于这些图案背后的寓意，仅有部分师傅能够详细解说。另外，一些设计师和艺术家也选择在丹寨进行短期的艺术驻扎，为宁航蜡染注入新的创意与设计。对于这些文化与艺术的交流者，宁航蜡染的董事长宁曼丽为其提供免费的食宿，这也是宁曼丽所定义的一种现代"众筹"模式。

二、提炼经典图案与造型

在文化创意产品的设计领域，将传统元素融入现代制品是一种颇受赞誉的策略。众多设计师频繁地从具备深厚文化底蕴的传统手工技艺中汲取那些视觉上令人震撼的经典图案，例如，从苗绣、蜡染、京剧脸谱和年画中摘取的图案，能经由丝网印刷或热转印技术，呈现在多种载体如服饰之上。为了满足批量制作的需求并确保制品的品质，设计师和制造商往往不采纳传统的手艺方式。相反，他们倾向于对这些传统图案进行现代化的修饰或重绘。在这个过程中，普遍的做法是先通过摄影或扫描捕获图案的原始形态，随后利用 Photoshop、Illustrator 等专业绘图软件对其进行适度的调整和再创作。

在大部分场景中，通过这种方式生产的文化创意产品未必能直接惠及"非遗"的传承者，因为设计者在制作过程中可能并未依赖传承者的技能，不产生相应的劳务费用。另一个原因是，与著作权及版权相关的法律框架仍显不足，导致大量生产商或设计师未向创作者（如手艺人或非遗传承者）支付必要的版权酬劳。

一个在版权处理上较为出色的实例是"自然造物"针对库淑兰的剪纸创意进行的产品设计。联合国教科文组织赋予库淑兰"民间剪纸大师"的称谓，她精于利用彩色拼接进行剪纸创作，呈现独特的艺术特质。"自然造物"向库淑兰家族支付数万元购买其剪纸艺术的版权，随后进行了一系列的创意产品设计，设计师运用 Illustrator 软件将库淑兰的剪纸艺术进行矢量化改造，涉及的产品如填色台历、墙挂日历、记事本、红包封等，其制作工艺精湛，即便在版权费用纳入成本后也实现了利润，产品之所以能够盈利，关键在于它们并非单一的手工艺作品，而是基于民间艺术，进行了大规模的文化创意生产。

在广西纹藏文化发展有限公司，其项目"纹藏——中国纹样线上博物馆"正深入研究传统纹样的版权授权机制。此机构策略性地选取传统纹样，然后以矢量图的形态予以表现，并以此向设计界或商业实体提供素材，进而进行设计延伸，此举对于"非遗"的维护、纹样的系统化整理、文化创意产品的推广及版权的标准化均呈现出积极意义。对于研究者和设计师，一个包含各种类别如剪纸、年画、皮影、刺绣等，且信息内容翔实、图像质量高且分辨率出色的"非遗"作品资料库尤为必要，不仅是他们设计的宝贵资源，而且通过对作品的地域、流派、作者及收藏地点的了解，使他们在文化创意设计过程中能够精确地追溯到其起源。此外，通过加强版权管理，能够大大降低版权被侵犯的风险。

故宫不仅文化底蕴深厚，其宫门装饰更是传统文化的缩影。北京知原悟造文化创意发展有限公司的设计师曹小兰精心为故宫打造了一款名为"故宫宫门箱包"的文创产品。在中华传统建筑中，门饰往往具有重要的象征意义。例如，"铺首"是一个以兽首为造型的装饰物，其嘴中紧紧咬住一环。据古籍记载，这种特殊的造型实际上是龙生九子中的椒图，因其性喜好闭口，古人因此常将其用于门上，寄托其驱邪守护之意。再如，皇家宫廷中的"朱门金钉"也颇具象征性。这种装饰手法是在朱红色的大门上点缀以金光闪闪的铜蒸金"金钉"，以彰显皇家的尊贵。故宫的宫门就采用了这样的装饰方式，展现了皇家的华贵与尊严。曹小兰巧妙结合朱门金钉与铺首衔环的传统元素，对其进行了现代化的提炼与创新，进而转化为时尚箱包的设计，保留了传统文化的韵味，还增添了实用性，成功地将传统建筑的美学和文化精髓转化为现代设计，向当代人传达了深沉的文化内涵。

三、手工体验与材料包设计

在当代社会中，让受众亲手参与手工制作成为一种深层次的参与与体验。电子商务的日益普及为这种体验提供了便捷的通道，即使无法身临现场的用户，也能方便地通过网络渠道获取所需的手工制作材料包，从而接触并体验非遗项目中的手工技艺。对于这些非遗传统项目，推出针对性的材料包不仅可以实现快速、广泛地传播，还为传统技艺的传承与普及打下坚实的基石。为确保产品的质量与体验度，传承者必须精准计算与确定所需材料的种类与数量，随后整合为完备的材料包。值得注意的是，在这一流程中，资深设计师的介入将对材料包的整体视觉呈现和市场销售有着积极的推动作用。材料包内除了基础制作材料之外，翔实的制作教程同样具有重要性。对于操作流程简洁的产品，附带的纸质说明便已足够；对于那些技术要求较高、制作过程复杂的作品，电子教程或视频演示成为必要之选。为方便用户获取，一种普遍做法是在材料包中附带一张二维码，用户只需简单扫描即可轻松获得相应的视频教学资源。

"竹芸工房"这一原创设计品牌起源于乌镇陈庄的传统竹编技艺，该品牌定位为"竹编传播家"，倾力于推广和再创竹编文化。基于此，品牌推出了众多独特的竹制品及手工制作套件，融入现代人追求的"DIY"元素，为传统艺术注入新活力。在"竹芸工房"推出的体验套件中，结合纸质教程与网络课程，目的在于传递竹编工艺的精髓。体验者只需扫描套件内的二维码，便可在微信订阅号中直接接触到详细的教学内容及图文解析。为了进一步弘扬竹编文化的魅力，此机构不只提供线上资源，还设立实体课堂，深度探讨竹编文化的历史与内涵，从而实现技艺的传承及对文化的普及。考虑到都市居民在接触传统竹编工艺时，如选取竹材、处理竹篾等环节的实践难度较大，机构明确了市场需求，在设计材料包时已经为手工爱好者提供了由专业竹匠预处理好的竹篾、竹丝、竹圈以及木工胶、砂纸等所需材料。这些工艺材料都经过严格挑选，满足手工艺创作的需求，旨在为广大手工艺爱好者带来纯粹而高质的体验。

"三和瓦窑"作为台湾南部稀有的传统瓦窑工坊，仍坚持使用古老的窑烧方法。在研发常规瓦窑制品的过程中，该窑厂同样推向市场多种规格的材料组合包。特别值得关注的是"熏香组"材料包，该材料包中包括了按照特定比例如 1/6 和 1/12 缩减的建筑砖块与配套构件，这些构件如山墙、花格墙、红瓦屋顶等，均为精心选择。为确保使用者能够顺利进行制作，材料包内还包括了白胶、专门为砖石制备的泥浆原材料以及一本带有图解的制作指南。通过亲自动手，参与砌造的过程，消费者能够深入地体验并理解传统砖石建筑的内在结构和精妙。值得一提的是，"三和瓦窑"生产的部分瓦窑制品，也为古迹的修复工作提供了宝贵材料。

"兔儿爷"为老北京城传统节令之珍，形似兔首人身，骑象、骑虎、骑麒麟、骑马，或端坐莲花、坐葫芦，抑或腾云驾雾，各具独特形态。其常被塑造成中国传统戏曲角色，华美装饰之中蕴含着平安吉祥之祝愿。"兔儿爷"制作材质多采用泥胎，经模具成型后，表面精细施彩。自明朝以来，北京人便有着中秋佳节前往东岳庙祈请"兔儿爷"归家之风俗，还将其馈赠亲友。"吉兔坊"乃北京著名的"兔儿爷"工作室，年年为东岳庙铸造千余尊"兔儿爷"。工作室采用产业化模式进行"兔儿爷"制作，各类"北京礼物"店及旅游纪念品机构纷纷选用为商务馈赠与旅游纪念品。工作室负责人胡鹏飞采用模具进行"兔儿爷"素坯的批量生产，一部分素坯用于制作"材料包"。"吉兔坊"全流程包含初步造型设计、模具制作、修整工艺，继而将平整的素坯与丙烯颜料、毛笔等工具放置于材料包中，并提供详尽的使用说明。全流程包含初步造型设计、模具制作、修整工艺，将花鼓凭证的速配和丙烯颜料、毛笔等工具放置于材料包中，并提供详细的使用说明。

第三节 "非遗"创意产品设计核心原则

一、文化性原则

"非遗文创"产品的设计理念不仅涉及创意和形式，还在于如何在现代社会中传递和延续那些深厚的文化和传统价值。"非遗"项目的文化性强调的是一种传统与当代结合的方式，要求尊重和保持其原始的形式和意义，充分考虑现代人的审美和生活习惯，从而找到一个平衡点，使其既能够保持传统，又能够融入现代生活。每一个"非遗"项目背后都有一段历史、一种精神和一种哲学，这些都是"非遗"项目的灵魂所在。因此，文创产品设计应该从这些角度出发，深入研究和理解，从而达到文化传递的目的。对于"非遗文创"产品设计来说，对"非遗"项目的深层次了解不仅仅是为了设计出一个形式上吸引人的产品，更是为了让设计中所蕴含的文化和价值观能够真实地传递给大众，让他们从产品中感受到"非遗"项目的独特魅力，需要设计师具有敏锐的观察力和洞察力，能够捕捉到"非遗"项目中的细微之处，并将其融入设计。

"非遗"项目往往与某一地区或民族紧密相连，每一个地方都有其独特的文化和传统，这些都是"非遗"项目的重要组成部分。因此，设计师在设计过程中还需要充分考虑地域性，确保设计能够真实地反映出"非遗"项目的地域文化特色。采用科学的方法对"非遗"项目进行深入研究和分析，是确保设计能够真实地呈现"非遗"项目文化内涵的关键，包括对"非遗"项目的历史、文化、传统和地域特色等方面进行全面的了解，找到"非遗"项目的核心价值，然后将其融入设计，只有这样设计出的产品才能真正地反映出"非遗"项目的魅力，让更多的人能够从中感受到其深厚的文化和传统价值。优秀的非遗文创产品设计可以使"非遗"项目得到更好的传承和推广，让更多的人认识和了解"非遗"文化，增强人们对"非遗"文化的尊重和保护意识，且从某种程度上对于非遗项目的保护和传承具有重要的意义。

　　例如，苗族刺绣作为中国的传统手工艺，源远流长，拥有丰富的文化内涵和独特的艺术风格。近年来，随着"非遗"文化的重新被大众所关注，苗族刺绣也受到了越来越多的重视，并有设计师尝试将其与现代文创产品相结合，为古老的手工艺注入新的活力。苗族的刺绣特点明显，其图案多取材于自然和日常生活，如花鸟、鱼虫、神话传说等，颜色鲜艳，线条流畅，充满了浓厚的民族风情，每一针、每一线，都蕴含着苗族人民对生活的热爱和对自然的敬畏。设计师在创作文创产品时，为了确保文化性原则得到充分体现，会对苗族刺绣的历史背景、技艺特点、图案意义等进行深入的研究和探索，这一过程中，设计师并没有简单地将传统图案搬到现代产品上，而是经过反复思考和摸索，找到一个既能保留传统文化特色，又能满足现代审美和使用需求的设计方案。例如，在设计一个现代时尚的手提包时，设计师选择了苗族刺绣中常见的"鱼"图案作为主题。鱼在苗族文化中代表着繁衍生息、兴旺发达的寓意。设计师将传统的鱼图案进行了现代化的改良，使其简约但又不失传统韵味。在材料的选择上，注重环保与可持续性，采用可回收的布料和环保染料，确保产品既美观又环保。此外，除了手提包，设计师还推出一系列以苗族刺绣为主题的文创产品，如笔记本、围巾、家居饰品等，既展现苗族文化的魅力，又满足现代人的使用需求。这一系列以苗族刺绣为主题的文创产品，在市场上受到消费者的热烈欢迎，为苗族刺绣带来了新的生机。

二、功能性原则

在当下的文创产品设计中，单纯地展现文化价值，而忽视产品的功能性与实用性，往往会导致产品在市场上的受众范围较小，甚至成为一个"文化孤岛"，难以融入人们的日常生活。因此，功能性原则在"非遗文创"产品设计中占有不可或缺的地位。功能性原则强调非遗文创产品不仅是一个文化符号或者装饰品，还必须具有实用功能。无论是家居用品、穿戴品还是其他日常生活用品，其功能性应当与现代生活方式相结合，满足消费者的实际需求，才能成为传播和传承"非遗"文化的有效载体。同时，功能性还意味着产品应当具有一定的普遍性，使其适用于广泛的消费者群体。因此，在设计过程中要对"非遗"文化进行深入的了解和研究，对现代消费市场有足够的敏感度，确保设计出的产品能够满足更多人的需求。产品的功能性与实用性也是其在市场上受欢迎程度的关键。只有真正具备实用价值的文创产品，才能够获得消费者的青睐，从而实现"非遗"文化的广泛传播和传承。而那些仅仅具有观赏价值，而缺乏实用性的产品，往往很难在市场上获得长久的生存空间。此外，与现代审美和生活方式相结合，不仅要保持"非遗"文化的原始特色，还要在此基础上进行创新，使其更具有时代感和现代风格，真正实现"非遗"文化的传承和发展。

蓝印花布又称为"蓝染"或"印花布"，是中国的传统手工艺品之一，拥有数百年的历史。布料采用天然的青草作为染料，通过特殊的印染技术，在布料上呈现出各种各样的花纹和图案。在过去，蓝印花布主要用于制作衣物、被褥等生活用品，是中国农村地区常见的日常生活用品。然而，随着现代工业化和都市化的发展，蓝印花布逐渐失去了其传统的市场，变得越来越边缘化，其独特的文化价值和技艺也面临着被遗忘的命运。为了改变这一局面，一些设计师和手工艺人开始对蓝印花布进行现代化的转化和创新，使其重新焕发生机，并逐步走进都市消费者的生活中。其中一个成功的例子是，某设计品牌结合现代时尚潮流，推出了一系列以蓝印花布为原材料的时尚单品。例如，蓝印花布制作的时尚手袋、背包、围巾和帽子，这些产品在设计上完美结合了蓝印花布的传统文化特色和现代时尚元素。不仅如此，这些产品在功能上也做到了与现代生活完美结合，如手袋内部多功能隔层的设计、背包的电脑专用隔层以及围巾的防风防寒设计等。另外，品牌还与家居用品设计师合作，推出了一系列蓝印花布家居用品，如抱枕、窗帘、桌布等。这些家居用品在设计上注重了与现代家居风格的融合，如简洁的线条、合理的布料拼接和与其他家居材料的搭配。同时，确保了产品在功能上的实用性，如抱枕的舒适度、窗帘的遮光性和桌布的耐脏性等。这种对蓝印花布的现代化转化和创新，不仅使其重新获得了市场，还为这一传统手工艺品开辟了新的发展空间。更为重要的是，这种转化和创新使更多的都市消费者了解到蓝印花布这一"非遗"文化，从而为其传承和发展提供了有利的条件。

三、创新性原则

在"非遗"文化传承的过程中，传统与创新两者之间的关系常常是一个令人挠头的问题。传统代表着历史、文化和价值，创新则代表着现代、进步和变革。如何在传承与创新之间找到平衡，使"非遗"文化既不失其原有的风貌，又能够适应现代社会的变化，成为"非遗"文化传承和"非遗文创"产品设计中的一大挑战。现代人的审美观在不断地发展和变化，受到了多元文化、高科技、媒体等多方面的影响。对于"非遗"文化来说，如果想要得到广泛接受和传播，就必须考虑到现代人的审美需求和喜好，但并不意味着要完全改变"非遗"文化的本质，而是要在尊重传统的基础上，进行适当的创新和改良，使其吸引现代人。在"非遗"文创产品设计中，创新性原则体现在如何将"非遗"文化与现代审美结合起来，创造出既有传统韵味，又具有现代风格的产品，需要设计师具有敏锐的观察力和创意思维，能够深入挖掘"非遗"文化中的精髓，并用新的方式呈现出来。创新不仅仅是在设计思想上，还可以在制作工艺、材料选择、功能设置等方面进行。例如，对于一些传统的手工艺品，可以考虑使用现代的生产技术和材料来制作，使其耐用和实用；或者为产品增加一些现代功能，如加入智能技术，使其符合现代生活的需求，可以提高产品的实用性，吸引更多的年轻消费者，使他们对"非遗"文化产生兴趣，从而实现"非遗"文化的传承和推广。当前市场上的"非遗文创"产品在设计上过于雷同，缺乏独特性和创意，使得消费者对"非遗文创"产品的兴趣逐渐减少，不利于"非遗"文化的传承和推广。为了解决这一问题，设计师需要更加深入地研究和了解"非遗"文化，从中挖掘出更多的创意素材，并尝试将其与现代审美、技术和功能结合起来，创造出既有传统韵味，又具有创新性的产品。此外，还可以考虑拓展产品的种类和功能，不局限于常见的箱包、手机壳、钥匙扣等产品，尝试开发一些更具突破性和创意性的产品，如"非遗"元素的智能家居、""非遗""文化体验 VR 游戏等，从而满足现代消费者的多元化需求。

第八章　优秀文创设计赏析

第一节　掀起国风新潮的故宫文创

自故宫博物院对外开放之日起，经历了90多年的光阴，其所积累的历史底蕴与文化沉淀，融汇于各类文化创意产品中，构筑起一桥之跨越，沟通观众与文化。该博物院于文创产品研发中所持之目标，不仅仅是提供一种可以直接感知与触摸的文化载体，更意图让人们将这种深厚的文化实实在在地带入生活。而其真正的研发理念，着眼于让广大群众通过这些产品，深入学习文化，激发思考，并达到心灵的升华。此外，也能增强观众的文化体验，为故宫博物院带来经济收益，成功地传达并扩散其独特文化魅力。

故宫博物院文创产品种类繁多，以杯具为例，其不仅在日常生活中实用价值显著，而且更是集合了个人审美品位。此类产品既可用于日常，又可作为独特的艺术品进行欣赏，因而广受大众欢迎。在故宫博物院所推出的杯具文创中，设计师们巧妙地结合了中国传统元素与现代实用功能，以满足现代生活的需求，同时不失文化特色。鉴于此，笔者将以茶具为中心，深入探讨故宫博物院文创产品的开发与设计。

一、故宫博物院文创产品现状

故宫博物院的文创产品，经过巧妙的再设计，已经融入了古今文化精髓，焕发出独特魅力，成为一个备受尊崇的品牌，深刻彰显着中华文明的特色。这些文创产品源自故宫博物院，一个底蕴深厚的文化圣地。其设计灵感来源于博物院本身或者其珍藏之物，旨在从中提取元素，深度挖掘博物院及其馆藏的文化内涵。因此，故宫的文创产品不仅富含博物馆馆藏的精神内涵和文化积淀，还通过再创造的方式，将这些珍品和文献赋予现代生活的新意义，使其贴近人心。作为故宫博物院的文创产品，它们不仅需满足销售和展馆盈利的要求，还必须迎合大众审美，具备流行审美特质。这一方面有助于博物馆增加收入，另一方面为游客提供创新独特的购物选择，以留念他们的游览之旅。

在故宫博物院的官方旗舰店，各种文创产品琳琅满目，包括书、创意生活用品、故宫笔记系列、服饰、文房用品、家居陈设等等。此外，还推出了与故宫博物院相关的游戏和应用程序。这些产品备受用户喜爱，其接受度和满意度均非常高。在线购物模式迎合了那些不愿外出的消费者，为他们提供了方便的途径，可以轻松购买故宫博物院的文创产品。这种销售方式也与现代人的消费模式相符，为博物馆带来了可观的利润。

故宫博物院的文创产品开发带来了深刻的影响，颠覆了人们对博物馆的传统认知。这些文创产品以崭新的姿态吸引了广泛的游客，其吸引力不局限于成年人，还包括儿童以及来自世界各地的游客。这些产品备受欢迎，深受人们的喜爱和推崇。故宫博物院的文创产品巧妙地融合了传统文化元素，并赋予其全新设计，制作精良，实用性十分出众。这些产品不仅贴近日常生活，更是成功地将传统文化传递给了现代人。这一点对于人们深入了解中国传统文化具有重要的意义。之所以选择茶具作为研究对象，是因为中国的茶文化历史悠久，茶饮已经成为中国文化的代表之一。茶具作为茶文化的重要组成部分，一直以来备受瞩目，研究生活用品中的茶具，有助于深入探讨和理解中国传统文化的方方面面。总之，故宫博物院的文创产品已经成功地将传统与现代相结合，为人们提供了一个深入了解中国文化的机会，也在国际上产生了广泛的影响，为文化传承和交流提供了宝贵的契机，为世界各地的游客呈现了一个独特而令人着迷的文化体验。

二、茶具文创产品

众所周知，茶文化起源于中国，在茶道上折射出了中华民族千年文明与仪仗之华章。茶具作为茶文化中的要角，深究其制作与历史，对于探寻中国传统文化有着重要的意义。茶具乃日常生活之不可或缺之物，由新石器时代的陶制器具，演进至今日之陶瓷、塑料以及玻璃茶杯等种类繁多之器皿。这一演进，不仅仅反映了工艺技术与科学技术的进步，更见证了现代人生活习惯、使用方式以及出行需求的巨大变革。因此，在茶具设计之际，务须以当代生活习惯为依归，满足多样化需求，同时契合现代审美情趣。

在市场上，茶具品类丰富多样，包括便携式器皿、家庭套装以及单人用具等，以满足现代生活的多样需求。文化创意产品在近年来掀起一股热潮，然而，这也带来了茶具文创产品领域的挑战。首先，众多茶具文创产品缺乏足够的创新，往往呈现出生硬、机械的特点，直接套用一些元素而忽略了深厚的文化内涵。其次，大部分茶具文创产品未能妥善融入当代生活，其实用性有限，功能单一，未能真正融入现代家庭生活，难以满足当代家庭的日常需求。最后，地方茶具文创产品未能凸显本地特色，未能区分于其他地区，缺乏独特代表性和地方品牌，未能给游客留下深刻印象，尚未开发出创意产品以推广当地文化。

三、故宫茶具文创产品研究

（一）"月影"随身装茶具

随着物质生活水平的逐渐提升，人们对于深入认知这个世界的迫切渴望也在日益增强。每年都有越来越多的人跨越国界，走出自己的国门，以求深入地认知我们所处的这个世界。在这个背景下，"月影"主题便携茶具套装的设计灵感应运而生，其灵感来源于天上的明月，它如月亮阴晴圆缺一般不断变化，这种变化寓意着浓浓的亲情情感。中国文化一直强调团圆，即使在外出旅行时，人们也怀念着家乡的亲情和乡土情怀，渴望睹物思人。"月影"茶具套装恰好满足了这种情感需求，成为具有深刻情感内涵的产品。此外，这款茶具套装的设计理念还着眼于让热爱品茶的人能够随时随地品味香醇的茶汤。它如同一个忠实的伴侣，始终伴随着茶爱好者，延续了"月影"随身装的旅行茶具概念，将茶文化与旅行融为一体，将茶具赋予了出行的精神内涵。

这款精致的便携茶具不仅深受中老年茶友的喜爱，因其独特之处在于他们热爱旅行，珍惜亲情的生活方式，同样吸引了年轻一代的青睐。

目前，该茶具在官方旗舰店的总销量已经达到1486件，褒奖如潮，受到广大消费者的一致好评。这款茶具套装包含一个茶壶、两个茶杯，其外包装以《千里江山图》为主题素材，设计精巧雅致，满足了两人共饮的需求，同时具有轻巧便携的特点，符合那些喜欢外出旅行，崇尚茶道仪式感的消费者的追求。

茶具采用传统的玻璃吹制工艺，融入双层杯的结构工艺。选择双层杯的设计灵感源自其独特之处：由传统手工吹制而成的双层玻璃杯内外层均光亮通透，茶水的颜色在杯中自下而上逐渐深化，增强了色彩的质感，同时不会因骤升的高温而导致玻璃破裂，提供出色的隔热性能，避免不必要的事故。杯口的设计精巧贴合唇形，触感细腻舒适，为用户提供卓越的使用体验。此外，水壶的出水口采用漏孔设计，其中一侧设置了精密排列的小孔，另一侧采用无网设计，有效防止水壶在旅途中意外溢漏。茶壶则巧妙地消去了把手，使其与玻璃、茶叶以及周围环境融为一体，呈现出一种流畅的整体美感。

此茶具独具创新之处在于其便携性与一体化设计，使其轻松存放，同时，透明玻璃一壶两杯的外观给予人一种现代视觉感受。设计中采用双层玻璃，以实现隔热功能。茶具的外包装，作为整体设计的重要组成部分，不仅增添了其审美价值，还起到保护茶具的实际作用，并传承了中国文化。

茶具的内部设计巧妙地融合了一壶两杯的放置空间。这种设计使一壶两杯能够完美地嵌套在外包装内，方便用户携带和行李箱收纳。此外，茶具整体重量仅为0.47千克，极轻便携，有助于减轻旅行者的负担。材料方面，茶具选用了EVA材质，具备坚实、减震、防撞等特点，为茶具提供强有力的保护。茶具的外包装上呈现了故宫博物院著名的《千里江山图》，这幅画作是中国十大传世名画之一，也是宋代青绿山水画的杰出代表之一。《千里江山图》由北宋时期的画家王希孟创作，展现了祖国的壮美江山。画作采用了概括精练的绘画技巧、绚丽多彩的色彩以及精细入微的笔墨，真实地呈现了北宋时期人们眼中的山川风光。这一设计不仅令茶具更具艺术价值，也能缩短大众与高雅艺术之间的距离感。

对于大众而言，高雅艺术往往显得遥不可及，而将这一元素融入茶具包装中，能够拉近大众与中国传统文化的距离，使其在日常生活中容易感受到。携带这款茶具出行，也可成为传播中国传统文化的媒介，满足用户的精神需求，同时兼顾实用性。此外，它还可作为一款纪念品，展示和传播中国传统文化，有助于增强国人的文化自信。

（二）哲系列茶具套装

哲系列茶具套装承载着"正谊明道"理念，此思想起源于西汉儒学大师董仲舒，他提出了一种理想的道德准则和治理理念："夫仁人者，正其谊不谋其利，明其道不计其功"，深意在于，一个人应本着道义，以义为先，以利为次，志在追求道德，而非功利。对于统治者而言，他们应当是明君，奉行儒家治国之道，通过教化百姓来维护国家统一。历史上，乾隆皇帝也表达了对这一思想的崇高评价，他创作了一首诗，题为《赋得正谊明道》，其中有云："道明功岂计，谊正利休图"，表明了他认同道德胜过功绩、正义高于私利的观点。乾隆皇帝写作这首诗，目的在于提醒自己应当以何种标准来治理国家事务，也是对自身政绩的高度褒扬这款茶具套装通过融入"正谊明道"的理念，传达了这位皇帝对自律和自我激励的执着以及对掌握整个帝国命运的无限信心。在日常生活中，这款茶具套装以一种崭新的形式将传统智慧文化传承给了广大民众。

哲系列茶具套装，包括茶壶、公道杯、茶漏、四个杯子、铝盒、茶盘、两块木垫、一块茶巾、两条绑带和一个皮包。其灵感源自中国传统的"五行"理论，即金、木、水、火、土五大元素。在这套茶具中，设计师以金质材料装点茶盘，采用木质垫子，水则体现在茶汤之中，火则用于高温加热，茶具的原材料则选用了土。这五大元素在茶具中相互交融，材质的多元组合丰富了设计，为用户呈现出崭新的视觉享受。

哲系列茶具套装延续了旅行茶具的设计理念，器物容纳于皮包之中，方便携带，足够满足四人共享。这款茶具套装也能作为室内装饰之选，如同一件艺术品般独具魅力。

茶具的造型来源于经典曼生"方壶"，在曼生"方壶"经典造型上融入了哲品"超级椭圆"的设计理念，融合了中国传统造物理念，天圆地方。茶壶和茶杯整体外观古朴，色泽简朴古雅别具气韵。茶壶整体造型是方形，圆弧的曲面代替了直线，给人以圆润的视觉感受，更符合现代人的审美，手感更舒适。茶杯是一个圆润方形的造型，加强古朴的质感。茶壶和杯子的材质采用了原矿青灰泥料，此材料纯度高，透气性强，是制成紫砂壶的好材料。茶壶的造型古朴，线条流畅，颇有风味，把手造型设计古朴中透出可爱，弧度适合人手拿，给人舒适的感觉；在四个茶杯中，为了区分主人与客人的杯子，在主人的杯子外部八分线处贴了一圈砂的纹路，融入了"敬茶八分满"的礼仪文化，为主人的身份增加了专属感。

茶盘设计为T卯结构，木垫下设计成"T"型卯结构，可从多个角度与茶盘嵌合成妙趣横生的茶席。壶承的镂空图案来源于中国古代象征上天恩赐的力量的风车纹窗样式，便于滤水，材质是铝合金，寓意为源源不断的财富这种材质也不会生锈影响美观。茶垫选用黑胡桃木为制作材质，木质与灰泥料匹配，黑胡桃木的木座设计了两个卡座，便于放置壶盖，壶盖不易滚落。这套便携的茶具的创新点在于材质组合的创新，采用中国传统文化元素中的"五行"，在喝茶的过程中，茶水在各种材质中流过，感受到那种静谧，给人平静的感觉，渲染的是一种喝茶的气氛。材质的组合也凸显了茶具的质感，各种材质的搭配恰到好处。茶具的设计既具有古朴的特质，圆润茶具的处理使茶具的手感更舒适。

茶盘的构造采用T型卯结构。这一设计赋予了茶盘独特的嵌合性，使其能够与茶盘以多个不同的角度相融合，呈现出别具巧思的茶席布局。茶壶的底座设计灵感源自中国古代风车纹窗的装饰图案，这些图案代表了上天恩赐的力量。底座采用铝合金材质，不仅有助于滤水，而且具有防锈的特性，确保其美观和实用性。这一材质的选用象征着源源不断的财富。各种材质的巧妙搭配使其更具视觉和触感上的享受，保留了古朴的传统特质，在细节处理上注重圆润，使茶具握持更加舒适。

第二节　新颖的三星堆考古盲盒

一、三星堆遗址及其文物简介

三星堆遗址在西南地区以其独特的历史深度和广泛的范围受到关注，被誉为至今最为重要、历时最长并且文化意义最为丰厚的古代遗迹之一。其内部出土的珍贵文物，如形态各异的青铜器、金器与玉石器，为我们展现了三千余年前的一段璀璨文明。此话用"沉睡数千年，再醒惊天下"尤为贴切。近期，由于四川广汉三星堆再度发掘之后时隔 35 年的再次考古活动，使其成为全球的焦点，频繁地出现在"热搜"榜单中。四川省文物考古研究院最近公开了此次发掘的最新成果，其中 6 个"祭祀坑"所出土的文物近 1.3 万件。

每件三星堆文物都蕴含深厚的历史背景和艺术价值，它们犹如历史的明珠，成为现代大众对传统文化认同的自然桥梁。尤为值得一提的是，那些造型奇特、令人赞叹的青铜器，往往让人沉浸在对文明轮回与演进的深沉思考中。这些珍贵的文物是对过去时代文明的见证，更是中华文化遗产的宝贵组成部分。它们不应仅仅被封存于博物馆的展示柜中。而且这些建筑和艺术品应被更多的人所了解和欣赏，以充分发挥其社会教育的价值，为人们提供一个与历史亲近的渠道。我们也需要积极推动其转化为直接可以触摸和体验的文化产品，从而拉近每个人与历史之间的距离，使其文化内涵得以再次焕发生机，继续在新的时代中发挥其独特的角色。

2021 年，许多重要博物馆纷纷探索新的商业模式，推出考古主题的盲盒，为文创领域注入了新的活力。四川的三星堆博物馆成功研发了包括"祈福神官"系列、"考古挖土"主题、"川蜀小堆"系列及"三星伴月"青铜摇滚在内的四种独特文创盲盒。自这些考古盲盒面世以来，其热销程度超过预期，时常出现因供不应求的脱销状况。该盲盒受到广大消费者喜爱的原因多种多样。首先，每次开盒都充满了未知的刺激和期待；其次，每一个玩具都经过精心设计和制作，细节处理得当，形象呈现得既可爱又具有历史感；最后，这些盲盒使得三星堆博物馆的众多宝贵文物，例如戴冠纵目面具、大立人像、I 号大型神树等，以一个全新而鲜活的方式呈现在大众面前。不可否认，三星堆考古盲盒的成功，为博物馆文创领域提供了宝贵的经验教训和启示。它显示当传统文化与现代商业模式相结合，能够产生出令人振奋的效果。这种以盲盒为载体的考古文创产品，不仅丰富了市场的选择，还为当今备受关注的博物馆文创产业开辟了新的方向与可能性。

二、"祈福神官"系列盲盒

三星堆遗址中许多祭祀工具和用具都给人以生冷、肃穆的印象。而经过"祈福神官"系列盲盒的处理，这些祭祀用具被赋予了新的生命和形态，从冷峻转变为充满温度和情感的艺术品。其中的铜鸟形象为典型代表，它的原型——铜花果与立鸟，昂首前视，展现了栖息于花果之上的动态，这一形象在三星堆文化中具有深厚的历史背景和文化内涵。

为了适应现代审美和消费者的口味，设计师对铜鸟的形态进行了适当的变化，如改变了头身比例，简化了细节，使其简练且具有童趣。这不仅仅是对传统形象的重新诠释，也是对古代工艺的一种深度尊重。每一次的变化都是在继承传统的基础上注入新的设计理念和创意。在纹饰的处理中，这一系列盲盒同样表现得淋漓尽致。青铜大立人像，为古蜀文化中的一大代表作。它的服饰上，装饰有丰富的符号性图案，如兽面纹、龙纹、眼形纹、锯齿纹等。这些纹样都是古蜀人在长时间的历史进程中，形成的具有独特文化特征的符号。

在"祈福神官"系列盲盒中，这些复杂的纹样被提炼并简化，最终以眼形纹为主要装饰。眼形纹的选择不仅是为了简化设计，更是对古蜀文化中"眼睛崇拜"这一核心概念的重塑与强调。眼睛在古蜀人的精神世界中具有至高无上的地位，它代表着观察、洞察和智慧。将眼形纹作为主要装饰，不但强调了古蜀人对眼睛的敬畏与崇拜，也为现代消费者提供了一种全新的审美体验。在材料选择上，"祈福神官"系列盲盒同样表现出了创新与尊重传统的双重特质。古蜀文化的文物大多由青铜与黄金等贵重材料制成。而在盲盒中，为了适应现代生活的需求和考虑到成本问题，设计师选择了用树脂作为主要材料，不仅是因为树脂物美价廉，更因其可塑性强，能够精确再现设计师的创意。通过树脂的处理，盲盒产品不但复现了青铜锈迹与黄金色泽的斑驳之感，更为消费者提供了一种物超所值的购买体验。

三、"川蜀小堆"主题盲盒

"川蜀小堆"主题盲盒是古蜀文化与现代设计理念完美结合的产物，为我们提供了一个全新的视角去感受和认识古蜀文化的魅力。设计师在创作"川蜀小堆"主题盲盒时，显然对三星堆遗址进行了深入的研究。从盲盒的名称"川蜀小堆"可以看出，设计师希望通过这一系列的产品，为大众带来一个缩小版的三星堆，使其贴近现代人的审美和生活。在盲盒的造型设计上，强调了形象的抽象化和动漫化。这一处理方式不仅是为了迎合现代年轻人的审美，更是为了使文物的形象生动和易于接受，典型的"戏小堆"原型是铜兽面具的浅浮雕纹样。设计师将其转化为立体形态，这一设计理念来源于傩戏表演者的头部形貌，这种傩戏在古蜀文化中具有重要的地位，通过这种方式，设计师希望能够更好地展现古蜀文化的生活面貌和审美情趣。纹饰的提炼是盲盒设计的另一个重要特点。纹饰是古代工艺品上的装饰图案，它不仅具有审美价值，更承载了丰富的文化和历史信息。在"川蜀小堆"主题盲盒中，设计师进行了纹饰的提炼，使其简洁而又不失特色。特别是"戏小堆"的设计，将兽面方阔的外形轮廓、眉间上卷的长眉、硕大圆正的双目、细长挺直的鼻梁、微张露齿的大嘴等特点都进行了立体化处理，使其生动有趣。材料的选择同样是"川蜀小堆"主题盲盒设计的一个重要环节。古蜀文化中的工艺品大多是青铜和黄金制成的，这些材料在古代都是稀缺和珍贵的，但在现代社会，这些材料的成本较高，不适合批量生产。因此，设计师选择了用树脂作为盲盒的主要材料。树脂不仅具有较高的可塑性，还能够准确地复制青铜和黄金的质感，使盲盒产品既有古意又不失现代感。此外，盲盒的文创开发也反映了现代社会的生活特点。盲盒作为一种流行的潮流玩具，其设计理念是结合古代文化与现代审美，使古蜀文化贴近现代人的生活。通过"川蜀小堆"主题盲盒，人们不仅仅可以了解古蜀文化，还可以感受到古蜀文化与现代设计的完美结合，体验古蜀文化的魅力。

四、"三星伴月"青铜摇滚盲盒

"三星伴月"的形象作为三星堆文化的核心符号，被大量使用在青铜器、金器和玉器上。近年来，为了更好地传承和宣传三星堆文化，也为了满足现代人对于历史文化的好奇与追求，三星堆考古研究所与现代设计师合作，推出了"三星伴月"青铜摇滚盲盒，这一产品集合了古代文明与现代设计的智慧，为人们提供了一种全新的、生动活泼的方式来认识和理解三星堆文化。

在盲盒的设计中，"三星伴月"的形象被巧妙地与摇滚元素融合。摇滚作为一种充满叛逆与自由的现代音乐文化，与三星堆古老、庄重的形象形成了鲜明的对比。但是，通过设计师的巧手，这种对比反而成为一种新的和谐。在盲盒中，"三星伴月"不再是那个神秘、高冷的形象，而是活跃、充满生气，他们演奏着吉他、敲打着鼓点，仿佛在告诉人们古蜀文明也可以如此充满活力与创意。

盲盒的材料选择也是设计的一大亮点。以树脂材料替代传统的青铜与金材质，使得盲盒在重量、手感和成本上都得到了很大优化。树脂的可塑性，使得设计师可以精细地刻画出"三星伴月"的形象，也使得摇滚元素的加入变得自然、和谐。此外，树脂材料的特性，使得盲盒在颜色、质地和细节上都得到很好表现，使其更加吸引人。

从文化的角度看，"三星伴月"青铜摇滚盲盒的推出，无疑为三星堆文化的传承与宣传注入了新的活力。它使得更多的人，特别是年轻人，能够通过这种新颖、有趣的方式来了解三星堆文化，也为古蜀文明找到了一个与现代社会沟通的新桥梁。而从经济的角度看，这种盲盒作为一种文创产品，也为三星堆带来了很好的经济效益，使得更多的人愿意为拥有这样一款充满历史与文化的产品而付费。

在设计与制作的过程中也面临很多挑战。如何在不失去古蜀文明独特魅力的基础上，将摇滚元素融入其中，是设计师们需要思考的问题。而在材料的选择与加工上，如何在保证盲盒的质量与细节的同时，控制成本，也是制造商需要面对的难题。经过多次的尝试与优化，这款盲盒终于得以面世，并且受到大家的喜爱与追捧。总的来说，"三星伴月"青铜摇滚盲盒是古蜀文明与现代设计的完美结合，它既保留了三星堆文化的核心元素，又赋予了新的生命与活力，产品的成功为其他文化遗址提供了一个很好的借鉴，说明只要用心去发掘与创新，古老的文化也可以在现代社会中焕发出新的光芒。

五、"考古挖土"盲盒

"考古挖土"盲盒是以考古学为背景，创意地与盲盒玩法相结合的产物。考古学这一古老而又充满魅力的学科始终吸引着无数人的目光。它通过对古代文物、遗迹的挖掘与研究，为人们揭示了古代文明的秘密，带领大家进入一个又一个迷人的历史故事。"考古挖土"盲盒，则是将这一过程小巧地呈现给了公众，使人们可以亲手体验考古的乐趣。

每一个"考古挖土"盲盒内都包含了一块经过特殊处理的"古土"以及一套简易的挖掘工具。这块"古土"中隐藏着各种精美的小型文物复制品。购买者可以使用挖掘工具小心翼翼地去挖掘，寻找隐藏的"文物"。这种挖掘的过程，仿佛真的将人们带入了考古现场，让人们亲身体验发掘古代遗迹的乐趣和成就感。"考古挖土"盲盒的设计与制作投入了大量的心血。为了确保"古土"中的"文物"不被损坏，每一块"古土"都经过特殊的配方与工艺处理，确保其既有一定的硬度，又能够在挖掘时逐渐松动、分解。而这些"文物"的复制品，也都是经过精心选择与制作的，它们既要保证有一定的历史价值和代表性，又要确保在制作工艺上的精美与精致。

与此同时，这些复制品需具备一定的教育意义。因为对于许多购买"考古挖土"盲盒的人来说，他们可能对考古学并不太了解，但是通过这种盲盒的形式，可以让更多的人对考古学产生兴趣。因此，每一个复制品都附带一张简短的说明卡片，为购买者提供关于该"文物"的基本信息和历史背景。

此外，为了增加盲盒的趣味性，每一款"文物"复制品都有其稀有程度的划分，一些常见的文物容易挖掘到，而一些稀有的需要购买者花费更多的时间和努力。这种设置既满足了人们对挑战的追求，也增加了盲盒的收藏价值。从文化与经济的角度看，"考古挖土"盲盒的推出，不仅为考古学的普及和推广注入了新的活力，也为盲盒市场带来了新的商机。它使得更多的人可以通过一种新颖、有趣的方式来了解考古学，同时带动了与之相关的文创产品的销售。

然而，这种盲盒也面临着一些挑战。如何确保"文物"复制品的质量和真实性，如何平衡教育与娱乐的双重目的，如何避免浪费和破坏环境问题，都是制造商和设计师需要认真思考的问题。但无论如何，"考古挖土"盲盒作为一种创新的文化产品，为人们提供了一个全新的、生动活泼的方式来认识和理解考古学，也为现代社会的文化创新提供了一个很好的例证。

第三节　展现中国年的滩头"非遗"年画

一、"守护滩头"创意日历系列文创产品

滩头年画系列设计以"守护滩头"为主题。在此方案中，运用了现代的拼贴和嫁接技术，将滩头年画的图形和文化内涵与日历相融合，使滩头年画重新融入了民众的生活。日历的主要图形元素由十二个滩头年画的艺术文化图形组成，每个月的划分都与滩头年画的主题有关。作为月份的视觉辅助图形，选用《子孙万代》中的"葫芦"元素。此外，每个月的标题也与滩头年画的文化主题相契合，如一月的"一钱太守"和二月的"和气致祥"。

在设计这幅作品时，采用了对称和变形的技巧来处理滩头年画的图形元素，同时遵循了对称和均衡的构图原则，传达了简洁而稳重的文化内涵。日历的封面选用了象征滩头的特有元素——"辣椒"的吉祥红色，封面上的字体采用了传统书法的隶书字体，并使用烫金工艺，为日历增添了古典气息。为了强调画面中的主题要素，选择了带有历史感的泛黄纸张作为日历的材料。

为了更好地保留滩头年画的原始风格，选用隶书字体来呈现日历内部的数字。此外，还采用滩头年画中常见的原色，如深蓝、绿色、紫色、红色和煤黑，来增强日历的视觉吸引力。这种构图方式和设计手法不仅符合当代人的审美观，同时保持了滩头年画的原始风格，因此具有较高的收藏和观赏价值，深受大家喜爱。

二、滩头年画"创意纹样纸胶带"系列文创产品

以"创意纹样"为主题进行的滩头纸胶带系列设计。此款纸胶带以"创意纹样"为主题，探讨滩头纸胶带系列的设计。在这一系列的设计中，注重图形的精练与提取，汲取了滩头年画的灵感，尤其是其中的《年年发财》文字图形，融入了对称与均衡、解构与重构、二方连续、旋转、大小对比等多种艺术手法，以迎合现代消费者的审美趣味与色彩偏好。同时，精心选择金色、蓝色和红色等滩头年画常见的原色，重新创造了具有年画特色的花瓣纹样和祥云纹样，使其成为设计的核心视觉元素。在构图方面，一款采用对称性斜角式构图，将花瓣纹样与圆形组合，形成了点、线、面的平铺拼凑，形成了一正一负的阴阳图形。另一款纸胶带将纹样图形局部放大，采用折线形构图，形成大小错开的图形分布。这种设计旨在为人们带来典雅柔和的视觉动态效果，以引发观者的兴趣和共鸣。在色彩选择方面，一款选用受大众欢迎的香槟金色，另一款使用滩头特色的蓝色和中国红色作为主色调。这两款纸胶带的背景都选用白色作为辅助色调，以突出主纹饰图形，丰富纸胶带的色彩构成。至于材质选择，采用拼贴的方式，将图形纹饰应用于环保型纸胶带材料上，旨在强调简洁轻便的使用功能，以吸引消费者的兴趣，希望通过这一系

列设计，为消费者提供独特而具有吸引力的纸胶带产品，让他们在日常生活中享受美的愉悦。

三、滩头年画"三辣墨水"系列文创产品

以"三辣墨水"为主题进行的滩头墨水系列设计。其一，以滩头年画创意花瓣、祥云纹样为图形元素，在墨水瓶身则运用了两两图形对称、重复、四方连续、旋转、大小对比等形式法则，形成点、线、面图形分布等平面视觉效果；其二，纸媒时代的到来，导致传统钢笔墨水渐渐淡入大众的生活，而滩头年画以色彩明亮鲜艳闻名，使用滩头年画中"三辣"色彩（金色、蓝色、红色、绿色），为普通黑、蓝色墨水增添色彩，有利于勾起大众对于滩头年画与书写文化的喜爱之情，使其传统文化重新走入大众的生活。

四、创意卡套系列文创产品

以"守护吉祥"为主题进行的滩头年画创意卡套系列设计。本设计方案的核心思想在于将滩头年画的古老艺术与现代硅胶卡套产品相融合，精心挑选滩头年画中的门神画像以及吉祥如意图案中的秦叔宝、尉迟恭、关公、苗族英雄等经典护佑图形，将它们融入卡套的设计，形成了以"守护吉祥"为主题的创意卡套系列。在整体造型方面，卡套的轮廓以人物图形为主，以突出滩头年画中的护佑文化内涵。每套卡套包括 6个，尺寸为 10 cm×10 cm，可容纳身份证、公交卡等常用物品，实现了卡套的实用性，还将滩头年画的吉祥图形文化融入人们的日常生活。在图案设计上，采用图形拼贴的手法，将滩头年画的艺术文化图形纹样作为卡套的图案，直接应用"非遗"文化，保留了滩头年画的整体美学造型、形态轮廓、色彩、质地和质感。同时，采用现代工艺技术，将传统文化与现代生活相结合，旨在为大众提供方便，实现一卡套多次使用的环保效益。这一创意卡套系列不仅是一种实用的生活用品，更是滩头年画吉祥图形文化的传承和弘扬。通过"守护吉祥"的主题，希望这些神秘的护佑力量伴随着人们的出行，为他们保驾护航，将传统与现代相融

合，传承与创新并存，让年画文化焕发新的生命力。

五、滩头年画"快乐吉祥"红包系列文创产品

"快乐吉祥"系列红包以滩头年画中"吉祥纳福"经典图形及"创意纹样"两大图形为主。其一，此款红包提取了滩头年画"年年发财"以文字为主图形的祥云、花瓣等创意纹样图形。其二，创意纹样类"祥云""花瓣"单独创新图形，经典图形类"吉祥寓意""英雄神像"为主图形，在红包构图上均使用对称与均衡，二方连续、旋转等艺术手法，采用点、线、面的平面构成方式。赠送红包是人们在喜庆的节日传递祝福的传统习俗，圆形、菱形及背景图形的使用更加凸显中国传统"团圆、合家欢乐"的文化习俗。其三，此款红包在文字选择上改变了滩头年画其本身隶书手工书写的字体，选择了具有现代精致简洁且清晰度较高的华文中宋，以"故事戏文""吉祥寓意""英雄神像"类文字主题为红包名称，如"年年发财""子孙万代""金玉满堂""麒麟送子""和气致祥"等，旨在提高大众对于其滩头年画图形及文化寓意的识别度。其四，此款红包在色彩方面选择滩头年画的红色、深蓝、橘红、玫瑰红等象征性色彩，在原色上提升了色彩整体的明度及色相，更加符合其现代年轻消费群体的趣味性审美。其五，此款红包图形采用现代"拼贴""嫁接"的方式与环保型纸质材料相结合，其生产方式便捷、性价比较高，有利于滩头年画的传播并提升其市场竞争力。

六、滩头年画"古典画扇"系列

以"古典画扇"为主题进行的滩头纸画扇系列设计。

首先，从滩头年画中提炼出经典的人物形象，并对其进行抽象和变形处理。在设计中，选择文人画风格，并将其印制于古时宫廷用的扇面上，通过这种典雅古风的艺术手法，向公众传递滩头年画所蕴含的"吉祥纳福"与"辟邪祈福"的文化精髓。

其次，对于画面的构思，赋予人物一个中心地位，使观者的视线更为集中，并强化人物的主导地位。为进一步传递滩头年画的文化内涵，

在画面周围辅之以相应的主题文字，强化对滩头年画文化的宣扬和传播。

最后，在色彩选择方面，打破滩头年画传统的色彩格局，尝试性地选择淡雅而清新的色调，以满足年轻消费者的审美需求。人物形象背后采用色彩渐变手法，不仅能有效缓解夏日的炎热感，还赋予人物形象以强烈的现代感与立体感，强化主图形的突出地位。

可以想象，在酷暑之中，消费者手持这样富有诗情画意的画扇时，既能带来清凉的享受，又能成为都市中独特清新的景致。

参考文献

[1]王俊涛.文创开发与设计 [M].北京：中国轻工业出版社，2019.

[2]卢菲，王晨，曹海艳.文创产品设计开发 [M].北京：中国纺织出版社，2023.

[3]杨璐莎.文创产品设计与开发实践 [M].北京：中国广播影视出版社，2022.

[4]宗立成.设计与生活方式变迁史 [M].西安：西北大学出版社，2018.

[5]王菊.文创产品开发与创新设计 [M].西安：西北工业大学出版社，2020.

[6]王晓蕾.基于地域文化创意开发视角的工艺品设计教学 [J].黑龙江教师发展学院学报，2023（10）：69-71.

[7]白清歌，崔俊峰.《小小凤吹》文创产品设计 [J].设计，2023（18）：88-89.

[8]杨淼淼，刘昕曈，项李，等.80 年代怀旧玩具元素在文创产品设计中的应用研究 [J].设计，2023（18）：102-105.

[9]聂虹，石明缘.基于文化转译的苗绣纹样数字文创设计 [J].设计，2023（18）：106-109.

[10]秦媛媛.虚拟直播带货视域下的广府文创 IP 设计研究 [J].传播与版权，2023（18）：80-83.

[11]纪磊.漆艺文创产品设计推动文化遗产在创新中传承 [J].中国生漆，2023（3）：24-27.

[12]林银女，郑洪明．广州宗祠瑞兽元素在文创产品中的应用研究 [J]．丝网印刷，2023（18）：15-17.

[13]苏玲，李伟．红绿古三色融入中医药文创产品设计思考 [J]．丝网印刷，2023（18）：53-55.

[14]陆国辉，李秀凤，韦思意，等．数字媒体技术在博物馆文创产品设计中的应用与创新研究 [J]．鞋类工艺与设计，2023（16）：36-38.

[15]姜海伦．苏州宋锦纹样在文创产品设计中的应用研究 [J]．西部皮革，2023（18）：112-114.

[16]薛敏．活态化视角下皖南古民居营造技艺传承与文创设计：以歙县屏山村舒氏光裕堂为例 [J]．芜湖职业技术学院学报，2023（3）：68-71.

[17]范洁，刘玲玲．新文科视域下高校文创产品设计课程的教学改革探讨 [J]．大众文艺，2023（18）：153-155.

[18]王秋婷．基于徽文化元素的现代文创产品设计研究 [J]．黑河学院学报，2023（9）：172-175.

[19]周琪瑶．服务设计视角下山东手造鲁绣非遗文创产品用户参与式体验研究 [J]．服装设计师，2023（10）：126-130.

[20]唐荣，李安．剪纸艺术在文创旅游产品中的设计应用 [J]．中华纸业，2023（18）：62-64.

[21]刘家兴，祝永超，崔因．数智化时代背景下的澳门文创生成化设计：以澳门城市大学校园文创为例 [J]．包装工程，2023（18）：1-10.

[22]柏清，任宇翔．基于非遗文化的文创产品设计探究 [J]．包装工程，2023（18）：351-353，384.

[23]丁峰，李轶南．新语境下面向青年群体的敦煌文创设计策略研究 [J]．包装工程，2023（18）：354-363.

[24]牛富杰．文创产品设计与开发研究 [J]．包装工程，2023（18）：400-403.

[25]郑家义，胡昊琪，侯佳，等．文创产品设计中的传统美术元素运用 [J]．包装工程，2023（18）：404-410.

[26]吴晶晶，耿畅远.基于数字孪生的畲族文创设计研究[J].包装工程，2023（18）：341-350.

[27]祖睿之.基于符号体系的太原天龙山文创产品建构与开发[J].包装工程，2023（18）：385-393.

[28]李淑华."设计河南"引领现代化河南建设的路径探析：以文创设计产业发展为例[J].三门峡职业技术学院学报，2023（3）：108-114.

[29]张峻."鲤跃龙门"系列文创产品设计[J].印染，2023（9）：106.

[30]郑龙伟，黄春梅.印象畲乡：饶洋镇蓝屋村文创设计[J].印染，2023（9）：122.

[31]陈梦黎.2024龙元素布艺文创设计作品[J].印染，2023（9）：118.

[32]王晓飞.借喻手法对文创设计的启示[J].中国包装，2023（9）：89-92.

[33]张贝贝.陶瓷文创产品的可拓重构设计方法研究：以"喜文化"为例[J].陶瓷，2023（9）：53-55，78.

[34]周华，张彰.民族艺术元素在皮革文创产品设计中的体现[J].鞋类工艺与设计，2023（17）：52-54.

[35]张政，吕屏.基于图像叙事的红色文创包装视觉表现研究[J].绿色包装，2023（9）：142-146.

[36]李淑琪.符号学视角下潮汕地域特色文创产品设计研究[J].绿色包装，2023（9）：155-160.

[37]王臻，李振华.山陕地区旅游文创产业及文创产品调研与分析[J].鞋类工艺与设计，2023（17）：103-105.

[38]史耀闻，唐明惠，徐浩轩，等.折纸艺术在文创产品设计中的应用研究[J].鞋类工艺与设计，2023（17）：73-75.

[39]王立娟，王坤.基于甘肃红色革命文物的文创产品设计研究[J].绿色包装，2023（9）：147-150.

[40]彭红，余冰雁，张魁.当代艺术视域下西兰卡普文创产品设计研究：

以九朵梅纹样为例 [J]. 设计，2023（17）：10–13.

[41]王开莹，尹雁华 . 基于彝族"萨秘母"传说的文创产品叙事性设计研究 [J]. 设计，2023（17）：22–24.

[42]陈攀 . 可持续发展理念下纸艺元素在文创产品设计中的应用 [J]. 中国造纸，2023（9）：164.

[43]刘琳琳 . 青岛地铁文创产品设计的 IP 化探索 [J]. 城市轨道交通研究，2023（9）：306–307.

[44]王晓兵 . 汝瓷发展现状与文创设计探索 [J]. 佛山陶瓷，2023（9）：154–155.

[45]薛晓芳 . 可持续发展视域下山西"非遗旅游"文创产品设计分析 [J]. 广州城市职业学院学报，2023（3）：80–84.

[46]田驰，付涛 . 讲好中国故事的另一方法：《中国日报》文创产品设计研究 [J]. 艺术与设计（理论），2023（9）：103–105.

[47]程心，高品 . 延安木刻版画符号在文创产品设计中的应用 [J]. 艺术与设计（理论），2023（9）：106–109.

[48]郭世豪 . 转文化视角下大运河非遗文创产品的设计符号学研究 [J]. 艺术与设计（理论），2023（9）：110–112.

[49]王琦，朱荣霞 . 浅析蚕桑科普文创产品设计思路 [J]. 四川蚕业，2023（3）：60–62.

[50]张彰，张婷婷 . 传统手工艺复兴视域下的文创产品设计实践反思 [J]. 美与时代（上），2023（9）：9–14.

[51]莫晓洁，李豪东 . 文旅融合视域下新型小镇文创产品设计探索：以洛阳三彩小镇为例 [J]. 美与时代（上），2023（9）：22–26.

[52]周冬艳，吴裔 . 基于感性工学的陶瓷造型设计研究：以陶瓷文创杯具为例 [J]. 美与时代（上），2023（9）：123–127.

[53]张芳兰，王琪，牛晓娟 . 红色文旅视域下文创产品设计路径研究 [J]. 美与时代（上），2023（9）：128–131.

[54]杨纯 . 文化自信视域下中原红色文创设计策略与案例研究 [J]. 美与

时代（上），2023（9）：65-68.

[55]唐亮，华文雨，聂瑜.设计人类学背景下的节日食品文创设计趋势[J].丝网印刷，2023（17）：11-15.

[56]韩舒阳，吕屏.晋祠文创产品中符号的设计方法研究[J].丝网印刷，2023（17）：61-64.

[57]肖雅婷.历史文化街区文创产品趣味性设计策略[J].丝网印刷，2023（17）：71-73.

[58]范姚海子.文创产品融入工艺材料的印刷设计[J].丝网印刷，2023（17）：25-27.

[59]丁文婧.高密扑灰年画文创产品设计研究[D].济南：山东工艺美术学院，2023.

[60]郝田玉.潍坊风筝文创设计应用研究[D].济南：山东工艺美术学院，2023.

[61]邹翔."国潮"插画在旅游文创中的可持续性应用机制研究[D].南昌：南昌大学，2023.

[62]陈文丽.传统文化在IP文创设计中的分析与应用[D].北京：北京印刷学院，2023.

[63]洪琪涵.敦煌博物馆飞天系列文创及包装设计研究[D].北京：北京印刷学院，2023.

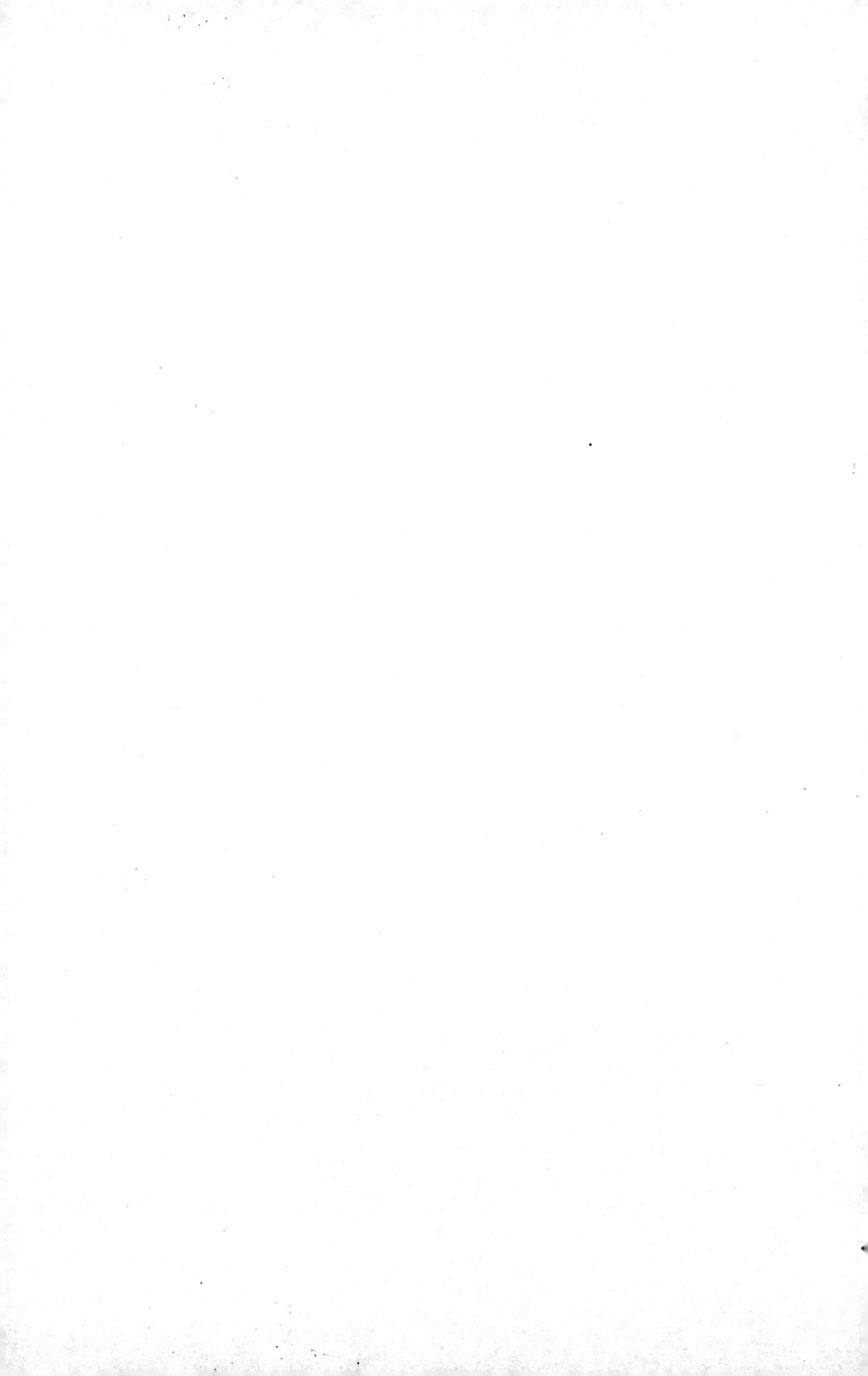